宮台真司

聖と俗

対話による宮台真司クロニクル

近田春夫

KKベストセラーズ

聖と俗　対話による宮台真司クロニクル

まえがき

宮台真司さんと最初にお会いしたのはいつのことだったろう。

場所は渋谷《しぶや》にあるLOFT9という店だったと思う。ラジオDJ、MCのジョー横溝《よこみぞ》に呼ばれ、トークショーイベントに参加した時である。

思い違いをしていなければ、いわゆる「表現の不自由展」の話題でもちきりの頃だ。いや、小山田圭吾《おやまだけいご》問題だったか……。

いずれにせよ、トークショーが始まってしばらくすると、私は宮台真司の発言に違和感を覚えてしまったのである。

論じられている中身にではない。気になったのはそれがどのようなふうに言葉になっているのか、要するに〝修辞〟である。

もともとの性分なのか習い性なのかは如何《いかん》ともしがたいのだが、議論と言いつつ、相手に理解を求めようとはせず、バカだのクソだのと、工夫もない売り言葉で低次元な喧嘩《けんか》をふっかけているとしか思えないような論調に出会うとウンザリしてしまう。殊《こと》に社会に影響力を持つ人間——誰とはいわないが——が、SNS上などでヘッチャラでそういうことをやっているのを見るのは本当に嫌だ。苦手なのである。

かかる体質のゆえ、私にはその時の宮台さんの物言いが——いささかとは申せ——自身と意見を異《こと》にする勢力の側に立つひとたちを少し感情が過ぎる語彙《ごい》で人格的に否定／攻撃をしているようにも思え見逃すことが出来ず、もし相手に対し言わんとしていることを本気で伝えたいのであれば、あまり人間としてのレベルを貶《おとし》めるような言葉で決めつけるのは却《かえ》って逆効果なのでは？　そんな感想を述べた。

まぁその以前から、媒体に寄稿されたコメントなどはそれなりにいくつか目にしていたし、ちょいとやっかいな／面倒くさそうなキャラクターという印象のなかった訳ではない。そういった意味では宮台真司はむしろ好奇心の対象でもあったので、ちょっと煽《あお》ってみたという部分のなかったとは言いませんが、案の定、宮台さんはこちらの意見には決して耳を貸さず態度を改めようともしない。

微妙な空気のなかトークショーは前半を終えるとひと休憩ということになった。

我々は中途半端な気分を引きずったまま、とりあえず楽屋に引き上げた。

小部屋でしばらくこの男と一緒に時間を過ごさねばならない。ま、それも成り行きだ。

宮台さんがどう思われたのか、そこはもうよく分からないのだけれど、とにかく不思議だったのが、楽屋に入るまでのごく僅《わず》かなあいだに、私の心に嫌なムードといったものの微塵《みじん》もなくなっていたことなのである。

その短い時間のなかの心の流れを言葉にあらわすのにはこの程度の文章力ではちと厳しいものもあるが、宮台さんの佇《たたず》まい／立ち昇る気配のなかから〝決して嫌いな人間同士ではないな〟という確信のようなものを得ることが出来たということなのだろうか。私にとって、それがなかなかに悪くない〝道行き〟だったのは言うまでもない。

そして似たような感触はおそらく宮台さんの方にもあったのではないか。なんてったって、楽屋に入るや我々ときたらごく自然に世間話に花が咲いたりもしたのだから！

とはいえ、だからといって独特な人柄なことに変わりはしない。楽屋だろうとキャラクターも話の運び方もあのお馴染《なじ》みの宮台真司のままである。

面白いことを言おうとしたりといった意識はまるでない。このひと、どんな話題にも真正面から立ち向かっていってしまうたちなのだ。そのいちいちの〝愚直さ〟が見ていて聞いていてなんとも愛《いと》おしい！　とは当代随一の社会学者にして各方面に多大なる影響力を発揮する著名な論客でもある人間をつかまえていうには失礼千万な感想だとは百も承知の上で申すが、とにかく私はそんな宮台さんの、人を警戒するということを全く知らないような隙だらけの対応に接しているうち、なんだかたまらなく可愛いく思えてきてしまったのである。

そして、「そうだ！　このことをばこそ世に知らしめねば」。そう直観したのだった。そこがいわばこの企画のスタート地点／原点なのである。

たしかに小難しいことも言うし、クセの強いところのあるのもたしかだ。なのだけれど、面と向かって接していくうち気づくのは、その蓄えられた膨大な知識を背景に専門用語を駆使して語られる〝神髄〟は、案外小さな子どもにでも分かる／伝わるようなやさしいものだったりもすることなのだった。

ここで「やさしい」には二つの意味がある。

まずは〝平易〟ということ。すなわち決して難解ではない。そして……。

今回、宮台さんには自身の今日に至るまでの人生のなかでその時々に思ったこと、感じたこと、考えたことを自在に語っていただいたのであるが、そこには何か通底する本質があるようにも思えた。

それは「心の優しさ」なのかも知れない。話が進むにつれ私はそう強く確信するに至ったのである。

宮台さんと知り合う前、不登校ユーチューバーのゆたぼんが宮台真司の講演会を聞きに行くという企画の動画をたまたま見る機会があった。そのなかにゆたぼんがいわゆる不登校についてどう宮台さんは考えているのか？　と質問をする場面がある。この時の宮台さんの対応／反応こそが――今となって思えば――まさに述べてきた〝ふたつのやさしさ〟の体現に他ならないだろう。まだ動画は検索出来る筈《はず》だ。是非チェックしてみてほしい。

話は少し脇道にそれるが、誰かゆたぼんとグレタ・トゥーンベリの対談を組んでくれないかなぁ。通訳が入ることで意味だけが浮き彫りになってきっと面白いものになると思うんですけどね。

閑話休題。

同じことの繰り返しになってしまうかもしれないが、宮台真司の魅力とは、結局無類のともいえるほどの誠実さの持ち主、言い換えるのならあきれるほどの正直者だということに尽きるのではあるまいか。

例えば、10代の頃に空手部の先輩から一種性愛的ともいえる程！に可愛いがられいろいろ教わったことが後々の女性との付き合いのなかで実質的に役立ったといった、結構センセーショナルな部類にも属するとも思われるエピソードなども、真面目な顔をして普通に披露してくれるのだ。いや太っ腹である。この振る舞いをチャーミングと思わぬ人もおるまい。

ご存じの向きも多いかとは思われるが、宮台さんは一時期「ナンパ師」を〝売り〟にしていたことがあった。その時期に関係を持った相手は優に100人を超えるという。この数字はいくらなんでも盛り過ぎだろうと思っていた。ところがこうして数回にわたって話を聞くうちに、本人そんな気の利いた法《ほ》螺《ら》の吹けるような体質な訳がないことだけは分かってきたのである（笑）。いや実際の話――シャクだが――宮台真司がそんじょそこらの遊び人など歯も立たぬぐらいの場数を踏んだ（無論私など足元にも及ばぬ）本物の「ナンパ師」だったのに間違いはないようなのである。

ところでこの〝ナンパ〟について宮台さんとはどうもその定義というか意味するところがなにか――殊にその歴史についての見解などが――違うのだ。それで、いろいろディスカッションをしてゆくなかで、私は遅くとも自分が中学生ぐらいの頃にはすでに「ナンパ」という言い回しは社会に認知されていたといった話をした。

すると宮台さん俄然《がぜん》表情が変わった。そのことについて詳しく話が聞きたい。まるで詰問するかの如《ごと》く、畳みかけるように尋ねてきたのである。

そこで、昭和30年代末のみゆき族と呼ばれる若者たちがいて銀座《ぎんざ》みゆき通りを舞台に云々《うんぬん》……と、訳知り顔で講釈を始めると、私の発言のいちいちをメモでもせんばかりの勢いで聞く真剣な面持ちの宮台さんがまたたまらない。

さらには取材も最終回。議論が高じてくるあまり先生ついに矢も盾もたまらず、取材現場となった貸し会議室に備え付けのホワイトボードを見つけるや、慣れた手つきでマーカーを手に取ると文字やら記号やらを書き出し始めた。なんと「宮台真司講義の巻」のスタートとは相成ってしまったのである。

いやはやまさか貸し切りで宮台教授の「お座敷」を堪能《たんのう》出来るとは！　思わなんだ。

あわや一触即発の出会いを思い起こせば、私にとってこの展開というか体験はまさに感無量ともいえるものだろう。そしてやはり宮台真司は可愛い。私の直観は決して間違いではなかった。あらためてそう強く思ったひと時でもあった。

……と。ここまでを書き上げたのが、実は2022年の10月。もう取材もほとんど終わり、残るは加筆など編集作業のみというところだった。

タイトルはどうしようか？　「かわいい宮台真司」もいいけど他にもいろいろありそうだよね！　一区切りついたということで設けられたお疲れ様を兼ねた食事会では、そんな話題に花が咲いたものだ。

まさか。そのすぐ先にこんな大変なことが待っていようなどとは――当たり前な話だが――まさか！　想像だにしていなかった。

いずれにせよ〝事件〟で刊行に向けた諸々《もろもろ》の予定がすべて白紙状態になってしまった（そんな状況下、宮台さんは、肉体的にも精神的にもまだまだ万全とはいえぬなか、被害に遭われた当日の詳細を、記憶も生々しいうちにお話しくださるという。そこで急遽《きゅうきょ》2022年12月の26日に対面が決定した。その日の取材内容は、序章として収録している）。

ようやくスケジュールが落ち着き原稿の直しにも手をつけられるようになってからも、なかなか思うようには時間の取れない日々が続いた。

そんな訳で、宮台さんには物理的にも本当にご無理ご苦労をいただいたのだけれど、超多忙のなか加筆修正してくださった部分やタイトルをめぐっては校了ギリギリで一悶着や二悶着あったりしたこともあった。

が、災い転じて福と為《な》す。不慮の厄災以来、いろいろあって結果的に思わぬ展開とは相成ってしまったのだが、最終稿が大変密度の濃いパワフルな仕上がりとなったことだけは確信を持って言える。

奇しくも今年は新しい宮台真司誕生の年でもある。さてここからこの〝元ナンパ師〟でもある困った天才！（笑）は何をしでかしてくれるのか。この本から見えて来るものはたくさんあるはずだ。

近田春夫

構成　下井草秀

聖と俗　対話による宮台真司クロニクル◎目次

第3章

アングラ卒業、性愛の享楽
——大学生時代

序章

「切り付け事件」とは何だったのか

「事件」を振り返る

近田　この対談を長らく続けて一冊にまとめる作業に入った2022年11月29日、宮台さんが襲われて重傷を負うというニュースが飛び込んできた。70年以上生きてきて、これほど驚くことがあるのかというほど驚きました。しかも、容疑者が2週間ほど経《た》って、自ら命を絶っていたことが報じられたという、予想外の展開でした。

宮台　ご心配をおかけしました。襲撃現場のDNAが一致したから、犯人に間違いありません。人の死は、誰の死であれどんな理由があれ、悲しい。刑事さんにその気持ちを家族に伝えるよう頼みました。襲撃直後から怒りや憎しみはなく、それは今まで変わりません。

近田　その悟りみたいなあり方が、とにかくすごいと思うんですよ。宮台さんは、中学校の頃から空手をやってたじゃないですか。その経験は、今回の怪我を、ある程度軽く済ませるということにつながったんですか。

宮台　左耳の後ろから唇の左上にかけて幅15センチ、深さ4センチ切られました。表皮・真皮・筋肉まで切られ、耳下腺《じかせん》まで1ミリ。耳下腺がやられていたら、表情を作れなくなっていました。頸動《けいどう》脈《みゃく》を狙った攻撃が、数センチほど上にずれたんです。

近田　すんでのところで、その危機は回避されたんですね。本当に運がよかったです。

宮台　武術をやっていなければ致命傷だったはずです。ただ、武術で避けられたのも、運。たまたま武術の心得があったのも、運。近田さんが言うように、すべて運でした。

近田　どんな感じだったんですか？

宮台　最初の一撃は後頭部。予想していなくて防げなかった。振り向くと、頸動脈を狙った刃物のスウィング。左腕の上段受けでかわしたので、傷が頸動脈を外れました。その後も相手は刃物を左右にスウィング。同じ攻撃だから容易にかわせました。

近田　やっぱり、空手の修行が生きたってことですね。

宮台　最初はそうでしたが……。次に相手は攻撃を変え、胸や腹を何十回と突いてきました。両腕の中段受けと下段受けでかわしたので、両腕に十数ヵ所の切傷を負いましたが、それでも前進を続けて詰めていったら、犯人はバランスを崩して倒れました。

近田　とりあえず何とかなったわけね。

宮台　いいえ。その後の対応がまずかった。そのまま逃げればよかったのに、倒れた相手から凶器を奪おうとして、反撃を喰《く》らい、右膝《みぎひざ》の上に深さ10センチの刺傷を負って、筋と腱《けん》を切られ、一生リハビリを続けなければいけなくなりました。

近田　余計なことをしちゃったんだね。

宮台　はい。人を呼ばずに、武術で最後まで能動的に処理しようとするのは、武術を学んだ者に起こりがちな間違いです。空手の後に中国拳法《けんぽう》・グレイシー柔術・クラヴマガ（イスラエル保安部隊の武術）を学んでいたことが、逆にアダになりました。

近田　想定していたことと、現実に起きることは異なるわけだよね。

宮台　護身が最優先なら、正解は、逃げるという選択しかないです。

近田　それが、現実的な最適解だよね。僕ね、逃げることをためらわないという態度は、日常生活においても大事だと思ってるよ。

宮台　ほとんどの流派では、稽古《けいこ》において相手を仕留めるまでを学びます。それが身に染み付くと、逃げるという選択を思いつけません。仕留めるまで詰めてしまいます。

近田　何とか相手をやっつけられないかという気持ちが先立っちゃうんだ。

宮台　気持ちというより、自動的にそう動くんです。思い出すと、中学高校時代の空手部顧問が、それを見越して口酸っぱく「稽古と実践を区別しろ」と教えてくれていた。20人のヤクザを叩《たた》きのめしたら、彼らから弟子にしてくれと請われた、実践の達人でした。

近田　猛者《もさ》だね。

宮台　教えを覚えています。お前ら、よく聴け。武闘を日常とする玄人《くろうと》は、殺すつもりで相手を殴る。だが、どんなに武術を修練しても、武闘を日常としない素人は、脳のリミッターがかかってそれができず、命を落とす。相手を威圧できたら、全力で逃げろ。

近田　そのアドバイスは、さすがに伊達《だて》じゃないね。還暦を過ぎて効いてくるとは。

宮台　血だらけでうずくまりつつ、やっちまったと思いました。さて、救急車が構内のどこが現場か把握できずに到着に50分かかり、失血で意識が薄れる中で、今この瞬間、ウクライナやロシアの兵士が似た境遇を生きているのだと映像が浮かびました。

近田　俺ならその余裕はなさそうだなあ。

宮台　そして思いました。言論ゆえに私人や政府から襲撃されて似た境遇に陥《おちい》った者たちが、今まで何百万人もいただろう。自分は今そうした者たちと比較可能な地平に立った。その中で僕だけがヘタレだと位置づけられる営みをするわけにいかないと思いました。

「命に別状はない」の軽さ

近田　あの事件に関しては、「命に別状はない」という報道が行われたわけですが、その物言いに対して、宮台さん本人は違和感を表明していましたよね。

宮台　はい。「命に別状はない」というフレーズの指す実態は、こういうことだったのかと思い知らされました。相当な深手を負っていましたからね。もしも片腕や片脚を失ったとしても、「命に別状はない」と報じられるんだなと知りました。

近田　「命に別状はない」と言われると、それを聞いた側としては、症状はそこそこ軽いんだろうなと思っちゃいますもんね。

宮台　はい。その事実に衝撃を受けました。当事者になって初めて知ったことです。この歳になっても、当事者になってみないと分からないことは多いんですよね。

近田　コロナの中等症ってやつも、経験者に言わせれば、言葉のイメージとは違って、死にそうなぐらいに苦しいらしいもんね。宮台さんの手術には、どのぐらいの時間を要したんですか。

宮台　その日に3時間半。翌日に1時間。合計4時間半です。

近田　やっぱり、全身麻酔が行われたわけですか。

宮台　病院内の事情で麻酔医が足りず、部分麻酔でいくことになりました。

近田　じゃあ、ひょっとして、手術中のことは記憶してるんですか。

宮台　数十ヵ所の深手なので執刀医が男女二人いて、互いの会話、看護師との会話がよく聞こえました。

近田　そんな修羅場《しゅらば》でも、周りを冷静に観察してたのね（笑）。

宮台　手術が始まった頃、主任執刀医が他の人たちと手袋をめぐって揉《も》めていました。彼が「これだけ傷が深いんだから青だ」と言うと、他の人たちが「上の方からは白にしろと……」と躊躇《ちゅうちょ》する。最後に彼が「いいから、全員青手袋だ！」と言いました。

近田　青と白、何か違いがあるのかな？

宮台　僕も不思議に思って、手術の二日後に主任執刀医に質問しました。「突然ですが、青手袋・白手袋問題について教えてくれますか？」って。そうしたら、「えっ、聞いてたの？」ってびっくりしていました（笑）。何でも、青手袋は白手袋の5倍ぐらいの価格だそうで、上層部から、できるだけ白手袋を使えと言われていたらしい。

近田　ずいぶんと値段に差があるんだね。

宮台　白は、粘着テープとか血液とか、いろんなものがくっつきやすい。青は、高いだけあって、それがなく、手術がやりやすいそうなんです。

近田　じゃあ、青でよかったね。

宮台　はい。思えば、手術後のもろもろの処置も、青手袋を使ってくれていました。主任執刀医――その後の主治医――が「全員、白手袋だ！」と言っていたら、結構傷ついたかもしれません（笑）。

近田　僕もさ、病院にお世話になることがあったら、今後は手袋の色に注目するよ。

驚異の「8日で退院」の真相

宮台　主任執刀医が、『白い巨塔』に出てくるような権威的イメージから程遠かったのも印象的です。中島《なかしま》大智《ひろのり》先生という方で『ウォーリーをさがせ！』のウォーリーみたい。30代だけど、別の病院では年に600件以上の手術をしてきた「手術の達人」です。

近田　その先生、性格の方はどんな具合なの？

宮台　僕は、襲撃後に耳が取れかけていたんですよ。かろうじて側頭部に5ミリ程度くっついていた。手術で何とか縫い合わせてくれたんですが、中島先生に「この耳は取れちゃいますかね」と聞いたら、「たぶん取れちゃいますね」ってサラッと答えました。

近田　普通、もっとオブラートに包んだような物言いをするよね。

宮台　何の躊躇もないのが、僕にとって救いでした。「大変言いにくいことなんですが……」なんて前置きをされると、かえって心理的なダメージが大きくなります。本当に優秀な先生って、こんなふうに「敢《あ》えて軽い」んだなって感心しました。

近田　こっちも身構えるもんね。宮台さん、ゴッホみたいになるところだったんだね。

宮台　そうです。さて、先生が「それよりもね」と言って、手術前の写真を見せるんです。「宮台さんの傷口から耳下腺の神経が見えますね。傷があと1ミリ深ければそれが切れて顔の表情が永久に失われただろうし、足だって傷が数ミリ深ければ動脈が切れて失血死ですよ」。

近田　そんなに危ういところだったんだ。

宮台　写真はすべてスプラッタ・ムービーみたいだったので、妻には見せなかったらしいけれど、中島先生曰く、「宮台さん、深い傷が多いけれど、それより、確率1％以下の超ラッキーで助かったんだよって思ってくださいね」だって。

近田　その口調、軽くっていいなあ（笑）。そんなふうに言ってくれた方が、気分が晴れて明るくなれるよ。

宮台　言い方によって、相手の受け止め方は変わりますよね。大事なのは、親身になることと、深刻ぶることとは、違うんだってこと。中島先生の軽さは、暗い側面より、明るい側面に目を向けさせてくれます。ものすごく力を与えてくれました。

近田　そこ、大事だよ。俺も見習ってみようかな。宮台ちゃんさ、超死にそうだったのに、何気に早くフケてね？　……何だか無理があるな（笑）。

宮台　いや、そこなんです。入院期間は3週間と言われていましたが、8日目に退院しました。看護師の方々に「もう退院します」と繰り返し言っていたら、病院を出してくれました。それも中島先生のおかげです。

近田　それを通用させたのね（笑）。リハビリは、どんな感じだったんですか。

宮台　現在、大きな病院では、病院側に責任を問われることがないように、リスク管理が徹底されています。昔だったら退院させたケースでも、何かあってはいけないからと、最悪の事態を最小化する、ゲーム理論でいうマクシミン戦略が採られます。

近田　なかなか窮屈なのね。

宮台　昔よりも増えたクレームへの対策なのは理解できますが、窮屈です。だから「病院の推奨に従わずに僕が勝手にしたことなので、何かあったらすべて僕の責任です」という話にして融通を利かせてもらいました。

近田　具体的には？

宮台　規則では夜9時に消灯したらおとなしく寝ていなければなりませんが、起き上がって松葉杖《づえ》をついて廊下を動き回っていました。早く退院するためのリハビリです。しかも松葉杖は病院が正規に貸してくれたものではありませんでした（笑）。

近田　不良患者だね（笑）。

宮台　8日目に退院した後、ギプスを1ヵ月以上装着するように言われていましたが、退院した日に外《はず》しました。

近田　言うこと聞かないねえ（笑）。

宮台　1週間後、同じ病院の整形外科医に診《み》てもらいました。なお、形成外科が皮膚から筋肉まで、整形外科は関節と腱と骨を担当します。ギプスなしの状態で整形外科の待合室を歩き回って診察室にうかがったら、「あれ、ギプスはどうしたんですか」と。

近田　そりゃ当然だよ。何て答えたの？

宮台　「家ではギプスは着けていませんけど、その結果、膝を曲げさえしなければ、ほらね、こんなふうに松葉杖もギプスもなしに歩けることが分かりました」とデモンストレーションしました。

近田　先生は怒ってなかった？

宮台　「うーん……私の想定と違うんだが。じゃあ宮台さん、病院でリハビリのプログラムを設ける必要はありませんかね」と言われたので、「必要ありません」と答えました。

近田　なし崩し的に、既成事実を認めさせちゃったわけね。結果オーライだね。

宮台　ちなみに退院の前日、僕の一連の動きを察知した病院の心理療法士が二人やってきて、「宮台さんが気丈なのは、不安を埋め合わせるための自己防衛機制が、過剰に働いているからだと思います」と。

近田　そう思うのも分かるぐらい、例外的な患者だよ。

宮台　自我による意識できない生体防衛メカニズムを持ち出されたら、反論でさえ自己防衛機制になっちゃう。僕としては、襲撃事件の社会的インパクトや、表現者へのネガティブな影響を減じるために、早く社会に復帰したかっただけです。

事件は想定外ではなかった

近田　宮台さんは、襲撃を受けた時、その背景に何か心当たりはあったんですか。

宮台　はい。僕はインパクトの大きい表現を心がけています。人畜無害な存在としてスルーされないためです。むしろ反発を想定した言論活動を意図してやっています。だから、今回の事件も、あり得ないことが起こったとは思いませんでした。

近田　ある程度の覚悟は持っていたわけですね。

宮台　実は伏線もあったからです。21世紀に入る頃から、手紙やメールで脅迫状がしばしば届いていました。都立大の研究室の扉の下から、危害を加える旨《むね》のメモが差し込まれていたこともあります。

近田 ただ、それらはあくまでも脅《おど》しの範囲に留《とど》まっていて、実際に直接的な行動に移されることはなかったんだね。

宮台 なので、大学や警察に届けずにスルーしていましたが、2005年に結婚して子どもがどんどん生まれてからは、家族への危害を匂わすものが増えたので、これはまずいなと、自宅にセコムのセキュリティシステムを導入しました。

近田 まあ、独り身の時とは事情が違うもんね。

宮台 それから、自動車のトランクやドアポケットに、特殊警棒とかバールとか十手とか金属バットとかを常備するようにしました。念には念を入れたんです。

近田 ずいぶん物々しいね。

宮台 東日本大震災の少し後ですが、渋谷のコインパーキングで職務質問を受けた際、トランクを開けるように言われてそうしたら、あれやこれやがぞろぞろと出てきました。室内も見ますよということで、ドアポケットからもぞろぞろ。

近田 それは怪しすぎるよ!(笑)

宮台 即、銃刀法違反および軽犯罪法違反の疑いで検挙されて警察署に連れて行かれ、取り調べを経て検察への書類送致を告げられましたが、安田好弘《やすだよしひろ》弁護士と電話で話したり、ジャーナリストの神保《じんぼう》哲生《てつお》氏に来てもらったこともあってか、結局は不起訴で終わりました。

近田 一安心だ。でも、手錠はかけられちゃったわけ?(笑)

宮台　いいえ、逮捕ではないので手錠までは。その時に見つかった諸々の道具は、任意提出の形で没収されました。その後は、警棒の類《たぐい》は持ち歩かずにセコムだけで何とかやっていくことにしました。

近田　警戒レベルが一気に下がったわけね。

宮台　そうかもしれない。脅迫状が届いても、何も起こらないと慣れちゃうんですよね。研究室のドアの下から脅迫状が差し込まれていても、ゴミ箱にポイッと捨てて済ませるようになりました。それまではフォルダに保管していたんですが。

近田　単なるブラフだろうなって、日常のルーティンになっちゃったわけね。

宮台　明らかに油断でした。事件現場でうずくまっている時、この状況に慣れるべきではなかったと、遅まきながら反省しました。

近田　この件に当たって、宮台さんのご家族はどんなふうに反応してたんですか。

宮台　退院して帰宅した時にも、ダイニングテーブルにいた家族たちに「本当にびっくりさせちゃって、ごめんね」と謝ったら、妻と子どもたち三人とが顔を見合わせていました。

近田　どうしたっていうの？

宮台　妻曰く「宮台真司と結婚するって決断した時、こういうこともあると覚悟していました」。子どもも二人は中高生なので、僕の活動を熟知しているのか、妻の言い含めなのか、さして驚いていない。その事実に、僕の方が驚きました。

近田　ものすごく達観した家庭だよね（笑）。

宮台　達観よりも覚悟だと思います。極道の妻みたいにね。僕が事件に衝撃を受けていないことや怒りや憎しみを抱かないことにも、僕のイエス信仰を知っている妻は、驚きません。妻も信仰者だから、過剰な衝撃を受けないし、怒りや憎しみから自由なんです。

近田　かなり意外だよ。

宮台　本文に譲るけど、中2から聖書と神学書を読み続けてきたので、僕のイエス信仰は半端じゃない。熱心な読者以外は知らないでしょう。むしろ聖職者たちが知っています。先日は東京カテドラル聖マリア大聖堂で、カトリック東京大司教区主催の平和旬間《じゅんかん》記念講演をしました。

近田　そこに理由があるんだ。

宮台　講演動画（https://www.youtube.com/watch?v=c411lAQtT_w）を見れば僕の信仰が分かるかもしれない。数百人の聴衆には最前列の大司教・司教・司祭のお歴々がおられたし、主に聖職者が読むオリエンス宗教研究所の月刊誌『福音宣教』にも4回登場しています。

若者たちの分断と孤立

近田　2022年という時代と、宮台さんが襲われた事件との間に、何かしらの関連性があることは感じていますか。

宮台　はい。今、若者たちが分断されて孤立している状態の下で、いくつかのネガティブな現象が同時に進行しています。それらと密接に関連します。

近田　せっかくの機会なんで、詳しく説明してもらえますか。

宮台　一つ目は、孤独によって心身が傷む現象。心については抑鬱《よくうつ》が進み、被害妄想を抱きやすくなる。

体についてては免疫が落ち、病気にかかりやすくなる。かくして、様々な面でネガティビティ（否定性）を前提にして生きることになりがちです。

近田　最近の若い人は、何かとデリケートになってるもんね。

宮台　二つ目は、対人ネットワークに関する現象。テレビやネットで受け取った情報をどう解釈するかに当たって、人は他者たちとの関係から大きな影響を被ります。20世紀半ばのマスコミ効果研究が実証しました。

近田　どういうこと？

宮台　コンテンツの影響は、誰かと一緒に見たり、見た後に誰かと話したりすると、緩和されます。親しい誰かであるほど緩和されます。理由を一口で言えば、コンテンツのどこに注目するかが、人間関係の履歴に依存した世界観の変化に左右されるからです。

近田　視座が複数になるわけね。

宮台　はい。「自分はこう感じた」と言うと、「真ちゃん、それはちょっと違うと思う」と返してもらえてバイアスが中和されます。一人きりで見ると、見たいように見るし、しばしば被害妄想に陥ります。陰謀説が湧きまくる背景の一つがそれです。

近田　そして、不幸にも、その誤謬《ごびゅう》を正す他者が存在しない。

宮台　はい。自分の生きづらさや不幸を「何かのせいにして自らを免責する」ために、「見たいように見た」解釈を使いまくって、虚構の物語を構築するわけです。学問では他責化とか外部帰属化とか呼ばれます。他者がいなくても学問の素養があれば違うんですが。

近田　地に足をつけた、現実的な反省は行われないわけね。

宮台　いわゆる「セカイ系」です。個人の体験というミクロと、世界の全体というマクロが、直結されてしまう。豊かな人間関係を生きていて、視座が複数あることが日常の当たり前になっていたら、精神疾患を除いて、そんな営みはあり得ません。

近田　音楽におけるドンシャリみたいなものね。ひたすら高音域と低音域がド派手に強調されるだけで、ミドルの音域における豊かさが失われている。

宮台　僕は、1987年に東大助手になった時からゼミの学生たちを定点観測していますが、セカイ系の短絡傾向は96年を境に単調増加しています。その分、表現者たちのパフォーマンスやコンテンツ発信には、リスクが伴うようになってきました。

近田　この事件の犯人も、すべて宮台真司が悪いと思い込んでしまったのかな。

宮台　今回の件に関して、僕だけが知り得た襲撃者の個人的背景に触れることを避けていますが、孤立と分断によって架空の物語が築き上げられ、こいつさえいなければ……と刃《やいば》が宮台に向けられることになった可能性を、僕は否定しません。

近田　一連の報道を見ると、そう思っちゃうよね。

宮台　僕は、今話した危険を、人々の目に見えるようにする「炙《あぶ》り出し」のために、SNSを利用してきました。孤立と分断ゆえに感情の劣化を放置された人々が、どんな界隈《かいわい》にどの程度どんな具合に分布しているのかを示すのに、SNSが役に立つからです。

近田　ああ、だからわざと挑発的な物言いしてるんだ。申し訳ないけど、僕は、単にあれが宮台さんの

素の性格なのかと思ってました（笑）

宮台　わざと敵を作って「やつら・対・俺たち」という友敵図式を浮かび上がらせ、見えないままだった「俺たち」の潜在的共同性の境界線をクリアにする意図です。それは「右・対・左」「フェミニズム・対・反フェミニズム」という言葉上の思想対立とは無関係です。

近田　そうなの？

宮台　実際、近田さんとの出会いがそうだったように「表に出ろ！」から始まっても（笑）、むしろそれゆえに僕が言う潜在性が顕在化して「俺たち」になれます。何度もそうやって絆《きずな》を作ってきたし、それなくして本書もありません。とすれば、必要な挑発です。

近田　必要だったのか。

宮台　僕の経験では、言葉上で思想が合致しているからといって、連帯して組織を作ったりすると、碌《ろく》でもないことになります。むしろ思想が違っていてさえ、「こいつは立派だ」と思える相手とだけ連帯すべきです。玄洋社《げんようしゃ》の頭山満《とうやまみつる》がそうだったようにです。

近田　人格みたいなものの方が重要なんだ。

宮台　ゼロ年代の宮台ゼミには新右翼団体「一水会《いっすいかい》」の幹部と、新左翼団体「戦旗派」の幹部が、同時に参加していました。彼らを呼んだのは「こいつは立派だ」と思える方々だったから。実際、ウヨ豚やクソフェミのような「言葉の自動機械」的なイキリは皆無《かいむ》でした。

近田　ほら、またそうやって豚とかクソとか言う（笑）。

「死ななかったこと」が神からのメッセージ

宮台　だから、言葉上の思想対立とは違うどんな対立なのかを、近田さんをお相手に縷々《るる》語りました（この序章対談は本文対談を終えた後に襲撃を挟んでなされた）。それは本文に譲ることにして、今回の事件を経て痛感したことがあるんです。

近田　興味深いね。それはどんなこと？

宮台　最近の若い人たちは、ダイジェストされたコンテンツを見ただけで、全体像を捉《とら》えたと思い込みがちです。例えば、ひろゆきなり成田悠輔《なりたゆうすけ》なり宮台真司なりの発言が切り取られた動画を見て、それがその人物の全体像だと信じ込むのが典型です。

近田　片言隻句《へんげんせきく》で判断するなってことね。

宮台　僕が小学生だった時代、ジャイアント馬場《ばば》の宿敵アブドーラ・ザ・ブッチャーがいたでしょ？毎回レフェリーに隠れて凶器を持ち出す悪役だと思っていたら、実像はコミカルなおじさん（笑）。見えないところに本当のドラマを想像するのがリテラシーです。

近田　月の裏側は、地球からは決して見えない。しかし、そこには何かがある。

宮台　はい。本文で語り合いましたが、昔の取っ組み合いも同じです。僕がフィールドワークを好む理由も、表から見えない意外性が裏にあるからです。援交女子を相手に深いインタビューをすると、売春行為が霞《かす》むほど大きな物語が姿を現すようにです。

近田　自分の身近なところにも、無尽蔵のドラマが埋め込まれているんだろうね。

宮台　はい。僕より年長の近田さんには自明ですが、この四半世紀は、若い人ほど、部分を全体だと勘違いしがちです。言葉のラベル貼りで目が曇るので「言葉の自動機械」と呼んできました。その一貫した増加傾向は、２０１６年頃から急加速しています。

近田　宮台さんの中には、そういう想像力はまだ生きてるよね。襲撃を受けて失血しながらウクライナやロシアの兵士を思う人間なんて、そうはいない。

宮台　そこには、僕のイエス信仰があるのだろうと思います。偶然にも九死に一生を得た場合、イエスに連なる者は、自分が死ななかったことを神からのメッセージだと受け取ります。むろん自分が死んだとしても同じです。

近田　宮台さんは、生還した事実からどういうメッセージを受け取ったわけ？

宮台　イエスの死後４００年間に記された80の福音書（言行録）は、「神の不完全な似姿である人間には時間的にも空間的にも全体が現れない」という原罪ゆえに、出来事を神のメッセージとして受け取るしかない、とする論理を記します。でも要約は難しい。

近田　読者の皆さんは読み始めたばかりなんで、申し訳ないんですが、さわりだけでも（笑）。

宮台　では、ごく簡単に。生き残ったことで、僕はメッセージを伝える責任を負います。僕のみならず家族や友人やその外まで敷衍《ふえん》されます。皆さんもいつ死んでも不思議じゃなかったのに生きています。ならば、生きていることによる責任を負うんです。

近田　よく分からないけど、俺もいろいろ無礼なことを尋ねてよかったのかな（笑）。

宮台　それについては、終章で語りました。啓示と召命《しょうめい》の概念に見るように、イエス信仰の核はコール

&レスポンス。コールを「贈与」されて「反対贈与」の義務を負うのがレスポンシビリティ（責任）。近田さんに訊《き》かれたから話せたことばかり。近田さんのおかげです。

近田　まあ、対談はとっくに終わってるんだけどさ。……ということで、宮台真司の半生および思想を赤裸々に語り尽くす対談を、ここから公開いたします。

第1章

「独裁者になったら……」

——幼少期〜小学校時代

「多士済々」の家系

近田　僕が初めて宮台さんと会ったのは数年前（2021年6月26日「深掘TV Presents 無配信トークライブ『表現の不自由』」）。それ以前に自分が抱いていたイメージとは全然違うキャラクターだったことに、本当に驚いたんですよ。

宮台　どんな印象を持ってたんですか（笑）。

近田　まあ、世間の大方がそう思ってるように、もっともっと厄介な人物像を想像してた。実際、初対面のトークショーではいきなり喧嘩もしたんだけどさ（笑）。

宮台　懐かしい。

近田　この人、実際に会うと、何だかいろいろなことに一途《いちず》で、チャーミングな人なのよ。その側面をどんどん世の中に広めなきゃいけないという義侠心《ぎきょうしん》に駆られまして。

宮台　ありがとうございます。

近田　やっぱり、何を語るかより、いかに語るかってことは大事だと思うんですよ。非戦闘モードの宮台真司、いわば「かわいい宮台真司」の素顔を引き出したい。

宮台　お手柔らかにお願いいたします。

近田　かなり基本的なことから聞きますが、宮台さんって、お生まれはどちら？

宮台　父親の赴任先だった仙台《せんだい》です。

近田　お父さんは、どんなお仕事をされてたんですか。

宮台　キリンビールの醸造畑です。東京帝大で農芸化学を修め、同社に就職。その後、大都市近隣に設けられた各地の工場を数年単位で転々とします。当時、製造の責任者を定期的に異動させないと、プロセスにローカル色が付いて工場ごとに味が違っちゃうと考えられていた。

近田　じゃあ、お酒に関して、お父さんはかなりいけた口ですか。

宮台　それが全然ダメ。新入社員の歓迎会で、コップ半分のビールを飲んだだけで急性アルコール中毒で失神し、救急車沙汰《ざた》になって社内中の有名人になった逸話があります。

近田　紺屋《こうや》の白袴《しろばかま》みたいな話だ（笑）。

宮台　なのに、利き酒の才能には秀でていた。工場長の任務として毎朝ビールの試飲チェックをしていたんですが、ある朝、1杯を試飲した時、「味が違うな。君たちも飲んでみろ。いつも通りだって？　そんなわけない。2番醸造窯《がま》の故障だと思うから調べろ」と命じてチェックさせたら、実際に不具合を起こしていました。これも有名になったそうです。

近田　特殊な才能の持ち主だったんですね。

宮台　敏感すぎて、ティーバッグの紅茶も飲めない。ポットで淹《い》れた後に出しても、「これは紙の匂いがするから飲めない」だって。面倒くさいですよ（笑）。

近田　なかなか生きづらいですね。

宮台　現在、キリンビールの事業の二本柱は、飲料とバイオですが、バイオ事業を立ち上げたのが僕の父で、結果、取締役にまで昇進した。アメリカに行って、苦労を重ねて、当時はごく小さな医薬系ベンチャー「アムジェン」を発掘し、ジョイントしました。言ってみれば、典型的な成功したサラリーマンです。

近田 燦然《さんぜん》と輝くキャリアだね。

宮台 父は神奈川県を中心とする教員家系。幼稚園から大学まで教員が揃っています。「宮台」は父方の祖父までは「宮臺」と書いた。臺は臺の異体字。象形文字がそのまま残った字体で、塔を含めた高い建物です。だから「お宮の高い建物」。宮大工の家系と神官の家系があったようです。後者の末裔《まつえい》が教員家系だと聞きます。これが正しければ士農工商のどれにも属さなかった。

近田 名字にも由緒がある。

宮台 父は1928年の帯広《おびひろ》生まれ。祖父は札幌《さっぽろ》農学校（現・北海道大学）の教員。山形の農学校に転職したので父は少年時代を山形で過ごした。米沢興譲《よねざわこうじょうかん》館中学校（現・米沢興譲館高校）に進んだところで日米開戦。学徒動員で群馬県太田《おおた》にあった戦闘機疾風《はやて》の工場（後の富士重工業、現・SUBARU）でエンジン組み立てに従事。B29の爆撃を受け、偶然森の中に逃げて九死に一生を得ました。

近田 どこかで歯車が狂えば宮台さんはここに存在しなかった。

宮台 まさに。兄弟の数が多くて蓄えがなかったので、卒業後は法務省で9時から5時まで嘱託《しょくたく》の仕事をしながら勉強して東京帝大農学部に入りました。当時の花形だった電気工学（工学部）を望んでいたけど、一日数時間の勉強では無理だったといいます。それが、80年代後半から電機製造業からバイオ・ライセンシーの時代になり、父のプロパーが立身出世を助けることになりました。

近田 災い転じて……ってやつだ。

宮台 大変な読書家で、米沢興譲館中時代に内村鑑三《うちむらかんぞう》に感染し、ルター訳新約聖書をドイツ語で暗唱するようになります。戦後は極貧もあって一時は共産党に強くなびきましたが、一貫していたのは「世界というものはな……」「社会というものはな……」という物言い。それゆえ、中高紛争時代の僕と、世界や社会をめぐる意見の違いで激しく対立するようにもなりました。

近田 人に歴史あり。一方のお母さんは、どんな方だったんですか。

宮台 五人兄妹の一人として上海《シャンハイ》のフランス租界《そかい》で生まれました。彼女の父、つまり僕の祖父は、上海自然科学研究所という日本の機関で教授を務めていました。母方の祖母からは、戦中の上海のリアルな様子をよく聞かされました。橋に「犬と中国人通るべからず」という看板があったことや、日本兵が中国人を並べて首を銃剣で斬り落としていたことや……。

近田 その場に居合わせた者ならではの貴重な証言ですね。

宮台 母はかつて石川県一の大地主だった家系。母方の祖母の父つまり曽祖父《そうそふ》は、明治時代に本家を継いだものの、俺一代で食い潰《つぶ》すと豪語していた豪放磊落《らいらく》な人。戦間期には浅草《あさくさ》に映画館を5つ持ち、日本最初期の映画雑誌「歌舞」を創ったそうです。川端康成《かわばたやすなり》が浅草を描いた時期だから出入りしていたはず。僕が映画好きなのは曽祖父の血かもしれません。

近田 血は争えない。

宮台 その娘である祖母曰く、幼少から洋装オンリーで、どこに行くにも人力車。女学校卒業まで、外出の際、自分の足で歩いたことがなかった。東京帝大に隣接した巨大な屋敷で育ちました。幼かった僕も何度か行った。屋敷の池にプランクトン採取に来ていた、留学先のドイツから帰国したばかりの祖父が、祖母を見初めて求婚。祖母は16歳で結婚しました。

近田　劇的だね。

宮台　その後は上海自然科学研究所に赴任。程なく日米開戦。中国人とインド人の召使いが5人いる大屋敷に住み、戦前から戦中にかけて祖母が母（1935年生まれ）を含めた5人を産みます。一人は幼くして死んだ。時期的にはSF作家J・G・バラード（1930年生まれ）や無呼吸潜水記録を長く保持したジャック・マイヨール（1927年生まれ）が上海で少年時代を過ごした頃です。

近田　国際的な都市だったんだね。

宮台　ところが敗戦直前の帰国船が玄界灘《げんかいなだ》の機雷で沈没。九死に一生を得たものの全財産を失う。博多《はかた》から祖母の実家がある東京本郷《ほんごう》に行く途中で高松《たかまつ》大空襲に遭遇。焼夷《しょうい》弾が降り注ぐ中を家族が逃げ惑って何とか生き残りました。上空を見あげた瞬間に喉《のど》に焼夷弾が刺さって燃える人の姿や、城の堀に水を求めて飛び込んだ人々の死体の山の話を幾度もされました。

近田　身近なところに戦争の記憶が刻まれていたんだ。

宮台　東北帝大に職を得た祖父は程なく教授になり、昭和天皇に動物学を御進講申し上げるようになります。やがて母の兄は早稲田大を卒業後ゼネラル・エレクトリック（GE）に職を得て国内やフィリピンの米軍基地のレーダーサイトの設計を担い、極東支配人に出世した。僕も小学生の時に横田《よこた》基地に幾度か連れて行かれた。アジア各地のホテルもパスを見せれば予約なしに泊まれました。

近田　そういう立場だと、優遇があるんだ。

宮台　「真ちゃん、真ちゃん」と可愛がってくれていろんな場所に連れて行かれました。彼はGE極東支配人時代にプロの広告写真家としてパンナム（パン・アメリカン航空）のポスターや広告の写真を手がけていました。当時珍しい二足の草鞋《わらじ》。スカイダイビングやスキューバダイビングや航空機のライセンスを持ち、僕を自宅に招いてはスライドを見せてくれました。

近田　先進的だね。

宮台　彼は僕のロールモデルでした。カッコよかった。ある日一緒に歩いていたら彼が指をさします。草原を羊の群れが走る姿を鳥瞰《ちょうかん》したパンナムのポスターでした。「オーストラリアで撮ったんだけど、一人だったからさ、操縦桿《かん》を足の指で握って窓から上半身を乗り出して撮ったんだ、危険だったぜ」。本当にしびれました。彼みたいになりたいと思った。

近田　もはやアクロバットの域だよ。

宮台　ある日スライドを見せてもらっていた時に尋ねました。僕が絶対に体験しておくべき風景って何？　彼は迷いなく一連の水中写真のスライドを映します。「沖縄かケアンズの珊瑚《さんご》礁の海に潜れ。こんな奇蹟《きせき》があるのかよっていう気持ちになるから」。夢うつつの表情をしていた僕を見た彼は、『National Geographic』の英語バックナンバーを一箱分くれました。

近田　本当に多士済々《せいせい》の家系だよね。

宮台　他方、母の弟は東大卒後、幾度か転職して医療機器メーカーのテルモに落ち着きました。コロナ禍で体外式膜型人工肺エクモ（ＥＣＭＯ）が救命の切り札になったけど、エクモを開発したのはテルモで、開発のチームリーダーが彼。後にストックオプションで羽振りのいい役員になりましたが、結果的に何千万人もの命を救ったことになります。

近田　感謝しなきゃいけないね。

宮台　僕が高3の秋に文転（理系から文系に志望変更）した時、強く反対したのが彼。「真ちゃん、世の中を救いたいんだろ？　思想じゃ人を救えない。人を救えるのは技術だ」と。この言葉はずっと耳に残り、「社会科学だって叔父《おじ》さんみたいに人を救えるはずだ」という、マルクス主義がお笑いになった同世代では珍しいこだわりを、僕に刻んだ。その点、サブ・ロールモデルだったんです。

母の3月3日出産計画

近田　その両親の間に宮台さんが生まれたのは、1959年3月3日。ちょうど、ひな祭りの日に当たります。

宮台　母は2009年に癌死しました。その2年半前に余命半年と告知されたものの、革工芸講師として40ヵ国近くを飛び回る驚異的な生命力を持つ人で、ネットで得た情報からあらゆる工夫をして余命を2年延ばしました。その母が「あと半年が限界ね」と明るく言ったので、直ちに沖縄の慶良間《けらま》諸島に連れていって一緒にダイビングし、夜に疑問だったことを尋ねました。

近田　何？

宮台　一つが3月3日問題。母が答えました。結婚直前まで私服OKで花形の英文タイピストだったが、商社マン、外交官、新聞記者と付き合って、自意識ばかりの輩《やから》に疲れた。父を選んだのは、初デートで、天気予報が雨だからと快晴なのに傘と長靴で現れたり、喫茶店でミルクを頼んだり、映画の感想を訊いたら「暗い場所は苦手なんだ」と答えたりする人だったからでした。

近田　飾らない人柄なんだね。

宮台　母曰く「自分を盛らないパパは疲れない相手なの。理由を考えて男性性と女性性の問題だと思った。自分はスゲエっていう自意識で盛るのが男性性。感情を自然に口にできるのが女性性。月経周期が正確だったから3月3日に出産する計画で妊娠した。自分以外のきょうだいが男だから男が生まれると分かってた。だから女性性が強い男を生むことに決めたんだよ」。

近田　計画的だったんだ。

宮台　「男らしくしろって言ったことは一度もなかったでしょ？　あなたも弟も髪を長めにしてリボンを結んだりしたでしょ？　女の身になりきれる男に育ってほしかったのよ。小6の秋に東京に転校して突然受験することになった時、何も分かっていなかったあなたを、わざわざ紛争校（麻布《あざぶ》）に入れたのも同じ。思い込みじゃ前に進めない学校に放り込んだの」。

近田　別れの直前にいろいろな謎が解けたんだ。

宮台　母の望み通り、僕は男らしさとは程遠い育ち方をしました。就学前から今に至るまで女に生まれたかったと思い続けているのも、偶然なのか、母がいたからなのか。僕の中心に「自分は弱い」という強い思いがあります。出発点にあるのは、生後5ヵ月の時、右掌《みぎてのひら》に大きな火傷《やけど》を負ったことです。今も右掌はこんな様子です（と右掌を見せる）。

近田　野口英世《のぐちひでよ》みたいなエピソードですね。

宮台　火傷痕《あと》は成長しません。右掌が成長しないのに手の甲と骨は成長するので、だんだんグーになります。指の上方が成長するのに下半分と掌が成長しないので、水かきが全ての指の間にできます。だから何度か太腿《ふともも》や腹部からの植皮をしました。1回8時間の大手術。結果、球技や陸上は得意なのに、掌を使う鉄棒やマット運動は不得手になりました。

近田 大変だったね……。

宮台 転校だらけで6つの小学校に行きましたが、転校のたびに醜《みにく》い右掌が人に見つかる前に自分から言わなきゃとびくびくしていました。女子にカミングアウトすると優しくしてくれて、優しくない男子たちを非難してくれるのが分かったので、転校のたびにまず女子の友達を作るようになりました。それで女子一般に大きな恩義を感じるようになりました。

近田 それ以外に、何か病気はしたんですか。

宮台 虚弱な子どもでした。年がら年中風邪を引いて、気管支喘息《ぜんそく》を患っていたからそのたびに長引いて、ひっきりなしに医者に通っていました。「自分は弱い」という意識は、そのことでも植え付けられました。

小学校受験と転校生活の始まり

近田 幼稚園や保育園の類には通いました?

宮台 ええ。僕の入った東北音楽学校附属幼稚科は、音楽教育を中心に据えていました。おかげで絶対音感を身につけられました。長調と短調の和音進行（今で言うコード進行）も教わりました。今もあるのか知りませんが、絶対音感は音階と色を結び付けて教えられました。音を聴くと色が浮かぶという。

近田 ランボーの詩にあるような、いわゆる共感覚ですね。じゃあ、宮台さんって、何か楽器は弾けるんですか。

宮台　ヴァイオリンを4歳から習っています。幼稚園ではピアノかヴァイオリンを習うのが義務でしたが、右手が軽く握ったグーの形なのでピアノができなかったからです。中学校に入る時にやめましたが、習得は早かったようで、最終的にはモーツァルトのヴァイオリン協奏曲の5番まで、周りが言うにはすごく上手に弾けるようになりました。

近田　それは大したものですよ。

宮台　反面、早生まれなのもあり、普通の意味で言う成長は遅れていました。幼稚園では、少食で食べるのが遅かったので、お弁当の時間が終わってお遊戯が始まっても、僕一人食事を続けさせられたのをよく覚えています。小学校に入っても男子で一番背が低かったのが僕でした。低学年では徒競走もビリ。これらも「自分は弱い」という意識を強めました。

近田　社会学者としてのルーツという意味でいうと、どのあたりから、言葉を用いてものを考えるようになったんでしょう。

宮台　生活にまつわるすべてに劣っていたのに、読書の習慣を身につけるのは早かったと思います。まあ、本を読むしか能がなかったんですね。幼稚園の頃からどんどん読みました。他方、小学校低学年までは、誰かが冗談を言って、周りのみんなが笑っていても、何が面白いのか理解できませんでした。

近田　活字のリテラシーには優れていても、通常のコミュニケーションには難があった。ブッキッシュを絵に描いたような子どもですね。その頃、愛読していた本というと？

宮台　幼稚園の頃で、一番記憶に残っているのは、マージョリー・キナン・ローリングスの『子鹿物語』と、A・A・ミルンの『クマのプーさん』です。『プーさん』は石井桃子《いしいももこ》訳の岩波少年文庫版です。それから、偉人の伝記はたくさん読みました。

近田　何を読むかは、自分で選んだんですか。

宮台　まさか（笑）。親が、偕成社と小学館の子ども向けの全集を買い揃えてくれたんです。漢字にはルビが振られて、幼稚園児でも読めたから、就学前にぜんぶ何度も読みました。

近田　それだけ発達が早いと、さぞかし親御さんも期待したことでしょうね。

宮台　どうかな……。ただ、知能テストを受けたら160で、親が突然張り切ってしまい、東北大学教育学部附属小学校（現・宮城教育大学附属小学校）を受験させられることになりました。ところが、せっかく受かったのに、親の転勤が急遽決まって、たった2週間在校しただけで転校することになりました。

近田　人もうらやむ名門校に入ったというのに、もったいない話ですね。

宮台　その後は、ちょっとだけ埼玉県の入間《いるま》郡富士見町《ふじみちょう》（現・富士見《ふじみ》市）で暮らした後、京都に移り住みます。そして小学生時代のほとんどを京都で過ごすことになります。

近田　ずいぶん環境の変化が激しい幼少時ですね。気持ちは追いつきました？

宮台　難しかった。東北から埼玉、埼玉から京都と、転校するたびに、方言も遊びのルールも違いました。低学年では一人ぼっちで周囲に溶け込めず、先生が自分に何かをやらせようとしても意図が摑《つか》めず、多くの場合は固まっていました。その頃に遊んでくれたのは女子だけ。ゴム跳びとか石蹴《いしけ》りとかおはじきとか。少女漫画も読ませてくれました。

近田　今の宮台さんの姿からは、とても想像できませんけどね（笑）。

宮台　小学2年生まで、クラスで背も一番ちっちゃい、虚弱な児童だったんです。かけっこは、ビリが定位置で、運動神経がないんだと思っていました。

ドキュメンタリーで育まれた正義感

近田　いつぐらいから、現在の宮台真司に近づいてきたんですか。

宮台　小学4年生の時、急に背が伸びたんです。それに伴って、フィジカル面も花開きました。5年生から6年生にかけては運動会でリレーの選手に指名され、ハードル競争では両方で1位でした。50メートル走も5年生で8・1秒、6年生で8・0秒でした。

近田　同級生が宮台さんを見る目も変わったんじゃないですか。

宮台　ええ。小学2年生からは京都市内で転校を繰り返していましたが、小学4年生からは、転校した次の学期に学級委員に選出されるようになりました。通知表にも1、2科目を除いて「5」が並んだ。当時はまだ相対評価で、上位10％を意味しました。

近田　勉強もできるようになったわけだ。

宮台　ただ、小学校時代に全学年全学期「オール優」だった母は、「オール5じゃないからね」と一度も褒《ほ》めてくれなかった。僕が調子に乗っていたからかもしれません。今思えばＡＤＨＤ（注意欠如・多動症）だったからだけど（現在は確定診断済み）、授業中、指されてもいないのに黒板に答えを書きに行ったり、立ち歩いたりしていたんです。困った子どもだったと思います（笑）。

近田　先生も、どう反応したらいいか分からないよね。

宮台　小5になると、女子だけを集め、生理に関する性教育が行われる機会がありますね。

近田　あれさ、締め出された男子からすれば、何を教えられてるか不思議なんだよ。

宮台　僕もそう感じて、「女子だけに秘密が教えられるのは気に喰わないから、男子みんなで襲撃しに行こうぜ」と、学級委員なのに蜂起《ほうき》を煽動《せんどう》しました。生理に関する指導が行われていたプレハブ教室の窓やら壁やらを外からガンガン叩いて妨害を始めたんです。すぐに、職員室からやってきた先生たちに止められましたけどね。

近田　あらぬ方向に、積極性が発揮されたわけだ（笑）。

宮台　ある日の自習時間、いつも金持ち自慢をしているA君が、その日は欠席していた。学級委員の僕は「みんな、Aには腹が立つだろ？　これからAの家を襲撃しに行くぞ」と煽動したら、男女全員が付いてきたので、A君の大邸宅にみんなで石を投げました。警察沙汰になって、大好きだった担任の女の先生を泣かせてしまい、反省しました。

近田　殊勝なところもあるのね（笑）。

宮台　ＡＤＨＤとＡＳＤ（自閉スペクトラム症）はいろんな比重で重なりますが、小3まではＡＳＤの関係障害が前面に出て、小4からはＡＤＨＤの注意障害と衝動障害が前面に出たんでしょう。当時はそんな概念はなく、小4以降の通知表はどの学校でも「整理整頓《せいとん》できない」「自分で言ったことを忘れる」「本当はいい子なのに困ったことをする」と書かれました。

（右から）平野くん・村田くん・宮台・植草くん・渥美くん・浅田くん

近田　しょうがないよね。

宮台　小5だったのは1970年。その直前からバレンタインデーに女子が男子にチョコを渡し始めました。京都の小学校では女子グループがお気に入りの男子一人にチョコを渡して遊びに連れ出す形。当時の教室の女子は大概2グループに分かれていましたが、「2グループのどちらが2月14日に宮台君を連れ出すか」をめぐって、女子間のバトルが生じました。

近田　いきなりモテ出しましたね。

宮台　この間まで地味だった僕は、自分が持て囃《はや》されていることに気づきませんでした。僕をめぐってクラスの女子たちが大混乱に陥っていることを、本人が自覚していないのはヤバいということで、急遽、担任による家庭訪問が行われました（笑）。母がびっくりして、午前はグループAを、午後はグループBを、家に招くことになりました。

近田　何だか、大変な状況ですね。

宮台　ところで、調子づくようになった小4を境に、別の変化もありました。それまでは「自分は弱い」という意識が強かったこともあってか、関係障害が改善してからは、今度は「弱い者いじめは許さない」という意識がとても強くなりました。金持ち自慢をして貧乏な子を見下すA君の家を、みんなで投石して襲撃した背景にも、明らかにそれがありました。

近田 いわゆる正義感が頭をもたげてきたと。

宮台 そう。僕が小4だった1969年には東大安田《やすだ》講堂で学生と機動隊の攻防が連日テレビ中継され、公害や薬害などが大問題になっていました。当時の僕が欠かさず見たのが、週に1回放送されたNHKドキュメンタリー「現代の映像」(1964〜71年)です。公害企業と患者、薬害企業と被害者、栄える大都市と過疎《かそ》化する田舎……など、弱者を虐《しいた》げる強者を告発する内容ばかりでした。

近田 確かに、そういう時代風潮がありました。

宮台 さらに当時、京都は蜷川虎三《にながわとらぞう》府知事の下で革新府政が長らく続き、京都市長の富井清《とみいきよし》も共産党系でした。それもあって組合運動が盛んで、小学校の社会科授業ではしばしば三池《みいけ》炭鉱争議やベトナム戦争の16ミリフィルムを見せられました。悲惨な映像を見るたびに、過呼吸になるほど怒りに震え、怒りで涙も出ました。こうした経験が、僕の自己形成の出発点になったと思います。

近田 今につながる映像への興味も、そこで胚胎《はいたい》したんでしょうね。

宮台 恐らくそうです。小6の僕はこんな作文を書きました。「自分が独裁者になったら、悪いやつらを全員溶鉱炉に放り込み、NHKの放送終了時に流れる君が代をバックにした白地に日の丸の旗を、白地に溶鉱炉の赤い炎の旗に変えて、今日の処刑は何人というテロップを出すぞ」と。今じゃ小学生時代の笑い話ですが、当時は結構本気でした（笑）。

近田　かなり危ない発想ですね（笑）。毛沢東《もうたくとう》やポル・ポトみたい。

演技的な「なりすまし」を身につける

宮台　小4からは、転校のたびに自己紹介で「変顔」をしてみせるお調子者になった一方、弱い者いじめに激怒するようになりました。激怒しながらも、弱い者いじめをやめさせるには穏やかにした方がいいと思ったので、滅多に取っ組み合いはせず、お茶目を装う演技をしました。でも、他に方法がないと思ったら、取っ組み合いや殴り合いをしました。

近田　その態度は今につながってるよ。

宮台　小4以降の僕を守ってくれたのが、親がヤクザの子（番長）や、水商売で働く一人親の子（副番長）。弟を味噌《みそ》っかすとしていつも遊びに入れてくれました。学級委員選挙で満票が続いたのを学校が怪しんで調べたら、彼らが僕に言わずに宮台に投票するようクラスを脅し上げていた事実が分かったこともあった。そんな悪さを含めて恩義を感じていました。

近田　義侠心《ぎきょう》があるね。

宮台　だから、彼らにいろんな知恵を授けたり、やっていないのにさまざまな悪事が彼らのせいにされたら「彼らが犯人じゃありません」と先生を相手に弁護したりしました。その時の担任の先生に、妻との結婚式でお会いした際にお尋ねしたら、彼らと僕のコネクションを知らなかったとのことでした。僕は演技的な「なりすまし」をしていたんだなと思いました。

近田　高等テクニックだなあ。

宮台　その当時から僕は、親しい者たちへの「なりきり」と、親しくない者たちに対する「なりすまし」を遣い分けていました。社会学者マックス・ウェーバーによれば共同体とは対内道徳と対外道徳の二重性。僕は共同体を生きていたことになります。女子と同じくヤクザの子たちにも恩義を感じて、いつか返そうと思い、社会学者になってから返すことになりました。後で話します。

近田　さわりだけでも聞きたいよ。

宮台　さわりだけ話せば、援助交際する女子高生たちを弁護したり、暴力団対策法や暴力団排除条例に反対してきたのも、データを基にした学問的な営みなのはもとより、小学校時代の記憶から、彼女ら・彼らに対する偏見に怒りを覚えたのと、法の外にあった共同体的な営みを擁護《ようご》したいという強い気持ちがあったから。いずれも今も研究のベースラインです。

近田　宮台イズムを感じます。

宮台　いずれにしても、高学年になって人並みに成長してからは、どこに転校しても上手《うま》くやっていけるようになりました。大人になってからの僕につながることですが、僕は「なりすまし」の演技性を身につけたんですね。これは、後にフィールドワークするようになったときにも、大きなアドバンテージになりました。もちろん、ナンパにも役立ちました。

近田　転校するたびに、少しずつキャラを変えていたということ？

宮台　はい、変えました。出発点はまだ弱々しかった小学2年生の1学期です。そのとき埼玉から京都に二度目の転校をしましたが、一度目の転校で、まず仲良くしてくれたのが女子だったという経験

近田　を踏まえて、どう振る舞えばいいかを考えました。当時の僕は、クラスで一番ちっちゃかったから、女子に守ってもらうのがいいと思いました。

宮台　どんなふうにアプローチしたの？

近田　まず、女の子たちの遊びにはすべて付き合いました。ゴム跳びとかおはじきとか石蹴りとか。

宮台　律儀だね（笑）。

近田　あと、発達が追いついた3年生から、わざと悪戯《いたずら》する僕を女子が叱るパターンで終始追いかけっこをしました。イチャイチャの戯《たわむ》れですから、追いかけっこの最中に黒板に相合傘を描かれました。毎年のように転校していたんですが、転校生という外来者が女子の興味を惹《ひ》いたんでしょうね。

宮台　物珍しさがあったと。

近田　その頃から転入した次の学期に学級委員に選ばれるようになりましたが、記憶の残る5年生1学期の学級会があります。僕「議題はありますか」。女子A「はい、宮台君のスカートめくりに女子が困ってるんで、それをやめさせる決議を提案します」。僕の司会で決議案が多数決でぎりぎり可決されて、バツが悪かった（笑）。

宮台　司会する当人が吊《つ》るし上げられたんだ（笑）。

近田　放課後に遠藤先生と話しました。僕「採決はギリギリで、皆が嫌がってるんじゃなく喜んでる子もいる」。イタズラする僕を女子が叱るイチャイチャのつもりでした。先生「喜んでる子がいても、喜んでいると見えて嫌がってる子もいるの。それが見分けられないなら、やめるべきよ」。素晴らしい先生です。完全に納得しました。

近田　いい説明だね。

宮台　あと、小2の頃、古賀新一《こがしんいち》と楳図《うめず》かずおの恐怖漫画が少女漫画誌で大ブームを巻き起こしていました。それで同級生の女子から古賀新一が載った「週刊少女フレンド」と楳図かずおが載った「週刊マーガレット」を借りて読むようになりました。高学年になると恐怖漫画以外の作品にも興味を惹かれることになりました。

近田　作者の名前を挙げるならどのあたり？

宮台　まずは大島弓子《おおしまゆみこ》ですね。

近田　実は僕も、大島弓子にはかなり影響を受けたんですよ。最初の妻であるスタイリストの近田《ちかだ》まりこに、その魅力を教えられたんですけどね。近田春夫＆ハルヲフォンというバンドを組んでいた時代には、彼女の作品にオマージュを捧《ささ》げた「あの頃〜ジョカへ」（1977年）なる曲を発表したぐらいだから。

宮台　大島弓子をはじめ、萩尾望都《はぎおもと》、竹宮惠子《たけみやけいこ》、山岸凉子《やまぎしりょうこ》といった昭和24年前後生まれの少女漫画作家の作品には、病的なほどに孤独なところがあります。そこにハマりました。

近田　転校を繰り返したことは、人格に何らかの影響を及ぼしましたよね。

宮台　どんなに仲良くなっても、どうせ程なく別れるんだという感覚は、低学年の段階で身に染みていました。ある種の無常観。この「どうせ……」という感覚は大人になってからの恋愛に影を落としました。「どうせ、この女とも別れるんだから」と次々に女と関係するといった、否定性を先取りした刹那《せつな》的感覚です。努力して離脱しようと思ったのは40歳になる頃からです。

近田　小学生の頃は、どんな音楽に興味を抱いていましたか。

宮台　歌謡曲がめちゃくちゃ好きでした。

近田　一番お気に入りだったのは？

宮台　一番は、いしだあゆみの「ブルー・ライト・ヨコハマ」（1968年）。橋本淳《はしもとじゅん》作詞・筒美京平《つつみきょうへい》作曲。院で数理をやりつつサブカルチャー研究に進んだ時、この二人が僕が好きな歌謡曲の多くを手がけていたので驚きました。橋本淳ならザ・タイガース。筒美京平なら太田裕美《おおたひろみ》。衝撃という点ではピーターの「夜と朝のあいだに」（1969年）。60年代末から20年間のヒット歌謡曲はほぼ歌えます。

近田　歌謡曲の黄金時代でしたもんね。その他に、エンタテインメントのジャンルで印象に残っているものはありますか。

宮台　高学年で住んだ山科《やましな》に一燈園《いっとうえん》というコミューンがありました。共産党系の教職員組合が強かった京都を中心とする小学校には当時「児童演劇運動」があり、年に1、2回人形劇を見せられました。僕の小学校は一燈園が会場でした。門をくぐった山を登る坂道に、赤い提灯《ちょうちん》がずらっと並んでいた祝祭感が忘れられず、大人になって人形劇マニアになります。

近田　宮台少年に、初めての恋愛感情が芽生《めば》えたのはいつのことでした？

宮台　小5の時です。水泳の授業の準備で、一つの教室を男女が入れ替わりで使って着替えをしていたんです。海パンをはいた僕が忘れ物に気づいて教室扉を開けたら女子タイムになっていて、Aさんという胸が大きな美少女の裸体が目に飛び込み、彼女と目が合って卒倒しそうになった。以来、目が合うと互いに恥ずかしがっている感じになりました。

近田 かなり衝撃的な光景だったんでしょうね。

宮台 小6の時、鬼ごっこに興じていた最中に、タッチするつもりが、僕と一緒に学級委員をしていたSさんの胸をうっかりギュッと摑んで、目を見つめ合ったまま固まった。何秒だったか分からないけど時間が止まった感じ。それ以降はSさんが僕と話す時に恥ずかしそうにするので、僕もすごく恥ずかしく感じたのを生々しく覚えています。

近田 そういう感覚ってあるよね。

宮台 こうした思い出が、ハイティーン以降、恋人とセックスするようになった時に影響しました。次に会った時に前の濃密なセックスを思い出してか、恥ずかしそうな顔をされると、僕も恥ずかしくなって互いにぎこちなくなります。それが素敵な時間に感じられました。半年経っても1年経ってもそれが失われないと、少しもマンネリにならないんです。

「祭り」の喪失と中学受験

近田 京都時代、特に記憶に残るエピソードはありますか。

宮台 京都にはお祭りが多いでしょう。祇園祭《ぎおんまつり》、時代祭《じだいまつり》、葵祭《あおいまつり》の三大祭が知られていますが、田植祭《たうえまつり》、収穫祭《しゅうかくさい》、地蔵盆《じぞうぼん》などの小さいお祭りがたくさんあります。お祭りの日は、授業が2時間目で終わりました。先生が「無駄遣いをしないようにしましょうね」って言いながら、ウインクしてくれるんです（笑）。少しはハメを外そうねって。めちゃハメを外しました。

近田　それは京都ならではだよね。

宮台　それでお祭りが大好きになりました。本当に楽しくてしょうがなかったですね。でも、東京に転校したら、お祭りの頻度が数分の一。お祭り自体もしょぼくて、出店《でみせ》の規模は京都の地蔵盆に比べて数分の一。しょげました。

近田　まあ、そういう文化の集積に関しては、東京は京都には到底敵《かな》わないよ。

宮台　今も、そのことは実感します。だから、紛争校の麻布に入ったら、紛争がお祭りだと感じられて、息を吹き返しました。

近田　東京に引っ越したのはいつのことでしたっけ。

宮台　小学校6年の9月です。三鷹《みたか》市立第六小学校に転入しました。そこで中学受験というものの存在を初めて知りました。

近田　あの頃は、東京都内でも中学受験をする子はそんなに多くなかったですもんね。

宮台　はい。4学年下の弟がいますが、その3年の間に大きく変わりました。僕の頃は東京でも中学受験は例外的でした。担任が、僕の成績がいいのを知って、中学受験を勧めてくれて、四谷大塚《よつやおおつか》と日本進学教室という当時最大手の二つの受験塾に入らされました。京都では一度も勉強をしたことがなかったので、僕には訳が分かりませんでした。

近田　9月から入試までって、それほど時間がないですよね。

宮台　ただ、当時は中学受験に挑む人数自体がごく限られていたので、6年生から対策を始めるケースもさほど珍しくはなかったと思います。ちょっとだけ勉強して、後は地頭《じあたま》で勝負というのが、一般的な形だったはず。

近田　どうやってモチベーションを高めたんですか。

宮台　いざ四谷大塚の入塾試験を受けたら、３０００人弱の受験生の中で20番だったので、先生からも親からもおだてられて、気がつけば麻布中学に入っていました。モチベーションみたいなものはなかったです。あんまり記憶がないんです。

近田　中学受験に際しては、どこか併願もしたんですか。

宮台　東京学芸大附属大泉《おおいずみ》中も受けました。筆記試験で15人まで絞られて、その後は面接に進むんですが、普通ここでは誰も落ちることはない。ところが、僕一人だけが不合格になりました。

近田　それはまたどうして？

宮台　面接官が言うには、筆記試験では1番だったそうです。それで「これだけ成績がいいってことは、他の学校も受けていますね」と聞かれたんです。でも面接に先立って、小学校の担任に「併願を訊かれたら嘘をつけ」と言われていたので、「受けていません」と答えてしまいました。

近田　まあ、嘘も方便だよね。

宮台　おっしゃる通りと言いたいところですが、学芸大附属中から三鷹六小に問い合わせがあって、電話に出た学年主任が、「はいはい、宮台君は麻布にも受かってますよ」と答えちゃったんです。それで嘘がバレて、落とされてしまいました。

近田　あらら、口裏合わせてくれればよかったのに。

宮台　さっきお話ししたように、母は紛争校の麻布に入れたがっていたけど、僕は共学の学芸大附属に行きたかった。転校続きの僕は、女子たちと仲良くなってから、男子たちと仲良くなるというやり方をしていたので、女子がいないのが恐かったんです。この経験は結構なトラウマとして残りました。「何事も正直に話し、それでダメなら相手が悪いんだ」ということが心に刻まれました。

近田　正義感を培《つちか》う一つの要素になったんじゃない？

宮台　はい。嘘をつけと教えた担任に腹が立ちました。でも人間万事塞翁《さいおう》が馬。僕の人格の半分は麻布に行って形成されました。学芸大附属に進んでいたら近田さんとお会いすることも対談することもなかった。不運が幸運を招き、幸運が不運を招く。さらに、悪が善を招き、善が悪を招く。この認識は、後に僕がクリスチャンになる伏線になります。

第2章

「革命家を志す以上、勉強に時間を割くわけにいかない」

——中学・高校時代

無法地帯で自閉モードから社交モードへ

近田　小6で京都から東京に引っ越してきた時、カルチャーにおけるギャップは感じましたか。

宮台　関西《かんさい》では、ボケとツッコミがコミュニケーションの基本なんですよ。

近田　笑いの世界が吉本《よしもと》に征服された今や、東京もその文化の勢力下にある。

宮台　若い人の文化が影響を受けるようになったのは、80年代お笑いブームを経た90年代半ばからです。転校した70年当時は東西の文化に壁がありました。関西では、「消しゴム貸して」って言われたら、わざと定規とかを渡してボケる。相手がそれを受けて字を消すふりをしてボケてから「消えへんやん！」とツッコむ。そこまでが一連のお約束です。

近田　関西人は全員が芸人の素養を身につけているわけね（笑）。

宮台　ところが、三鷹の小学校で「消しゴム貸してくれ」と言われて、当然のように定規を渡したら、「消しゴムって言ってんだろ、宮台！」とキレられた。衝撃でした。

近田　まあ、それがごく普通の対応だよね（笑）。

宮台　その違いに馴染めず、中2まで他人とのコミュニケーションの仕方が分からなくて、自閉気味になりました。学問的には、自閉とは引きこもることじゃなく、言葉の社会的用法から閉ざされること。小3までは自閉モードだったのが、小4から社交モードになったのに、小6の末から中2まで自閉モードに戻った。女子がいなかったのも大きかったです。

近田　京都に対する未練もあった？

宮台　とても。京都で最後に通った安朱《あんしゅ》小学校は新設されたばかりで、その前に通った1学年10クラス以上あった山階《やましな》小学校の小さな分校。僕を含めた五人組の仲良しグループで、ボケてはツッコみ、いろんな悪さをして遊びました。小6の秋に京都を離れた時は、とても悲しかった。地元中学に進んだ残り四人はバンドを組んで、高校でプロデビューしました。

近田　ところが、真司少年はそこに加わることができなかった。

宮台　そう。僕は4歳で楽譜を読めたし、校歌作曲で準優勝をもらったから、中心メンバーになれたのにと思って悔しかった。ところがしばらくして、自分だけ受験を勝ち抜いて進学校に入って社会的に上昇することへの後ろめたさがあることにも気づきました。京都の仲間たちの家はお店屋さんやお百姓さん。地域に根を張った自営業でした。うらやましかったです。

近田　麻布に受かった時は、やはり達成感を覚えたもんですか。

宮台　全然。受験の意味も分からなかったから、麻布に受かるのがすごいとも思わなかったし、なぜ母が麻布に入れたのかも分からなかった。だから母が人に訊かれて「息子は麻布」と答えて感心されるのが嫌で、「自慢気だから、秘密ですと答えてよ」と言いました。理由を知ったのは、余命が少ない母を慶良間諸島に連れていって、あれこれ訊いた時です。

近田　どんな意味が込められていたんですか。

宮台　1971年に入学した麻布では69年から学園闘争が続いていました。前にも言った通り母は、紛争校を狙って僕を放り込んだと言うんですよ。「こいつは揉んでやらなきゃダメだから、学芸大附属に落ちて良かったよ」と。上海のフランス租界で生まれ育った母は、日本人のヒラメ・キョロメを極度に嫌っていました。日本人の劣等性に染まらないようにしたかったんですね。

近田　親心によって誘導されたわけですね。

宮台　その点、母には心から感謝しています。そして入学後、東京にはお祭りがないと失望していた僕は、紛争にお祭りを見出《みいだ》して、自閉モードから次第に社交モードにシフトしました。「法生活を送る定住社会では、定期的な祝祭や祝祭的な性愛がないと、力を失って生きづらくなる」という何十年も繰り返してきた命題は、実は僕の体験そのものなんです。

近田　学園紛争って、言ってみりゃ非日常の極みだもんね。

宮台　授業はなくなるし、全校集会や学年集会で演説しまくるし。文化祭ともなれば、パンフレットにはアジビラ顔負けの檄文《げきぶん》が躍るし、敵対するグループの陣取る教室にヘルメットをかぶったやつらが突入するし。先輩たちはカッコいいなあと思いました。特に感染したのは中2で驚異的な演説をしていた先輩の中村敬《なかむらけい》さん。今は精神科医をしています。

近田　すごい文化祭だなあ（笑）。今の高校生には想像もできないだろうね。

宮台　当時、都立高校の文化祭がだいたい30万円とか40万円の予算でやり繰りしていたのに対し、麻布は500万円。

近田　まさに桁《けた》が違うね。どこからお金が出てたの？

宮台　中学3年生になり、自分も文化祭に関わることになって知ったんですが、実行委員会の連中は、文化祭のめちゃめちゃ豪華なパンフレットに載せる広告を取るため、制服を着て丸《まる》の内《うち》界隈を、足を棒にして回るんです。受付のお姉さんたちの美しさに驚いて元気をもらいながらね（笑）。

近田 そうか。大企業の要職を務めるOBには事欠かないもんね。

宮台 そうした営業で500万円ぐらい積み上がる。それでアイドルやロックバンドを呼び、校庭の野外ステージでライブコンサートをやる。僕の代では伊藤蘭《いとうらん》（キャンディーズ）やシェリーが来ました。大音響なのに近所の苦情はなかった。菓子折りを持って回るのもあったけど、80年代以降の「新住民のクズ」と違い、祭りの意味を知っていたからですね。

近田 当時のあの辺は、まだ民家も多かったはず。

宮台 はい。僕が中3の時、実行委員だった同級生が、数百万円を横領する事件がありました。中1の時は親しかったのですが、彼が中核派に入って疎遠になりました。貢《みつ》いだのかなと噂されていました。でも今とは時代が違い、学校が警察に届けずに退学になったので、学生には真相が分からないままでした。

近田 もはや中高生の振る舞いとは思えないよ。

宮台 実行委員会のメンバーとして治安管理のパトロールをしていて、使われていないはずのトイレの扉を開けたら、麻布の学生と女子高生が立ちバックでセックスしている最中ということもありました。まあ、よくあることだと聞いてはいましたが。

近田 もはや無法地帯じゃん（笑）。

宮台 麻布は男子校だけど、放課後にもなると、近くにある東洋英和女学院――麻布はもともと東洋英和の附属学校――や、順心女子学園や、東京女学館の生徒たちが、当たり前のように校内を闊歩《かっぽ》していました。だから、知る者はわずかですが、妊娠発覚による部活のお取り潰しといった不祥事もありました。不思議な学校ですよ。

近田　自由だねえ。

宮台　麻布には厳然たるスクールカーストがありました。今もあります。まず、遊びと勉強の両方ができるやつが最上位。次に、遊びだけできるやつ。その次が、勉強だけできるやつ。最後は、どっちもダメなやつ。勉強だけのやつが3番目というのがポイント。中学時代には、「遊び」が「学園闘争」に置き換わっていましたが、紛争後に元に戻りました。

近田　やたらと転校を繰り返した末に、麻布みたいな個性の強い学校へといきなり投げ込まれる。そういったダイナミックな環境の変化に際しても、本人はただボーッとしているだけだった。その体質こそが、宮台真司の宮台真司たる所以《ゆえん》じゃないかな（笑）。

宮台　まさにそうだと思います。よく分からないまま、少しも気にしないで、佇んだり、前に進んだりできました。何度も転校して6つの小学校に通い、それでも明るく過ごそうと努力するうちに、自然に免疫が生じたんでしょうね。身に降りかかるすべてについて、そういうこともあるのかな……と、衝撃を受けずにぼんやり受け入れるんですね。

思想的立場を守るための空手部入部

近田　部活動には参加してました？

宮台　中2になったときに空手部に入りました。

近田　ちょっと待って。全然イメージに合わないんだけど（笑）。何でまた、よりによって空手部を選んだんですか。

宮台　いろんな武術をやってきたんで、実は強いんです（笑）。少し生臭い話をします。中1から中3まで麻布は紛争校。中学生でも校内で内ゲバに遭《あ》いました。思想的立場が違う集団にボコられるんです。思想的立場を守ろうとすれば、武術を身につけるしかない。ということで、親友がボコられたのを機会に、空手部の門を叩きました。

近田　男子校に入った時期が、思春期真っ盛りだったわけじゃないですか。恋愛面では、何か特筆すべき出来事はありましたか。

宮台　男子校にはよくあるみたいですが、中2の時、M君という同級生を好きになりました。授業中もずっと彼のことばかりを見つめていました。振り返ってみても、あれは明白に恋愛でした。小学校の時、アクシデントから女子と微妙な関係になったのは、ママゴトみたいな感覚だったから、自分にとって、最初の本格的に恋する気持ちは、M君でした。

近田　ボーイズラブ的な素養があったわけですね。

宮台　はい。一つは、自分は女に生まれたかったという幼少期からの意識があり、もう一つは、「よく分からないまま、少しも気にしない」というクセがあったことで、自分はゲイなのかストレートなのかはどうでもいいという状況が続く中で、一つの衝撃的な体験が僕を襲います。

近田　衝撃的な体験！　いったい何だったの？

宮台　空手部に入るに当たっては、一人の先輩の影響が大きかったんですよ。さまざまな思想に通じていて、僕に的確なアドバイスを与えてくれる上級生が、空手部員だった。

近田 そういう下地があったんですね。

宮台 空手部の合宿の時、その先輩がこんなことを言う。「お前、あと5年もしたら、女とセックスするようになるぞ。その覚悟はできてるのか？」

近田 どう答えたんですか。

宮台 正直に、「そんなことができるようには思えません」と返しました。そうしたら、「宮台、そこに立て。気をつけしろ！」と命じられた。それに従って直立不動の姿勢をとったら、「今、お前の立ち姿で、外から見て隠れている部分が、すべて性感帯だ！」って言うんです。

近田 どういうこと？

宮台 指の間、掌、手首の内側、腕の内側、体側、股間《こかん》、脚の内側、足指の間がすべて性感帯だと。実地に体験させてやると言うんで、身を任せたら、本当に気持ちよくなって（笑）。先輩が「感じてきたな」と言う。「なぜ分かるんですか」と聞いたら、「性的に興奮するとアドレナリンが出る。すると匂いが変わる。お前は今アドレナリンが出ている。甘い匂いがする」。

近田 だいぶ性的に熟達した先輩ですね（笑）。

宮台 ジャージを脱がされて、身体中を触られたり舐《な》められたり……。オナニーの経験はありましたが、この時、初めて、他人の手によって射精に導かれました。

近田 その先輩とは、その後もそういう関係が続いたんですか。

宮台 いえ、1回こっきりでした。

近田 じゃあ、純粋にイニシエーターだったんだ。先輩からの手ほどきをきっかけに、同性愛的な傾向は進展したんですか。

宮台 その少し後、同じ中2の時ですが、僕はなぜか、高2だったブラックエンペラーの副総長にすごく好かれて、よくバイクの後ろに乗せてもらいました。夜の公道をぶっ飛ばしたり、校舎内を走り回ったりして。校舎が内庭を囲む形なんですが、ぐるっと回っては、階段をバイクで上り、またぐるっと回って。

近田 ブラックエンペラーっていうのは、当時、関東《かんとう》一円で大きな勢力を誇った暴走族だよね。何でまたその幹部と知り合うことになったの？

宮台 その副総長、麻布高校の生徒だったんです。

近田 えーっ？ 意外。麻布にはずいぶんいろんな生徒がいたもんだね。カオスだよ（笑）。その先輩からは、同性愛的な意味で好かれてたわけ？

宮台 分かりません。ただ中2直前の春休みに、右掌の植皮手術で2週間入院して、何人かの看護婦（今の女性看護師）に「宮台君って顔も体も女の子みたいね」と言われました。通学の国電（山手《やまのて》線や中央線を当時はそう呼んだ）でも、痴漢に何十回も遭いました。あと就学前から、犬や猫が僕にだけ寄ってきます。何か同じ理由があるような気がします。

近田 人間以外にもモテるんだ（笑）。

宮台 大人になってからも、ゲイの方々から随分言い寄られました。僕にはよく分からないんですが、革ジャン姿の副総長の背中にしがみつきながら、猛スピードで真夜中に疾走するという行為には、明らかに性的な興奮を覚えました。実際に勃起《ぼっき》もしていました。

近田　ちょっとケネス・アンガー的な美学を感じるよね（笑）。

宮台　でも、大学入学以降、実際に性交に及んだのは女だけです。女相手の恋愛が波瀾万丈《はらんばんじょう》すぎて、そこに男相手の恋愛が加わったら自分がパンクしちゃうと思ったんです。でも、中高生段階では、実際に女を好きになることがなかったのもあって、異性との関係については奥手でした。

アングラ黄金時代を享受する

近田　空手部で汗を流す一方、文化的な面では、どんな分野に興味を持ってたんでしょう。

宮台　まず映画です。中2の時、若松孝二《わかまつこうじ》監督の『ゆけゆけ二度目の処女』（1969年）、『現代性犯罪絶叫編　理由なき暴行』（1969年）の2本立てを観た。やり場のない自分の気持ちにこれだけ寄り添ってくれる映画があるのかと驚きました。場所は新宿《しんじゅく》文化劇場地下の「アンダーグラウンド蠍座《さそりざ》」。倉庫を改造した、天井が低いけど座席数が多い小屋で、紫煙《しえん》が立ち込めていました。

近田　ちなみに僕、若松監督が1974年に撮った『濡《ぬ》れた賽《さい》ノ目』っていう映画の劇伴（劇中伴奏音楽）を担当してるんですよ。それは余談として、その2本のどこに惹かれたの？

宮台　「ここではないどこか」に行けそうな気がする。でも「ここではないどこか」はない。つまり「どこかに行けそうで、どこにも行けない」。主人公が大暴れしては自滅する若松映画に、麻布の学園闘争でぼんやり感じていたことを言い当てられました。京都にあった祭りの代理に見えた学園闘争に、「こんなはずじゃなかった」と失望を感じていたからです。

近田　一応は成人映画で18禁だったのに、よく劇場に入れましたね。

宮台　年齢をごまかすために髪を伸ばして汚い格好でしたが、モギリのおばちゃんが先刻承知ながらも大目に見てくれたんでしょう（笑）。三鷹市立図書館で『エマニエル夫人』（1969年）や『O嬢の物語』（1961年）を借りた時も、司書の美しいお姉さんが「君、中2だよね？」と笑いながら貸してくれた。「こういうのに興味を持つお年頃だよね」という言葉を忘れない（笑）。

近田　当時の麻布って、制服？　私服？

宮台　中3の直前、制服反対闘争に勝利して服装が自由化されたんですね。その後はみんな私服で通うのかと思いきや、ほとんどが標準服と名を変えた制服を着て登校していた。何のために闘争したのか意味が分からない。ふざけんなよっていう感じ（笑）。僕のクラスだと50人中、私服は2人だけ。そのうちの1人が僕。中3以降は一度も制服を着ていません。

近田　いきなりアングラ方面に突っ込んじゃったけど、それ以前に、いわゆる普通の洋画なんかは観なかったんですか。

宮台　ラジオで耳にしたフランシス・レイの映画音楽に惹かれて、クロード・ルルーシュ監督の『男と女』（1966年）やアーサー・ヒラー監督の『ある愛の詩《うた》』（1970年）を観に行きました。ただあの頃は「恋愛映画」が掛かった劇場に足を運ぶと、映画そこのけでアベックがブチュブチュやっていて、中学生なんてお呼びじゃないぜという雰囲気が満ち満ちていた（笑）。今は想像もできませんけどね。

近田　思い出した。当時の映画館には、そんな雰囲気があったよね。

宮台　それがトラウマと化して、メジャーな洋画を避けるようになったんです。まあ、心の中では合理化を図っていました。そういうメジャーな洋画を観るやつらは、資本主義に毒されたプチブル（小ブルジョア）野郎だと（笑）。観るべきは、マイナーな邦画なんだと。

近田 映画を対象とする理論化の試みが、すでに進んでたわけね。

宮台 麻布の図書館には高校生向けじゃない書籍や雑誌が充実していて、そこに載った映画批評を片っ端から読みました。まず佐藤忠男《さとうただお》。つぎに松田政男《まつだまさお》。さらに批評家兼実作者の大島渚《おおしまなぎさ》や松本俊夫《まつもととしお》。最後は雑誌「映画批評」（１９５７〜73年）、「映画芸術」（１９４６年〜）で、よりマイナーな批評家兼実作者の足立正生《あだちまさお》や原正人《はらまさと》の文章を読みました。「シネマ69」（１９６９年）時代の蓮實重彦《はすみしげひこ》も読みました。

近田 どちらかといえば、実験的な作風の監督の作品に親しんでいく。

宮台 はい。ＡＴＧ（日本アート・シアター・ギルド）の映画は全部観ました。そこから芝居に関心が拡がり、まず唐十郎《からじゅうろう》の状況劇場、つぎに寺山修司《てらやましゅうじ》の天井桟敷《さじき》の公演も観るようになります。若松孝二監督、若松孝二・足立正生・唐十郎・山下治脚本の『犯された白衣《びゃくい》』（１９６７年）で、看護婦寮で大量殺戮《さつりく》した美少年を演じたのが唐十郎だったのがきっかけ。アングラの黄金時代を享受したわけです。

近田 映画批評以外には、どんな本を読んでたの？

宮台 後に麻布中高の校長を長く務めることになる氷上信廣《ひかみのぶひろ》先生が——そのお父様が一流のニーチェ研究者だった氷上英廣《ひでひろ》東大教授ですが——当時は倫理社会を受け持っていて、僕の読書傾向を知って、いろんな本を薦めてくれました。それが僕の人生を方向づけました。

近田　例えば？

宮台　第一次戦後派と、それに影響を与えたドストエフスキー。授業の理解を深めるという観点からはエーリッヒ・フロムやマルティン・ブーバー。その日本的対応物だとされた吉本隆明《よしもとたかあき》などです。どれも強烈な体験でしたが、当時はまず第一次戦後派の埴谷雄高《はにやゆたか》『死霊《しれい》』（1948年〜）に打ちのめされ、その弟子筋に当たると言われて、高橋和巳《たかはしかずみ》の一連の作品にハマりました。

近田　割と若くして亡くなった小説家だよね。

宮台　そうです。批評を含めて全著作を読みました。あらすじを記憶して今でも思い出すという意味では、最初に高橋和巳の大きな影響を受けました。京都大学で中国文学の助教授だったんですが、小説では『悲の器』（1962年）、『我が心は石にあらず』（1967年）、『憂鬱なる党派』（1965年）などを読みました。ハマったのは、戦後の山科を舞台にした『邪宗門』（1966年）です。

近田　どんなストーリーなの？

宮台　新興宗教の2世である一人の青年がいます。戦前に弾圧を受けて非合法化されたこの「ひのもと救霊会」は明らかに大本教《おおもときょう》がモデルです。主人公の青年は京大を出た後、一度は崩壊したこの教団の中枢である教主一家に食い込み、戦後の再建に大きく寄与しますが、宗教的な世直しの旗の下で武装蜂起を行い、弾圧されて敢えて自滅する。そんな物語です。

近田　全共闘やオウム真理教をも彷彿《ほうふつ》とさせますね。

宮台　はい。戦前や戦後の山科の本当に美しい風景が描かれます。高橋和巳は前に話した一燈園を取材して書いていています。小6の秋までそこにいた僕は「一燈園から見たあの風景だ」と思いながら、それゆえ自分事として読みました。だからこの小説は本当に深く僕に刻まれました。後に社会学者になる僕の、世界観の原点とも言える作品です。

近田 読んでみたくなるよ。

宮台 宗教2世から離脱して京大で左翼革命に心酔した青年には、本来信心はない。でも大規模に存在する信心は、世直しにつながる巨大リソース。最終的に青年は信心があるのかないのか未規定な状態になる。宗教的に振る舞う者の動機が宗教的とは限らず、世俗的に振る舞う者の動機が世俗的とは限らない。宗教というものへの深い興味を目覚めさせられました。

近田 その興味は、今に至るも一貫してますよね。

宮台 はい。僕は、中3からキリスト教関連の神学書を大量に読むようになります。なかでも田川建三《たがわけんぞう》という新約聖書の研究者の文章は面白かった。彼は、イエス・キリストという人物の実像を歴史学の手法を通じて細かく暴き出します。そして最終的に、イエスは、自分に対する人々の信仰を利用して世直しを行おうとしていたと結論します。『邪宗門』との共通性に驚きました。

ジャーマン・プログレッシブと日本の音楽表現の共通点

近田 その後、高校に進んでも、空手は続けてたわけですか。

宮台 ええ。それで思い出しました。空手部は、校内で合宿する時に、決まって近くの有栖《ありす》川宮《がわのみや》記念公園で覗《のぞ》きに興じるんですよ。

近田 その合宿、何だかいろんな行事が満載なのね（笑）。

宮台　夜の9時ぐらいになると、5、6人で連れ立って定番スポットに出かけ、アベックの行為を覗く。佳境に入ったところで、先輩の号令に合わせて、みんなで「ペニスゥー！」って叫ぶ。すると、慌てて服装を整えて逃げていく。70年代まで一般的だった「アベック」とは、今で言うカップルと違って、ベタベタしたり青姦《あおかん》したりする存在でした。

近田　まったく、小学生レベルの悪ふざけだよ（笑）。高校に入ってからは、さすがに女の子との出会いなんかもあったんでしょうか。

宮台　高3になって、チラシを見て気まぐれで家の近くのちっちゃな塾の体験授業を受けたら、気になる子がいて、惚《ほ》れました。麻布生でわざわざ地元の塾に通うやつなんてまずいないんだけど、その子に毎週会えるので入塾しました。

近田　かわいいところがあるね。その後、その出会いは恋愛に発展したの？

宮台　会話を交わすぐらいのことはあったんですが、当時の僕は、それ以上距離を縮める方法が分からなかったのと、「寝ても覚めても想う」ほどじゃなかったのがあって、関係が深まることはありませんでした。たぶん少女漫画の読みすぎで、「寝ても覚めても想う」ことが、今に至るまで僕の物差しなんです。

近田　後のナンパ師の片鱗《へんりん》は、まだ表れていない（笑）。

宮台　結局、大学に入るまで、男女交際は一度も経験しないままでした。ちなみに最近、横浜《よこはま》のパーティにその子の社会人になった娘さんがいたので、びっくりしました。

近田　その頃、音楽に関しては、どんなジャンルに興味を持ってました？

宮台　プログレです。中3の時、ラジオのスイッチを入れたら、たまたまNHK－FMの「若いこだま」（78年から「サウンドストリート」に改編）でDJの渋谷陽一《しぶやよういち》がピンク・フロイドの「ユージン、斧《おの》に気をつけろ」をかけるところでした。気に入ってハマりました。新譜『狂気』（1973年）がリリースされたタイミングです。『狂気』はすごいと周囲に吹聴《ふいちょう》したら、周囲にプログレ仲間が集まってきました。

近田　まあ、時代的には全盛でしたからね。

宮台　次にイエス、その次にキング・クリムゾン……と定番を経て、僕の興味はジャンルの周縁へと移行しました。カン、ファウスト、アモン・デュールといったドイツ実験ロックや、カンタベリー系と呼ばれるソフト・マシーン、ゴング、ヘンリー・カウなどです。ただし一貫してキング・クリムゾンの変化を追いかけて、その理由を真剣に考えていました。

近田　学者になるだけあって、一つのジャンルをきちんと極めますね。

宮台　ドイツ実験ロックとも呼ばれていた、タンジェリン・ドリームやクラウス・シュルツェを加えた、広い意味でのジャーマン・プログレッシブを聴いて疑問に思ったのは、何でこの人たちの音楽は湿っているんだろうということでした。多くはシンセを意識的に拒絶し、タンジェリンやシュルツェはシンセを使うものの、音像は古色蒼然《こしょくそうぜん》としていました。

近田　言われてみればそうだよね。

宮台　その湿り気が日本と通底していると思い、歌謡曲を含めて戦後日本の音楽表現とは何なのだろうと考えました。劣等感ゆえの「光への憧《あこが》れ」と、それを逆転する「闇へのこだわり」があると思いました。ざっくり、敗戦体験を通じて背負い込んだ負の意識が、無邪気に最先端に向かうことを抑制して、負の意味を反転することへと動機づけたのだと。

近田　日本のミュージシャンで注目していたのは？

宮台　圧倒的に荒井由実《あらいゆみ》です。すでにプログレにハマっていた中3の時、ふとラジオで聴いた「ひこうき雲」（1973年）にものすごい衝撃を受けました。何というか、辞書になかったものを突き付けられた感じがしたんです。

近田　何がそんなに衝撃的だったの？

宮台　下がって上がり、上がって下がる感じのコード進行と、〈あの子は死ぬ前も〉以降の歌詞。歌謡曲によくある「死ぬ」という言葉が自分事のリアリティを伴って聴こえたのは初めてでした。大学に入って昔のプログレ仲間に「実はユーミンが好きだった」と話すと、みんな「俺もそうだった」と（笑）。どう褒めていいのか、語彙が分からなかったんですね。

近田　プログレに夢中になる前は、歌謡曲が大好きでしたよね。

宮台　実は、その後また歌謡曲に戻ったんです。74年にキング・クリムゾンが解散して以降、まだプログレを聴いてる連中がダサく感じられるようになりました。その後、プログレを離れた同世代は、こぞって歌謡曲に夢中になって、プログレの時と同様、蘊蓄《うんちく》を傾けるようになる。筒美京平《つつみきょうへい》作曲・松本隆《まつもとたかし》作詞の太田裕美「木綿のハンカチーフ」（1975年）の頃でした。

近田　当時はそんな動向があったの？　知らなかったよ。

宮台　ええ。80年頃に歌謡曲雑誌の「よい子の歌謡曲」（1979〜91年）や「REMEMBER」（1982

〜99年）が創刊されますが、創刊に関わった僕と同世代のスタッフにもともとプログレが好きだった面々が多い。リメンバーというタイトルから分かる通り、思い出してみたらすごかったという再帰的な関わりです。分かるやつには分かるという「諧謔《かいぎゃく》の時代」でした。

近田　蘊蓄の傾け甲斐《がい》があるという意味では、プログレと歌謡曲は近いかもね。

宮台　まさに。『サブカルチャー神話解体』（1993年、増補文庫版2007年）に書いたけど、70年代後半は「分かり合い」を前面に押し出したさだまさしやアリスから岡村孝子《おかむらたかこ》へと続く「後期ニューミュージック」の時代で、それへの反発から、細野晴臣《ほそのはるおみ》や大滝詠一《おおたきえいいち》らの「高踏《こうとう》的諧謔」と、歌謡曲再発見の「裏目読み的諧謔」が出てきました。おどけながら「分かる人には分かるよね」というのが、諧謔です。

近田　分かりやすい説明ですね。

宮台　つまらない自作自演の連中によるニューミュージックよりも、職人の作った歌謡曲の方がよっぽど面白いじゃないか、というのが、歌謡曲再評価の流れでした。産業音楽だからダメだなんていうのは、バカ左翼の偏《かたよ》った見方でしかないよ、というのが当時の僕の物言いです。

近田　好事家《こうずか》として歌謡曲を愛《め》でるセンスは、俺とも共通するよね。

宮台　まったくその通り。

麻布生の「嫌なやつごっこ」と「シャレからオシャレへ」の変遷

宮台　おどけながらズレて、「分かる人には分かるよね」というのが、実は麻布的な諧謔だったとも思います。学園紛争の嵐が去った後、麻布では、紛争に身を投じていた生徒の一部が、打って変わって「嫌なやつごっこ」に興じるようになりました。

近田　それはどんな遊びなの？

宮台　ナンパ方向と、後に言うオタク方向の両方で、誰もついてこられないことを見せ付けるゲームです。前にマグヌス・ヒルシュフェルト『戦争と性』日本語復刻版（２０１４年）の、１００枚を超える前書きで書きましたが、麻布には、単なる上昇を目指す「教養主義」を田舎者の作法として嗤《わら》い、横にズレながら斜め方向に上昇する「卓越主義」の伝統があります。

近田　都会っ子っぽいね。

宮台　これは、１８９５年、明治で言うと28年に東洋英和から分かれた麻布にもともと、芸能や芸術の親の子弟が多かったことに由来します。戦間期前期、第一次大戦後、アメリカで狂熱の時代、フランスで狂騒の時代と呼ばれる頽廃《たいはい》的な文化が花開き、日本でも浅草の時代と重なる形で「エログロ・ナンセンスの時代」になって、さっき近田さんがおっしゃった「好事家」が登場します。

近田　はるか昔に先輩がいたのね（笑）。

宮台　当時の会員制変態雑誌には帝大出身の医者や教授の会員が多数いました。横にズレながら斜め方向に上昇する営み。僕が麻布生の頃で言えば、左翼ならぬ新左翼、クラシックならぬ現代音楽、ジャズならぬフリージャズ、ロックならぬプログレ、プログレならぬ歌謡曲……などです。中３で紛争が終わると、そこでも斜めに上昇する卓越主義の営みが始まりました。

近田　ひねくれるねえ。

宮台　マジメ学生ならぬ新左翼学生が斜め上だったのが、「紛争が終わり、連合赤軍事件もあったのに、まだ三里塚《さんりづか》に出かけるわけ?・」という次第で、葉山《はやま》のヨット遊びでナンパするとか、東映動画の『太陽の王子 ホルスの大冒険』(1968年)の上映会とセル画展をして中核スタッフの宮崎駿《みやざきはやお》や高畑勲《たかはたいさお》や大塚康生《おおつかやすお》のインタビュー集を配るとかが、新たな斜め上になりました。

近田　その風潮は麻布の専売特許?

宮台　これが始まった73年には慶應義塾高など親が裕福な「お坊ちゃま学校」でも同じ動きが生じます。麻布でも慶應でもプログレじゃなくて脱価値化・脱政治化したフュージョンでテクニック競争する流れです。そもそもロックならぬプログレをコピーする時点で、幼少期から楽器を習ってきた優位性を見せびらかす営みでした。この「誰も付いてこられない営み」を集団で展開するのが、卓越主義としての「嫌なやつごっこ」です。

近田　風流を絵に描いたような試みだねえ(笑)。

宮台　「風流」も「好事家」も、頭が良くて勉強すれば上昇できる営みと違い、ブルデューの言う文化資本に恵まれない者には難しい。むろんそれに恵まれているのは本人の達成ではない。だからこそ「誰も付いてこられない営み」によって斜めに上昇できる。単なる上昇志向に過ぎない「教養主義」を、田舎者の営みとして嗤う「卓越主義」の本質でした。

近田　ちょっと精神貴族的な感覚だね。

宮台　まさに。折しも「世間並みの時代」から「差別化の時代」へ。73年の石油ショックによる高度経済成長終焉《しゅうえん》と、直前までの耐久消費財の普及が、経済的な前提です。高度経済成長は60年代前半の3S（炊飯器・掃除機・洗濯機）から後半の3C（カー・クーラー・カラーテレビ）へと展開。70年の大阪万博後には普及曲線がプラトー化（市場が飽和）しました。

近田　そう、ほぼ行き渡った。

宮台　つまり新規需要より買換需要がメインになります。そこに72年の連合赤軍によるあさま山荘事件に続き、73年の石油ショックが訪れた。各々60年代の文化的終焉と経済的終焉を象徴します。73年には渋谷に「公園通り」が生まれます。ＰＡＲＣＯ開店で、トルコ風呂《ぶろ》（現・ソープランド）やラブホテルが蝟集《いしゅう》する区役所通りが、路面店の入れ替えで「公園通り」になりました。

近田　そうそう、覚えてるよ。

宮台　市場の飽和で新規需要より買換需要がメインになると、戦間期の「フォード（新技術）からＧＭ（モデルチェンジ）へ」の反復で、ジェットノズルやフィンなど外観の差別化が重要になります。折しも石油ショック後の資源不況で大規模投資は困難。意匠替えによる需要惹起《じゃっき》は好都合でした。かくて始まった差別化の時代を「高度消費社会」と言います。

近田　側《がわ》の部分が問題だった。

宮台　公園通りはこれにシンクロしました。路面はオシャレでも、裏通りに入ればラブホ街。80年代半ばまでスペイン坂の頂きに最後のラブホがあったでしょ？　僕より3学年下になると「なぜこんなところに？」と訝《いぶか》っていたけど、73年以前を知る僕らは、マジガチの「オシャレ」じゃなく、あくまで「シャレ」として、区役所通りを公園通りに読み替えたんです。

近田　ギャップを楽しんだわけね。

宮台　73年からの植草甚一《うえくさじんいち》が編集した「宝島」、アメリカの「ホール・アース・カタログ」を摸《も》した75年の「メイド・イン・U.S.A.カタログ」、後継の76年からの「ＰＯＰＥＹＥ」は共通して、「ここではないどこかを夢想する」のをやめ、「ここを読み替える」ようになります。こうした「カタログ雑誌」を手に歩けば「つまらない街もワンダーランドに早変わり」。

近田　コスプレ的な行為だね。

宮台　敢えて「読み替える＝シャレてみせる」営みです。古地図ブームを加速した２００５年の中沢新《なかざわしん》一《いち》『アースダイバー』はこれを30年ぶりで模したもの。さて、少し下の世代から公園通りを本気で「オシャレ」だと思うようになります。この意識の変化は僕が高3だった77年頃からで、『サブカルチャー神話解体』では「シャレからオシャレへ」と呼んでいます。

近田　オがつくだけで大違い。

宮台　「ここではないどこか」から「ここの読み替え」への変化は、生き残りを賭《か》けたカウンターカルチャーの転態ですが、「ここの読み替え＝シャレ」から「オシャレ」への変化はカウンターカルチャーの終焉でした。72年創刊の「ぴあ」も76年創刊の「ＰＯＰＥＹＥ」もカウンターカルチャー的な色彩を帯びていたのが、78年以降はデート用の情報誌になります。

近田　なお、私は78年に「ＰＯＰＥＹＥ」でコラムの連載を開始しています（笑）。それにしても、「シャレからオシャレへ」とは、言い得て妙だね。

宮台　同じことが高校や大学のサークルで起こります。77年に『宇宙戦艦ヤマト』の劇場版が大ヒット。それを機に各校のＳＦ同好会が事実上アニメ同好会に変わります。それまでは互いにＳＦ作品を批評し合う営みが主眼だったのが、単にファンとしてアニメを楽しむ連中が入ってくるようになります。彼らが83年から「オタク」と呼ばれるようになるんです。

近田　そこに、一歩引いた視点から自分と作品との関係を見る俯瞰《ふかん》的な意識はない。

宮台　はい。アニメや歌謡曲のような娯楽に過剰に社会性を見出して蘊蓄を語る営みも、「嫌なやつごっこ」で、劇場版ヤマトブームを契機とした「ＯＵＴ」（１９７７〜95年）、「アニメージュ」（１９７８年〜）、「ファンロード」（１９８０年〜）も「嫌なやつごっこ」から出たものですが、程なくマジガチのファン雑誌になります。その裏目読みの文脈を意識的に再提示したのがパルコ出版の雑誌「ビックリハウス」（１９７４〜85年）です。

近田　ただ、残念なことに、茶化しには絶対的な力はない。どこまで行っても、本質には到達しにくいんだよね。そこが問題なんだ。

宮台　はい。「シャレ」は諧謔的にズレるための文脈の共有が必要なので、世代の更新で共有がなくなると終わります。でも、瞬間的には生産性は高く、そこからＹＭＯも出てきましたが、ＹＭＯ自体「シャレからオシャレへ」の流れに飲まれました。飲まれずに一貫して「シャレ」にこだわることで高い生産性を維持し続けてこられたのが、近田さんですよ。

近田　それはもう、性分だからしょうがない。一生治らないんだよ（笑）。

宮台　僕も治りそうにありません（笑）。

ドキュメンタリー作家になるための東大受験

近田　大学は、ストレートで合格したんでしたっけ。

宮台　1浪しました。麻布で高2までは上から20番目ぐらいだったのが、親族一同に文転を猛反対されたのもあって、勉強を一切しなかった結果、高3になると140番まで落ちました。すると、教員の態度が豹変《ひょうへん》しました。「お前はもう終わった」みたいな感じです。普段はリベラルを気取っている教員の素顔を垣間見《かいまみ》た気がしました。

近田　ずいぶん露骨なんですね。

宮台　ただ、僕に読書を指南してくれた倫社の氷上信廣先生だけは、成績が落ちても接し方がまったく変わりませんでした。なので、今に至るまでずっと交流し続けています。

近田　現役の時点で、どこを受けようと思っていたんですか。

宮台　高3の9月に文転し、しばらく勉強せずにぶらぶらしていたんですが、浪人が決定した時点で、東大の文科三類、つまり文学部に進むコースに狙いを定めました。

近田　どんな将来像を描いてました？

宮台　映像ドキュメンタリー作家になり、作品で世直ししようと思いました。戦間期の欧州マルクス主義者グラムシの影響です。曰く、辺境のロシアで革命が起きても、資本主義が発達した欧州では起きないのはなぜか。深刻な階級格差があれ曲がりなりにも喰える以上、「人は不確かな理想の未来より、問題があっても確実な現在を望むからだ」。ちなみに飯田譲治《いいだじょうじ》総監督『NIGHT HEA

D』（1992～93年）にも出てくる台詞《せりふ》です。

近田　結果が保証されないなら、冒険はしたくないもんね。

宮台　ならば、芸能や芸術を通じて、問題があっても確実な現在にしがみつく生き方を、さもしく浅ましく感じ、理想の未来に賭ける生き方に感染するように、意識改革（革命的主体形成）させれば良いのだと。僕はこの考え方に賭けることにしました。ところが、父方も母方もみんな東大を中心とした理系出身で、文系に行った人間が一人もいないんです。

近田　そして、エリートになった人ばかりですもんね。

宮台　父親に「文系を受ける」と伝えたら、「なるほど、弁護士になるのか」と言う。「いや、文学部に行って、ドキュメンタリー作家になるんだ」と返すと、両親を含めて親戚《しんせき》一同が驚き、一斉に僕の説得にかかりました。「うちの家系はみんな理系なんだから、お前にそんな才能があるわけない」と言うんです。

近田　そんなに強く言われたんですか。

宮台　特に父とは大喧嘩。当時の時代もありました。「高度経済成長を支えたのは、思想じゃなく技術だ」と言う父。「不平等や不公正があるじゃないか」と言い返しても、「そんなのは、いつの時代も同じだ。それでも、豊かになれれば充分に幸せじゃないか」と。そんな確執もあり、高3の1年間は一切勉強せず、現役の年は受験自体を放棄しました。

近田　そこから、どういう形で雪辱《せつじょく》を果たすことになったんですか。

宮台　駿台《すんだい》高等予備校（現・駿台予備学校）に入って、試しに1ヵ月間だけ本気で勉強しました。すると、勉強しなくても比較的成績が取れた英数国は別にして、一切勉強しなかったので偏差値30台だった世界史と地理が、両方とも72に撥《は》ね上がり、成績優秀者一覧にランクインしました。

近田 すごいな。その短期間でそれだけ成績を上げた裏には、自分なりに何か具体的に確立した勉強法があったんですか。

宮台 僕はADHDの確定診断を受けています。当時はそうしたカテゴリーはなかったけど、自分の性格特性は理解していて、それをうまく利用しました。

近田 診断こそ受けてないものの、たぶん、俺もそうだと思うんだよね。

宮台 賛成（笑）。その特徴の一つは過集中。物事に集中すると、他のことが頭から抜ける。もう一つ、集中が続かず、飽きて気が散る。それで方法を編み出します。東大一次は7科目。1時間を7で割ると約8分。7科目の問題集を机に広げ、1科目8分間やったら次に移り、56分で1周。教科書と参考書は捨てて問題集オンリー。問題集は4周ずつやる。問題を読み、10秒で解法をイメージできなかったら、すぐ答えを見て解き方の手順をブロック化して覚えます。

近田 解くんじゃなくて、覚えたんですか。それは数学なんかに関しても？

宮台 ええ。忘却曲線を考えて、翌日と、翌週の同じ曜日に、10秒以内に解法手順をイメージしてみます。予備校の行き帰りの通学電車でやりました。こうしたやり方の目標は、予備校が昼過ぎに終わった後の勉強時間を徹底して短縮することです。

近田 その手法は、どういうきっかけで編み出したの？

宮台 まず手順の目標ですが、自分は人々に革命的主体形成を促す革命家を志す以上、本や映画や街から学ぶ時間が必要だから、勉強に時間を割くわけにいかない。実際、予備校時代は毎週末に池袋《いけぶくろ》の文芸坐地下劇場のオールナイトで4本ずつ映画を見ていたので、月に16本、年に200本近く見ました。読書にもめちゃめちゃ時間を使いました。

近田　受験生とは思えないね。

宮台　次に手順の具体。麻布中の数学は代数と幾何に分かれますが、中1の時に幾何の鈴木《すずき》明《あきら》先生（あだ名はハゲ）が言った。「数学は記憶力じゃなく思考力だ？　お前らに思考は10年早い。暗記しろ。幾何の定理はアルキメデスまでに2000以上見つかり、お前らが解く設問はその範囲内。暗記はイメージトレーニングを使え」。それを僕は信じることにしました。

近田　もしも来世で大学を受ける機会があったら、参考にしますよ（笑）。

宮台　浪人中に駿台の全国公開模試が6回あったけど、毎回上位30位以内にランクインしました。特に国語は全国1位を2度とりました。同学年の人は覚えてくれていると思う。

近田　国語にも、さっき言った勉強法が通用したんですか。

宮台　国語こそパターン認識が有効です。他の人は文章の内容を読んじゃう。僕は形式に集中して瞬時に型を判断します。大方の出題文はギリシャ時代に確立した修辞法（レトリック）から喩・例示・反復・等置・反語・反照を使う。出題文を目にしたら直ちに修辞関係を記号化して「‖」「↓」「⇅」「∧」「‡」などと記す。それで全国1位になれました。

近田　すごいね。それは今の仕事にも役立ってますか。

宮台　特に映画批評に有効です。たいていの映画批評家は内容に飲まれるけど、映画の修辞、つまり構図＝空間性や、モンタージュ＝時間性は、ヴァリエーションが少なく、不自由なパターンの組み合わせだから、一瞬で型が分かる反復芸術。浄瑠璃《じょうるり》や歌舞伎を含めて芝居も同じです。ただ、クラシック演奏と同じで、魂が宿る「いい反復」と、宿らない「悪い反復」があるだけ。

近田　なるほど、俺も音楽評論のやり方について再考したくなってきたよ（笑）。

宮台　僕の映画や音楽の批評は、まずヒトの世界体験のパターンを類型化します。神話的（空間的・無意識的）・対・物語的（時間的・前意識的）などです。各々の内部にもパターン分けがあります。次に観客も表現者もヒトなので、観客にも表現者にも世界体験のパターン（人格類型）があり、その間の整合性を問題にできます。僕が「実存批評」と呼んできた方法です。

近田　勉強になります（笑）。

宮台　さて、模試の成績で有頂天になっていたところに衝撃が襲います。浪人中の夏休み、東大志望にとっては定番のZ会通信添削「国語Ⅰ科」を受講し始めました。今と違って、当時は東大志望者だけがターゲットでした。ところが成績は恥ずべきレベル。驚いたことに、添削子が「駿台では一番でも、Z会では通用しない」と書いてきて、これが僕の人生を変えました。

近田　駿台とZ会はそんなに違うの？

宮台　添削子が言います。「君は出題文に書かれたことしか理解していない。それでも東大には受かる。だがZ会Ⅰ科はそんな小さなことを目標にしない。君が世界を理解する能力の向上を目標にする。出題文の筆者がどんな人生を送り、なぜ文章を書いたのか。時間的にも空間的にもテキストの外を感じ取る能力を問題にするのだ」と。

近田　そのレベルになると、ゴールは合格じゃないのね。

宮台　ベンヤミン的には、添削子は「シンボルよりアレゴリーだ」と言っていたことになる。シンボルは「書かれたこと」を理解する営み。アレゴリーは「世界は確かにそうなっている」と震える営みで、ベンヤミンは「砕け散った瓦礫《がれき》に一瞬の星座が浮かぶこと」と言う。シンボル（瓦礫）じゃなくアレゴリー（天の星座）が、僕の実存批評の中核的な目標です。

近田　浪人中は、具体的に1日に何時間ぐらい勉強したんですか。

宮台　授業外では4時間です。当時の予備校は昼過ぎの14時までに授業が終わるので、それから晩ご飯の18時半までの4時間は本を読んだり映画を観たりして、夕食後の20時から24時までの4時間を受験勉強のために割きました。それで合格しなかったら、地頭が悪いと思って諦《あきら》めようと考えていました。

近田　きっぱり割り切ったもんだね。

宮台　そうしたからこそ予備校時代の一年間に映画を200本観られて、映画批評家としての今につながりました。

近田　何度も言うけど、浪人生とは思えない（笑）。入試本番は、どんな感じだったんですか。

宮台　東大文系の二次は英数国社で440点満点。文科三類は220点取れば合格できた。1時間目が数学で満点80点取れました。後は英国社で合計140点取ればいい。各々120点満点でどれも得意だから。ここからは左手で書いても受かると思い、数学が終わった時に「俺は合格した」と宣言して嫌がられました。たぶんトップ合格だったと思います。

近田　合格発表は見に行ったの？

宮台　長髪で、髭《ひげ》も剃《そ》らない顔に眼鏡《めがね》をかけ、デニムの上下という汚らしい格好で出かけたのを覚えています。あまりにもむさ苦しかったからかな、雑誌「現代」1978年6月号でしたが、写真を撮られて、巻頭グラビアに載りました。

近田　それはぜひ、大宅壮一《おおやそういち》文庫か国会図書館で発掘してみたいものだね（笑）。

第3章

アングラ卒業、性愛の享楽

——大学生時代

「光はまやかしで、闇こそが真実だ」

宮台 1978年、東大に入学して最初にショックを受けたのは、駒場《こまば》キャンパスで行われる教養課程の授業に、同級生たちがほぼ全員出席している風景でした。

近田 何でまた、そんなに驚いたの？

宮台 中学は紛争状態、高校はその後遺症で、麻布の生徒には真面目に通学する習慣がなかったからです。高3ともなると過半数が学校に出てこなかったと思う。「思う」というのは、僕はほぼ通学しておらず、親しい仲間以外のことが分からないからです。法律が出席日数の下限を定めていますが、教員にウィスキー1本持っていけば何とかなりました（笑）。

近田 大学ともなれば、その傾向はさらに進むかと考えるよね。

宮台 はい。統計学と経済史の二足の草鞋《わらじ》を履く中村隆英《なかむらたかふさ》教授の、初回の統計学講義を受けたら、入室するなり満員の教室を見渡して激怒された。「諸君は何をしてるんだ！ 統計学なんて授業に出なくても本を読めば分かる。大学の4年間は自由に時間を使える最後の機会だ。友と語らい、書物を読み、映画を観、音楽を聴き、旅をし、恋をしなさい！」。

近田 もっともだと思うよ。俺も全然大学に行かなかったから（笑）。

宮台 僕ももっともだと思い、以降は、廣松《ひろまつ》渉《わたる》先生の哲学講義、見田宗介《みたむねすけ》先生の社会学ゼミ、蓮實重彦先生の映画ゼミを除いて、授業に出ないことにしました。

近田 自分の思い描いていたキャンパス像とは乖離《かいり》があったんだ。

宮台　中高時代は仲間と校内で徹夜して哲学や思想を語っていたので、東大でもそうした仲間に恵まれると思っていたんです。麻布以上に、深くものを考えているやつや、社会に迎合せずに我が道を行くやつがいるだろうと。まあ、情報がアップデートされてなかったんですね。1973年まで学園闘争していた高校なんて、私立麻布と都立青山《あおやま》を除けば、なかったのに（笑）。

近田　大学のクラスには居場所がなかったんですね。

宮台　でも、授業以外には面白いこともありました。学生自治会の正副委員長と常任委員会を民青（共産党の学生フロント団体、日本民主青年同盟）が握っていて、毎日のように民青に勧誘されたので、中高で新左翼に傾いていた僕は、いちいち足を止めて、勧誘してくる相手を論破していました。論破するのは痛快で、面白いゲームでした。

近田　ゲームだったのね（笑）。

宮台　それもあって新左翼系ノンセクトの仲間ができ、「東大創立百年記念館」の建設計画への反対闘争に参加したり、原理研（統一教会の学生フロント団体、原理研究会）に入った語学クラスの同級生らを奪還する活動に連なったりしました。そこで、僕が今でも語る「鍋《なべ》パーティ問題」に気づきました。

近田　それって、どんな問題なの？

宮台　東大には、こんな思いを抱く学生がいる。麻布や開成や灘は当時100人以上が東大に合格して仲間だらけなのに、地方の公立校から東大に入った自分は「ぼっち」。また、麻布や武蔵だと勉強しかできないやつはスクールカースト3番目で、楽器やヨットやチェスやナンパが「プロ級」のやつがごろごろいることにも、衝撃を受ける。原理研や新左翼セクトは、「勉強オンリーのぼっち」を標的に勧誘します。

近田 どういうやり方で誘い込むの？

宮台 まず、正体を隠して週末の鍋パーティに誘う。毎週末に参加して家族みたいに親しい仲間が出来たと感じる。やがて「夏休みに合宿するんだが、来ないか」と誘われる。合宿に出かけて初めて仲間の正体を知り、研修の名でオルグを受ける。当初は違和感があっても、「ぼっち」には戻りたくない。それで留まり続け、程なくオルグに染まることになります。

近田 周到だよ。

宮台 どの集団から鍋パーティに誘われたかで、宗教集団や思想集団への所属が決まる。これは弱みにつけ込んだ卑怯《ひきょう》な方法で、許せません。でも、よくあることです。93年に国会議員になった、「ノンポリ（思想的無色）」で「ぼっち」だったと周囲が証言する安倍晋三《あべしんぞう》が、短期で極右政治家になったのも同じ。日本の多くの「思想家」がこうして生まれるのです。

近田 麻布時代の血が騒いだんだね。サークルなんかには入ってたの？

宮台 東大には映画系のサークルが二つありました、「映画研究会」は、映画を批評する。「映像文化研究会」は、映画を製作する。実作者になりたかったので、迷わず後者を選びました。

近田 どんな映画を撮ってたんですか。

宮台 若松孝二や足立正生の影響が濃厚でした。最初に作った映画のタイトルは『ミクロコスモス』。全場面を夜間撮影した幻想的な8ミリ作品です。孤独な男子が、暗い団地の屋上で心に傷を負った少女と出会い、死んだ自分の兄の夢を見て、兄に乗り移られることでテロリストになる。偶然のミクロな実存が革命家を誕生させる。抽象的には「鍋パーティ問題」と同型です。

近田　映像的なモチーフは？

宮台　光と闇です。僕が大学に入った78年は、ディスコやテニスやサーフィンのブームで、世の中が光に満ちていった時代。一方の僕は、闇を見ることを好んだアングラ少年。光はまやかしで、闇こそが真実だ。それを映像で表現しました。79年夏のこと。でも、これは時代の流れに対する適応不全の、認知的整合化じゃないかと思い、80年にはアングラからナンパに転向します。

近田　宮台さんは、役者もやったんですか。

宮台　自分が撮る時は脚本と演出に専念しましたが、サークルの他のメンバーが撮る映画には出演もしました。たいてい狂人めいた男の役でした。劇場映画の合評会で、思想的な批評言語をまき散らしていたので、「狂人」がサークル内でのパブリックイメージだったんだと思います。

近田　映文研の仲間とは、センスが共有できました？

宮台　いいえ。僕の入学する直前から、インターカレッジサークルが増えます。映文研も、東京女子大学短期大学部と連携し、以前から毎年4月に東短のキャンパスで勧誘していた。すると男子10人に対して女子30人という部員構成になる。僕みたいに純粋に映画を撮りたいやつもいなくはなかったけど、僕の1学年上まで。僕の学年では出会い目当てが大半でした。

近田　じゃあ、ちょっと話が合わないかもね。

宮台　だから、分派活動に走りました。映画製作に真面目に取り組んでいた共立女子大の映研にアプローチを行い、映文研内の真面目なメンバーを引き抜いて別のサークルを作ろうとしましたが、密《ひそ》かにリクルートした全員に、最終段階で裏切られた。そこで、スタッフは、僕一人が男子学生で、残り全員が共立の女子学生という形で、映画を作るようになりました。

映画製作のためのアルバイト

近田　当時、映画を1本撮るにはどのぐらいの予算が必要だったんですか。

宮台　8ミリなら30分で20万円。尺の数倍は回すのでフィルム代が高いし、ロケに赴《おもむ》くためにマイクロバスを借りるにも、録音スタジオを借りるにも、金がかかります。さらに、上映会を開催するとなると、会場と高性能の映写機を借りるための費用が別途かかります。例えば『ミクロコスモス』は70分でしたから、50万円以上かかりました。

近田　それらは、どうやって捻出《ねんしゅつ》したんでしょうか。

宮台　バイトです。

近田　アルバイトは何をやってたの？

宮台　東大生の定番、家庭教師です。自分で言うのも何だけど、優秀な家庭教師だったんです。大学1年の時は時給1５００円が相場でしたが、教え子を志望校に確実に送り込む実績が評価され、2年からは時給６０００円。1回2時間で1万２０００円。週2回で2万４０００円。だから月に約10万円。50万円ぐらいなら楽勝なんです。

近田　家庭教師って、どこで顧客を摑むわけ？

宮台　駅や銀行の掲示板や電信柱にチラシを貼りました。今みたいに企業化された家庭教師センターはありません。ただし、営業トークを練り上げて、成績を上げるための方法1・方法2……と列挙し、根拠を示しました。前に話した通り僕の受験勉強が工夫に満ちていて、実際、浪人時代の模試は全回成績優秀者リストに載ったので、そのリストも持参しました。

近田　その他に、何か金策の当てはあったの？

宮台　パチンコが得意だったんで、月に2万円から4万円を稼いでいました。

近田　いろいろと不思議な才能をお持ちなのね（笑）。

宮台　東大に入る直前の春休み、運転免許を取りましたが、教習所でいつも一緒になるパチプロのおじさんに、「パチンコ興味あるなら、教えようか」と声をかけられたんです。

近田　いきなり話しかけてきたの？

宮台　僕には小さい頃からちょっと変わった特性があって、どんなに人慣れしない犬や猫でも例外なく手懐《てなず》けられることに関係するのかもしれませんが、ヤクザとか、パチプロとか、その手の人――ウエーバーが言う「周辺人」――に、なぜか好かれるんです。

近田　そういや、ブラックエンペラーの副総長にも好かれてたしね。

宮台　はい。「僕もパチプロになりたいです」って答えたら、パチンコ屋に何度も連れていってくれた。当時のパチンコ台の2大メーカーといえば平和《へいわ》と西陣《にしじん》でしたが、メーカーごとの釘《くぎ》打ちの細かい違いを教えられ、暗記しました。平和なら天釘《てんくぎ》の2番釘を、西陣なら3番釘を狙うといったことです。結局、パチンコっていうのは、釘師との戦いなんですよ。

近田　対象が何であっても、その道を極めますね。

宮台　パチンコ屋ごとに、何曜日に何番台が打ち止めになったというデータを集積し、エクセルみたいな表形式にまとめ、法則性を見極めます。「月・木・金は100番台の7の倍数だな」などです。釘師が投げかける「なぞなぞ」を解く感じ。結局、パチンコで月に平均3万円、家庭教師で10万円、稼いでました。

近田　当時の大学生としては相当な実入りだよね。

宮台　「パチンコは遊びじゃねえんだよ」というパチプロの教えが、僕を支えました。その奥義《おうぎ》を僕の4学年下の弟に伝授したら、彼には僕以上の才能があることが分かりました。

近田　4学年下ってことは、まだ高校生でしょ？（笑）

宮台　高1の時点で、月平均8万円を稼いでいましたね。僕は二つの店しかデータ収集しませんでしたが、弟は倍以上の店でやっていた。弟は後にバイオテクノロジー分野に進み、実験を重ねて新薬を開発する仕事に就《つ》きますが、データ収集能力がすごいんですよ。

365日、性愛の享楽に浸る

近田　肝心の学業はどんな具合だったの？

宮台　まず大学3年で本郷の社会学科に進みます。直前に全科目の平均点で進路振り分けがあり、社会学は成績が良くないと進めない。授業には出ていなかったけど、友人たちのノートを複写して勉強し、ほとんどAでしたので、楽勝でした。友人たちより成績が良くて嫌がられたけど。ざっくりドキュメンタリーを作るのに役立つので、社会学を選びました。

近田　以前から興味があったの？

宮台　細かく言えば、中高時代を通じて、フランクフルト学派を中心に、社会学周りの基礎文献を読んでいたのがあります。あと、ドキュメンタリー作家や社会派の映画監督に、東大社会学出身者が多かったのもあります。文学や哲学じゃなく、一応ソーシャル・サイエンスの分野に進んだので、父が「お前もバカじゃないな」と喜びました。どうでもいいけど。

近田　恋愛に関してはどうでした？

宮台　駒場時代に、映文研の女子と恋愛未満的関係になったけど、互いの好意ベースのキスやペッティング程度で、先に進む前に冷めた。それで3年の6月、本郷の講義室に行ったら、ヴァイオリンのケースを抱えた女の子がいた。僕も小6までヴァイオリンを習っていたから、話しかけました。その意識はなかったけど、今思えばナンパなのかな。

近田　どんな言葉をかけたんですか。

宮台　「僕もヴァイオリンやってたの。こんな授業つまらないから、表に出ない？」って。

近田　それは立派なナンパですよ（笑）。

宮台　散歩しながら会話を交わしたところ、ちょっと不思議な子だった。日本的なヒラメ・キョロメ感が皆無だったんですよ。道理で、誘いに応じて中途退出してくれたわけだと。

近田　ヒラメ・キョロメってのはどういう意味だっけ？

宮台　上の地位の人に媚《こ》びるのがヒラメ。横に合わせて同調圧力に屈するのがキョロメ。彼女は中学で帰日した帰国子女で、高校はオケ部。僕の顔を覗き込んで目を合わせてくれるから、そのまま公園に行ってキスし、胸を触り、あそこを触るところまで進みました。

近田 展開が速いね（笑）。

宮台 近田さんもご存じだと思うけど、当時は、学歴に関係なく、ほとんどの女子が「結婚まではセックスしません」と言っていた時代。彼女も例外じゃありませんでした。

近田 じゃあ、挿入までは至らなかったんだ。

宮台 それが程なくセックスしました。他の女子もだいたい同じでした。理由は三つ。第一に、当時の大学生男女は、今よりずっと恋愛の願望水準が高く、他方で性愛について情報が少なかったから、四の五の考えずに没入した。第二に、当時の大学生男女は、言葉の外のフローに乗りやすかった。第三は、繁華街にあった同伴喫茶です。

近田 あったねえ。何十年かぶりに思い出したよ（笑）。

宮台 2000円ぐらいの料金を払うと、仕切りのある半個室になった席に案内される。そこが今はない未規定な場所なんですね。飲み物やスパゲティを注文するから、二人きりになれる喫茶店のようでもある。隣室からエッチする喘《あえ》ぎ声が聞こえるから、ラブホのようでもある。1回目は「結婚するまでは……」というので、指入れどまりでした。

近田 我慢できたんだね。

宮台 そして、2回目。いつになく興奮した彼女が、フェラする姿勢から僕を見上げ、「これが欲しい」と言うんです。隣室の喘ぎ声や、落書き帳のエッチな体験告白に、煽られたのかもしれない。

1時間近くの長いセックスが終わった後、ずっと抱き合い、ほんとに幸せな時間でした。決断したというより、抗《あらが》えないフローに乗った感じです。

近田　それが初体験？

宮台　はい。互いに別の人たちとペッティング経験があったけど。ところが彼女は、僕が童貞だったと信じてくれないんです。中2の時に空手部の先輩から伝授された通りに体が自動的に動いただけなのに、上手過ぎると思われた。だから経緯を説明しました。

近田　その先輩さ、相当の床上手だったんだね（笑）。

宮台　その後は毎日どこかでセックスしました。池袋のラブホでサービスタイムを使って朝から夕方まで何度もしました。合間に二人で試験勉強もしました。代々木《よよぎ》公園などの野外で週に一度は青姦しました。当時の公園では夕方になるとそこら中でアベック（カップルと違ってベタベタする）が青姦していて、煽られたのもありますね。

近田　アウトドア志向なのね（笑）。

宮台　駒場や本郷のキャンパスでも、図書館の書架の蔭や屋内非常階段や屋上で、あるいは夕暮れ時の三四郎《さんしろう》池の畔《ほとり》などでしました。それらの場所に使用済みのコンドームが時々放置してあったので、学内での青姦は珍しくなかったはず。まだ精液が透明になっていないと、「30分以内だね」と分析したりした（笑）。この本には記録を残せないような場所でもしました。

近田　東大生ってのは、意外とお盛んなんですね。

宮台　当時の東大は女子が少なかったけど、僕が知る限り、地方出身の女子の多くが、高校時代に教員とセックス込みの恋愛関係にあった。学科などのコンパの後、女子が酔った勢いで隣席にいた男子とホテルに行っちゃったみたいな話もよくあった。すぐ話題になって、学科内の恋人の知るところになったけど、酒には気をつけろよという話で、後を引かなかった。

近田　さっぱりしてるね。

宮台　今の大学生が言うカレシカノジョ関係は大半「寝ても覚めても」的恋愛感情がなく、コクられてイエスでカップル誕生。昔の恋人関係（アベック）より軽いのに、相手の浮気で速攻別れる。カレシカノジョ関係では、愛が薄いのに相互所有権を主張し合うからです。昔の恋人同士や友人同士の方が本質的に仲が良かったので、事情を勘案して許すという寛容さがありました。

近田　言われてみりゃそうだったかも。

宮台　とはいえ、勢いでセックスすることもよくあった。今と違って、特に女子が、親友とは言えない周囲にも「誰某《だれそれ》とやっちゃった」と正直に話したので、話が拡がった。その場合、ラブホでの男子の珍妙な振る舞いを、相手の女子が平気で拡散したりしました。回転ベッドの操作盤を見て「あさかぜの車掌室みたい！」とはしゃいだ男子は、以降あさかぜ君と呼ばれました（笑）。

近田　鉄ちゃんだったのね（笑）。

宮台　社会学じゃ聞かなかったけど、隣の仏文（社会学は法文2号館、仏文は法文1号館）のコンパで有名教員が女子をお持ち帰りした話も、女子つながりで聞こえてきました。駒場時代もサークル合宿で夜中に誰と誰がカーセックスしていたみたいな話が拡がったけど、すぐ拡散される代わりに、すぐ話題から消えました。忘れたことにする「共同体の知恵」です。

近田　そんなもんなの？（笑）

宮台　僕は噂を流すのが好きでしたが、必ず目視した事実を元にしました。当時の渋谷には円山町《まるやまちょう》の他にも桜丘町《さくらがおかちょう》に小ラブホ街があり、あまり知られていない場所なので、煙草《たばこ》を吸いながら待機していると、既婚教授と学生や、互いに恋人がいる学生同士が、手つなぎでホテルに消える姿を目撃できて、色をつけて噂を流しました（笑）。

近田　宮台さんは、その彼女とはどのぐらい付き合ったの？

宮台　4年間。同学年の彼女は、4年生の夏、就職で別の界隈に離れるのが嫌で、鬱で寝込んだ。彼女を看病した僕も就職活動を諦めた。付き合い始めた時の彼女には駒場のテニスサークル時代の恋人がいて、また彼女に惚れた学科内の男子もいて、1対1の恋人になるまで数ヵ月もかかったのが、彼女の心模様の背景だったと思う。やっと関係が安定したのに……という。

近田　宮台さんの方は、進路はどうしたの？

宮台　就職を諦めた11月、廊下ですれ違った吉田民人《よしだたみと》教授（社会システム論）が、大学院という手もあるぞと耳打ちしてくれて、2ヵ月勉強して82年に院進します。彼女は留年を経て、僕が修士2年になった83年4月に放送局に入り、別の界隈に離れました。24時間一緒にいる関係だったので、関係が不安定になって、同年12月24日、僕から別れを告げました。

近田　その間は、ずっとその子一筋だったんですか。

宮台　いつも一緒でしたから。でも、別の界隈に離れると決まった82年末、アイドル以上に愛らしい学部4年生に「僕としない？」と誘ったら、「恋人がいるのを知ってるのに」と号泣して断られた。

6年後の88年、偶然再会して食事したら、数日後の電話で「1ヵ月後の結婚予定をやめました。誘われた時も、好きだったから号泣しました」と告げられました。でも千の偶然と万の偶然の交錯《こうさく》で、波瀾万丈の悲劇が襲う。

近田　時系列的に、その話はまた後ほどゆっくり。

宮台　そして、自己啓発セミナー（アウェアネス・トレーニング）の経験を経て、85年から月に二人ずつ性交するナンパ師になり、2年後から抜けようと足掻《あが》いていた僕は、その悲劇のせいで光を失って97年に入るまで「ナンパ地獄」の長い蝕《しょく》に入ります。それは大学後のパートで話します。いずれにせよ恋人との出会いで、アングラを一切忘れ、365日、性愛の享楽に浸るようになりました。

近田　180度、生活が変わったわけだ。

宮台　はい。いつでもセックスできるように、筆入れに常時コンドームを何個か忍ばせていたんですが、彼女に惚れている同じ学科の男子に見つかって、事実を拡散され、しばらくは「ゴム台ゴム司」と呼ばれるようになります。「おーい、ゴム台」という感じ（笑）。

近田　すごいあだ名だな（笑）。

宮台　いつも学友会室や社会学研究室に屯《たむろ》していた久保谷洋《くぼたにひろし》先輩（朝日新聞社に就職した後に外務省へ転出）が「お前らさぁ、あそこがつながったまま抜けないんじゃねえの？」と呆《あき》れてたほどです。ちなみに、僕が「ゴム台ゴム司」と呼ばれていた件についても、「俺だっていつも持ち歩いてるもんね、ほら」と懐からブツを取り出し、僕を励ましてくれました（笑）。

近田　対抗心かな（笑）。

宮台　それはどうでもいいんですが、彼女と学内を歩いてると、みんなが僕らをジロジロ見てはニヤニヤ笑う。なぜかなと彼女に聞くと、「親が学部長だからじゃない？」と。彼女に出逢《であ》って何ヵ月も知らないでいました。レザークラフト教室を開いていた母も、息子が東大に通う生徒さんから、僕の噂を聞き、「何で有名になってんだよ、慎《つつし》め」と、渋い顔でした。

ゼミでの失望

近田　東大って、入学当初は専攻が未定なんだよね。

宮台　私大の人には分かりにくい。2年生までは全員が駒場の教養学部前期課程（略して教養課程）に属する。3年生で専攻が分かれ、教養学部後期課程を含めた各学部学科に進む。ただし教養課程文科一類は法学部、二類は経済学部、三類は文学部と大まかに決まっている。2年生の秋に進路希望を出し、人気学科は教養課程の成績順に定員を埋めます。

近田　そういう仕組みなのね。

宮台　歴史的には旧制高校の機能を教養課程に組み込んだ形。アメリカなどでもハーバードやコロンビアなど一流大学は、general education 2年間とprofessional education 2年間から成ります。general educationは中世に生まれた大学のリベラルアーツに当たり、専門家になる前の自己形成Selbst Bildungを遂げさせる。このドイツ語を「教養」と訳したんです。

近田　教養課程の教養ってそういう意味なんだ。

宮台　麻布中学の頃、倫理社会の氷上信廣先生からいろんな本を薦められた話をしました。社会学の進路に直接関係するところでは、フランクフルト学派の本。フロム、アドルノ、ベンヤミンら、第一世代と呼ばれる論者の本を薦められ、高校では自力で、第二世代のハーバーマスらを読むようになります。どれも難しいので、解説書も読みました。

近田　中高生だっていうのに、ずいぶん高度な本を読んでたもんだよね。

宮台　フランクフルト学派は、ドイツのフランクフルト大学社会研究所を拠点とした学者のグループ。第二次大戦前、ナチスの台頭を受け、ユダヤ人だった主要メンバーはアメリカに亡命します。終戦後、ドイツに戻ってきた彼らは、世界一民主的な憲法を持つワイマール共和国から、なぜ独裁者ヒトラーが生まれたのかを、統計ベースで研究しました。

近田　どちらかと言うと、左翼系の思想なんですか。

宮台　実際、ルカーチ、グラムシ、ルクセンブルクら、戦間期の欧州マルクス主義者の影響を受けています。前述したように欧州マルクス主義者は共通に、資本主義化した欧州じゃなく、資本主義未然のロシアで革命が起きた理由を問題にし、「人は、不確実な理想の未来より、たとえ問題はあれ、曲がりなりにも喰えている現在に固執する。それをどうするか」と語ります。

近田　どうすればいいの？

宮台　全体性がキーワード。部分である人には全体である社会は見えない。社会の不可視な全体が背後で働いて、個人に視界を与えるからです。全体性がヘーゲルの言う世界精神（世界という主体）であれば永久に触知できません。だから、全体性をおぼろげであれ触知するにはヘーゲルを離れる必要があるというのが、マルクスの思考で、それを蔑《ないがし》ろにする条件プログラム（ああしたらこうなるはず）が、人を愚かな営みに導くとした。

近田　本物の講義を受けている気になってきました。

宮台　こうした理解は氷上先生の受け売り。先生の影響で高校から大学1年まで初期マルクスを読みました。『経済学・哲学草稿』（1844年）、『共産党宣言』（1848年）、『ルイ・ボナパルトのブリュメール18日』（1852年）などで、ヘーゲル左派の全体性概念（類的本質など）を批判するもの。そのあと、高校時代に松田政男の映画批評で偶然知った廣松渉の、初期マルクス批判にハマります。

近田　同時代の日本人でいうと、学問的には誰に興味を持ってました？

宮台　氷上先生が薦めた吉本隆明です。特に『共同幻想論』（1868年）。初期ギリシャの影響で力の受け渡しをめぐる詩的記述が多い前期の柳田國男《やなぎたくにお》の読み直しなので、詩的です。詩的に響く部分を論理的に読み解く方法を考えました。例えば、氏族間で武闘する中期定住段階の「母系父権」において、「系」とは力の受け渡し、「権」とは軍事資源と指揮権の掌握だと理解しました。

近田　なるほど。

宮台　当時の考えは今も同じです。原母（氏族の最初の母）から湧いた力を、娘たちが継ぐ。かくて女から湧いた力を、男が使う。力が湧き出す時空が「聖」。力を使い尽くす時空が「俗」。吉本の『言語にとって美とは何か』の、「指示表出」を〈表現expression〉、「自己表出」を〈表出explosion〉と言い替えて、今も使い続けています。

近田　吉本隆明以外には？

宮台　高校卒業間近に知った廣松渉ですが、大学に入ると駒場の哲学教授だった彼のところに私的に出入りします。それで、ブント（共産主義者同盟）の活動家でもある彼が、マルクスより、リッケルトとマッハとハイデガーが知的ルーツだと確信しました。没後の90年代半ば以降、僕が「廣松はアジア主義者だ」と言うようになったのは、その延長です。

彼には、面白い私的な話もうかがいました。廣松が高校を放校処分になって大検で大学に入った件。てっきり左翼活動が理由だと思っていたら、女をめぐるヤクザとの出入りがあったからだと聞いて、骨の髄まで痺《しび》れました。ロスケ（ロシア人の蔑称《べっしょう》）やチャンコロ（中国人の蔑称）など「差別語」を口にするのも、彼の過剰な身体性を示すものに感じられ、魅力的でした。

近田 そのような知的訓練を経て入った社会学科は、どんな場所だったんですか。

宮台 ゼミの議論が幼稚で失望しました。最初の驚きは、集団、組織、権力、疎外など社会学で頻出する基礎概念を、厳密な定義を欠いたまま「やってる感」で口にすること。学生だけでなく、教員の発言や論文にも感じた。これじゃ哲学史の素養がある人を少しも説得できないと。社会学しか知らない教員や、高校以前に考えてこなかった学生の、醜態です。

近田 だいぶ不満があったんだね。

宮台 やがて、仮にも社会学という名の学問を修めようとする人が、どう見ても実際の社会を知らないところにも疑問を抱くようになります。思想や学問で大口を叩く輩が、いざとなると誰より逃げ足が速いヘタレだったりする現実。僕は中高紛争であまた目撃したけど、そうした体験がない人は、発言や記述の、言外から匂うヘタレぶりに気づけないのかなと。

大学院入試面接前日の大喧嘩

近田　大学を卒業した後、どうするかについて、何か計画はあったんですか。

宮台　ドキュメンタリー作家になりたかったけど、具体的プランは考えていませんでした。

近田　久しぶりに、ボーッとした真司君が復活したね（笑）。

宮台　当時の就職活動は公式には4年生の10月からなので、8月15日に550枚の卒論を書き上げ、10月までの2ヵ月で志望に向けた準備をしようと思っていました。その時期に例の恋人が鬱転したと話しましたが、当時の恋愛は一般に「寝ても覚めても」の本気だったから、優先順位は恋人の回復で就職活動の余裕はないと思って彼女に付き添いました。

近田　本当に真剣だったんだね。

宮台　僕は、計画に従って現在を犠牲にする生き方が、嫌いです。そろそろ受験だからデートは控えようとか、今は恋人より就職を優先しようという考えには、反吐《へど》が出ます。中3の時に空手部の親友が自殺したり、高校の時に一緒に遊んできた2歳下の従姉妹《いとこ》が事故死して、人はいつ死ぬか分からないという一貫した思いを抱くようになったことがあります。

近田　でも、周囲が就活してるのに、自分だけが取り残されたら、普通は、将来への不安を感じるよね。

宮台　いざとなりゃ家庭教師や予備校教師で生きていけると思っていたので、何も考えなかった。そこに、廊下ですれ違いざま、指導教官の吉田民人先生が「宮台、大学院って手もあるぞ」と言ってくれた。この後、僕の人生には運命を変える数秒が繰り返し訪れますが、この時も、その数秒が僕の一生を決めました（笑）。

近田　それまでは、大学院に進むという発想はなかったの？

宮台　まったく。

近田　その一瞬で、ピピッときたんだ。

宮台　思えば、吉田ゼミで発言の主導権を握って目立っていたんで、気にかけてくれてはいたんでしょう。それで、11月と12月と2ヵ月間勉強して、大学院に入りました。

近田　たかだか2ヵ月の勉強で何とかしちゃうんだから、やっぱりただ者じゃない（笑）。

宮台　いや、ドイツ語を中心に、死ぬほど勉強したからです。ところが、肝心の大学院入試の面接前日に、大変なことが起こりました。

近田　さすが、一筋縄ではいかないね。一体何が起こったのよ。

宮台　卒業生の送り出しの宴席で、よりによって入試の合否のキーを握る社会学科の主任教授である高橋徹《たかはしあきら》先生と怒鳴り合いの大喧嘩になり、「てめえ、表に出ろ」「出てやろうじゃねえか」という展開になって、店の人に止められました。同席していた吉田民人先生は、瞬時に逃亡しました。

近田　いくら何でも、タイミングが悪すぎるよ（笑）。

宮台　高橋先生が「何がドキュメンタリーだ。お前なんか理論で頭でっかちのテクノクラティック・エリートに過ぎん」とおっしゃったので、こう返した。「あなたは敗戦後の若い時に共産党員になった。国内でゼネストが頻発し、国外で東側諸国に社会主義化のうねりが巻き起こっていた。僕の父同様、将来は社会主義国になると思っただろう。ところがどっこい、当てが外れた」。

近田　……図星だったのかな？

宮台　ここからが問題発言です。「あなたは、誰よりも共産主義に詳しくなれば、僕の父同様、新しい体制で党官僚エリートになれると信じた。ところが哀《あわ》れにも夢はあっさり潰《つい》えた。父は転向して勤め人になったが、あなたは新左翼という限られた界隈の地位上昇に執心した。あなたみたいな『反権威主義を奉ずる権威主義者』は掃いて捨てるほどいるんだよ」と。

近田　激烈な物言いだね。

宮台　物言いは明確に記憶しています。ずっと思っていたことでしたからね。それを聞いた高橋徹先生は激昂《げきこう》し、僕の胸ぐらを摑んで怒鳴り合いになった。わっと店員たちが出てきて、二人を分けてくれたけど、殴り合いになる寸前でした。後で吉田先生に尋ねたら、どっちの味方にもつけないと判断して、遁走《とんそう》したとのことでした（笑）。

近田　混乱の極みだよ。

宮台　翌日、面接試験は午後からなので、午前中の早い時間に社会学研究室の奥の部屋でコピー機を使っていたら、バタンと扉が開いて、火がついていないタバコをくわえた高橋先生が入ってきた。気がついたら僕は、反射的に、ライターの火をタバコに近づけていて、高橋先生が「お、おお……」と戸惑いながら、火を受けてくださいました（笑）。

近田　無意識に、昨日の失態を埋め合わせようとしたのかな。

宮台　一瞬の事態だから戦略を計算する余裕はなかったです。たぶん、長く運動部にいたので、習慣的に動けたんだと思います。ちなみに麻布じゃタバコは日常でしたからね。でも確かに、ちょっと和んだ感じになりました（笑）。

近田 その後、面接が行われたわけだよね。どんな具合だったの？

宮台 通常なら型通りの質疑です。ところが、面接官の一人がかつてゼミに通った駒場の見田宗介先生で、彼から最初の質問を受けて答えようとしたら、高橋主任教授が「もういい」と遮《さえぎ》る。「言っておく。今も見田君の質問が終わる前にお前は喋《しゃべ》り始めた。無礼なやつだ。日常の居住まいから正せ。もう帰れ」と高橋教授。こりゃ落ちたなと、覚悟しました。

近田 実質的に、面接が中止されたようなもんだからね。

宮台 実質、3分。ところが、蓋《ふた》を開けたら受かっていました。

近田 どういうことなの？

宮台 大学院で、初回の高橋ゼミに出たら、高橋先生が「お前が来るところじゃない。帰れ」。周囲を雛鳥《ひなどり》（イエスマン）で固めた彼は、学部時代にもゼミから僕を排斥《はいせき》し続けました。でも自宅でパーティを開く時は僕を呼ぶ。ゼミ生以外で招かれるのは僕一人。たぶん高橋先生は、俺はお前を認めてるんだよとメッセージを送ってくれていた。昭和的です。

近田 正面からぶつかってくる人間の存在が珍しかったんだろうね。

宮台 思えば、西部邁《にしべすすむ》先生をはじめとする90年代半ばの「朝まで生テレビ！」での「巨匠たち」との出会いも、同じ頃の園子温《そのしおん》監督との出会いも、90年代末の芥正彦《あくたまさひこ》さん――三島由紀夫《みしまゆきお》と駒場900番教室で対論して有名になって演出家になられた――との出会いも、まずは喧嘩からでした。そもそも、近田さんとの出会いだって同じでした。これって本当に素敵なことです。

第4章

研究、ナンパ、学生企業

——大学院生時代

記憶の捏造——失恋は劣等感のせいだった

近田　大学院に進むことを知った家族の反応はどんな感じだったんですか。

宮台　大学院進学が1982年4月。大学受験に際して文系志望を明かした時以上に冷たいものでした。そんな道を選んで、食えるようになるわけがないと。でも、説得されるというよりも、匙《さじ》を投げられた感じです。何しろ、実学一辺倒、理系一辺倒の家系でしたからね。

近田　傍目《はため》から見たら、専攻が何であろうと息子が東大の院に行くなんて誇らしくてしょうがないんじゃないかと思いきや、宮台家周辺ではそういう見方になるのね。私生活の方はどうだったの？

宮台　大学院2年目のクリスマスイブに、恋人と別れました。同学年の彼女が大学4年の夏から鬱になって、寝たきりになった彼女に付き添ったので、就職活動を諦めて仕方なく院進したことを話しましたが、彼女も就職活動ができずに留年しました。そして1年後、僕が修士2年になった時に彼女は放送局に入りました。その8ヵ月後に別れました。

近田　別れる具体的なきっかけはあったんですか。

宮台　違う界隈を生きるようになって、話が合わなくなってきた。彼女も新しい環境で悩みながら頑張っているのは分かるんですが、僕がうまく共感できなくなって不安になったんです。気分転換に別の人と軽いデートをしたりして、浅薄《せんぱく》にも「代わりはいくらでもいるんだから一人に固執する必要はない」と思うようになっていった。

近田　それできっぱり関係を切っちゃったんだね。

宮台　しかし、83年12月に別れた後、あの選択は間違っていたんじゃないかと激しく後悔し、浮かない状態に陥りました。

近田　はいはい。恋愛においてはよくあることだよ。

宮台　浮かない気分の84年春に、僕の視界に入ってきたのが「アウェアネス・トレーニング」、当時の日本で言う「自己啓発セミナー」でした。実は80年、つまり大学3年の時に、先輩に勧められて、一日だけのトライアル・セッションに参加したことがあったんです。それを思い出して、本格的に参加しようと思いました。

近田　その経験を通して、浮かない状況は変わったの？

宮台　はい。朝から晩まで1週間続くセミナーは、複数のエクササイズのユニットから成り立ちます。その中にリマインディング・セッションが組み込まれていました。後悔している過去の出来事について、記憶が正しいかどうかを確かめるべく、映画みたいにリアルタイムで場面が展開しているかのような再体験を試みるものです。

近田　宮台さんは、そこでどんな記憶を再生したわけ？

宮台　彼女との関係を断った時、僕は電話で「もう会わない」と別れを告げたんです。でも、セッションを通じて、その時に自分が何を考えていたのか、何を感じていたのかをつぶさに思い出しました。加えて、別れの電話をかけるに至る直前の数ヵ月間、彼女がどんな表情でどんな言葉を発していたのか、まざまざと蘇《よみがえ》りました。

近田　何か、そこで改めて気づいたことはありましたか。

宮台　記憶の捏造《ねつぞう》に気がつきました。ざっくり言えば、僕には振られる予感があって、振られることの衝撃から逃れようとして、自分から別れを切り出したんだと気づきました。背景に僕の劣等感があったことも分かりました。

近田　劣等感を覚えたことには具体的な理由があったの？

宮台　彼女は大学4年の就職活動ができずに1年留年し、僕が修士2年になった83年4月に職を得て、最初から記者としてバリバリ仕事を始めました。なのに、僕は一介の大学院生で、社会的には何者でもなく、何もしていない。それで劣等感が募《つの》ったから話が合わなくなったと感じたのだと分かりました。

近田　自分だけが取り残されたという思いがあったんだ。

宮台　はい。文系大学院生などゴミみたいなものだと家族や親族から言われていたのもあります。恋人の看病で就活の機会を失った11月に、指導教員に「院という手もあるぞ」とすれ違い様に耳打ちされたのが院進のきっかけだったのもあります。つまり、気まぐれ感があった。両親からは、「税金を食い潰してるだけだ」とまで言われました。

近田　ちなみに、当時はまだ実家に住んでたの？

宮台　ええ。でも、84年4月に博士課程に進学した際に追い出されました。それ以前から「とうに大学を出ている年回りのあんただが、昼日中から家の周辺をうろちょろしてると、近所から変に思われる、目障りだから、家に寄り付かないでよ」って言われていたんです。それで一人暮らしをするしかなくなりました。

近田　なかなかひどい扱いだね（笑）。

宮台　家にいるんなら部屋から出るなって、母親から厳命されてもいたんですよ。トイレは2階のを使え。食料は朝のうちに自室に持ち込んでおけ。そういう扱いも劣等感を植え付けたと思います。

近田　何でまたそこまで？

宮台　母は茶道（表千家《おもてせんけ》）の師範や、レザークラフト（あざみ会）の先生として1階の部屋を使っていて、絶えず教え子の中年女性の出入りがありました。彼女たちの目につくと説明しなきゃいけないからイヤだというわけです。トイレも音を立てずにこっそり使えと言われていたぐらい。

近田　居場所がないねえ（笑）。

宮台　それで皆さんが想像できないぐらいの劣等感がありました。だから今まで、就職か院進かという相談をされると、例外なく「絶対に就職しろ、院進はするな」と伝えてきました。他方、大学院にも失望していました。議論のレベルが低すぎる。むしろ学部のゼミの方が高度だったんじゃないかと思ったぐらい。それも劣等感の理由でした。

近田　期待を裏切られちゃったんだ。

宮台　ただし、そうした劣等感が人の何倍も勉強する生活につながりました。だから、傍から見れば、院生としての充実した生活を送っているように見えたでしょう。院の1学年上に大澤真幸《おおさわまさち》氏という畏友《いゆう》を得て、院生室や、図書館ロビーや、食堂で、いつも議論していました。ゼミはつまらなかったけど、それが楽しくて仕方なかった。

近田　そういう存在は大事ですよね。

宮台　正規のゼミで満足していたら腐ると思って、小室直樹《こむろなおき》氏がボランティアで開いていた「小室ゼミナール」や、11歳上の橋爪大三郎《はしづめだいさぶろう》氏が作った「言語研究会」という自主ゼミに熱心に関わりました。自分でも、政治学の研究会、法学の研究会、人類学の研究会、経済学の研究会など、いくつも作りました。それが今につながっています。

ゲーマー「SIM」

近田　院生の本分以外に、何か夢中になったものはある？

宮台　ゲーセンのゲームにハマってました。母親がゲーセンを好んだのもあって、小学生の頃からゲーセンに通い、当初はワンプレイ10円のゲームをしていました。院生時代までずっと入り浸っていました。90年代に入るまでは不良の溜《た》まり場扱いでしたが、母親はゲーセン通いを咎《とが》めませんでした。

近田　どこのゲーセンに行ってたの？

宮台　渋谷の宇田川町《うだがわちょう》交番の向かいに、「ゲームファンタジア」というゲーセンがありました。今も「アドアーズ」と名を変えて健在ですが、大学院時代はあそこがホームグラウンドでした。家庭教師や塾講師で結構なお金を稼いでたので、月に2万円ぐらいはゲームに注ぎ込んでいました。

近田　パチンコからそっちに移行したわけだ。でも、実益には結び付かないよね。

宮台　はい。パチンコと違って現金を得られるわけじゃない。じゃあ、何が成果なのかといえば、ランキングなんですよ。

近田　実を捨てて名を取ったわけね。

宮台　80年代に入るまで、ゲーセンの花形ゲームと言えば、ピンボール・マシン。得点が上がるとカンという大きな音がして、エクストラゲーム（リプレイ）が得られた。正面の小窓に表示されるエクストラゲームの回数を5回とか10回とかにして、ギャラリー（見物人）の小中学生に「はい、どうぞ」と全部贈与する。やがてゲーセンで有名になれました。

近田　粋《いき》な振る舞いだねえ（笑）。

宮台　70年代末からビデオゲームが登場します。サーカス（風船割り）、各種ブロック崩し、スペースインベーダーやアルカノイドやゼビウス（シューティング）、平安京《へいあんきょう》エイリアンやパックマン（ドット・イーティング）、クレージー・クライマー（ビルの外壁登り）、ドンキーコング（ジャンプ・アクション）とかです。大学時代はそれらにハマりました。

近田　よく覚えてるねえ。

宮台　ところが80年代半ばから、セガの開発した筐体《きょうたい》のバカでかい「体感ゲーム」の登場によってビデオゲームが一気に高度化します。順に、スペースハリアー、ハングオン、アウトラン、スーパーハングオン、アフターバーナー、アフターバーナーⅡ、ギャラクシーフォース、パワードリフト、ギャラクシーフォースⅡ、デイトナＵＳＡです。

近田　本当によく覚えてるねえ（笑）。

宮台　だって、ゲームファンタジアに入り浸ってそれらのゲームでランキング1位を獲《と》ることが、ギャラリーが多い週末の過ごし方でしたから。ランキングのプレイヤー名はアルファベット3文字だったので、シンジ・ミヤダイから採った「ＳＩＭ」を名乗りました。当時のファンタジアに通い詰めていたゲーマーなら、記憶しているかもしれない（笑）。

近田 それもまた、ADHDの過集中のなせる業なんだろうね。

宮台 そうかも。ある日、橋爪大三郎氏主宰の言語研究会が終わって皆が食事後に移動していた時、大澤真幸氏が「宮台、ゲーセンの腕を見せてくれよ」と言ったので、本郷三丁目近くのゲーセンで軒並みランキング1位を獲得してみせたら、橋爪氏が突然「そんなことに金と時間を使うなら勉強しなさい」と怒り出し、さっさと帰路につかれました。よく覚えています。

近田 気持ちは分かるよ（笑）。

宮台 体感ゲーム好きが昂じて、ゲームアーケード（ゲーセン）の業界誌「ゲーメスト」（1986～99年）に短期連載をしたり、セガの研究開発部長の話をうかがったり。ついでに80年代末のゲーセンが抱え始めた問題を指摘させていただいたりしました。アフターバーナーII以降ゲームが高度化し、見ていてよく分からないのでギャラリーがつかなくなったんです。

近田 ライトユーザーは離れちゃうよね。

宮台 なので、モグラ叩きやクレーンゲームみたいなローテクでアナログなゲームを洗練した上でリストアし、カップルが立ち寄れる場所にしたほうがいいと提案しました。90年頃のことです。それが関係したか分からないけど、セガは、もともと供給していたクレーンゲームを洗練したUFOキャッチャーで一世を風靡《ふうび》するようになります。

近田 あのブームの立役者は宮台さんだったのかも。

宮台 実際、90年代半ばのゲーセンでは体感ゲームが廃《すた》れ、プリクラとクレーンゲームだらけ。僕は幼少期からやってきたのでクレーンゲームが得意で、ケース内の景品をほぼ丸ごと獲得できました。不正を疑った係の人たちが見ている前で次々と縫いぐるみの景品をゲットし、70リットルのゴミ袋を用意してもらって、そこに景品を満杯詰め込みました。

近田　目立ったでしょ（笑）？

宮台　クレーンゲームについては、僕のホームグラウンドは下北沢《しもきたざわ》。ギャラリーの大半は高校生女子。「欲しい？」「いるいる」「だったらお茶して」「くれるなら喜んで！」という次第で、援助交際の聞き取りのきっかけ作りに使っていました。社会学のフィールド調査では謝礼を払うのはＮＧなので、景品の縫いぐるみを現物支給しました。中国製なので当時の原価は１００円でした。

数理社会学者の振りをして博士号取得

近田　学業の方は？

宮台　睡眠時間3時間ぐらいで勉強しまくっていたけど、自分には現実の実在感が乏しいという劣等感がありました。それで、学生企業を作ったりと、院生仲間から色物扱いされるような営みをするようになりました。84年から博士課程に進みましたが、10月に指導教官の吉田民人教授が、「ちょっと来い」と僕を研究室に呼びました。

近田　えーと、吉田先生ってのは、宮台さんに大学院進学を勧めた張本人だよね。

宮台　そうです。彼から、「そこに座れ」と言われて顔を突き合わせると、「宮台、お前は色物だ。今のままではアカデミックポストを得ることは絶対にあり得ない」と告げられました。

近田　大学や研究機関で正規の職を得ることはないってことね。

宮台　はい。「でも、よく聞け。お前は算数ができる。だから博士課程の3年間は数理社会学者の振りをしろ。そうすれば博士号を取れて、ポストが得られる」と言うんです。「博士号なんて誰も取っていないじゃないですか」「だからさ、お前には取れるんだよ。騙《だま》されたと思って黙って言うことを聞け」と。

近田　どういう意味なの？

宮台　80年代半ば当時、数理社会学や理論社会学を専攻する研究者の卵が少なくなっていて、この分野で博士号を取れば、戦後数人目という珍しさもあって、すぐにポストが見つかるはずだっていうことなんです。

近田　かなり実効的なアドバイスだったんですね。

宮台　教えを忠実に守り、論文を年に3本以上量産し、博士課程が終わった87年に東大教養学部の助手に採用されます。実際には博士論文を書き上げたのは89年で、数理社会学で戦後5人目の博士号を得たのが90年ですが、吉田先生の言っていたことには間違いがなかった。でも、「振り」を3年間も続けるのは、僕にとってかなりのストレスでした。

近田　つまり、数理社会学は、自分が本当にやりたいジャンルじゃなかったわけね。

宮台　そうです。才能があるからやれって言われて、はじめのうちは渋々やってただけですから。でもまあ、幾何学の問題を解くのに似ていて、いったん集中すれば、面白いことは面白かったです。

近田　プロフィールによれば、結局、その集大成である『権力の予期理論』によって、宮台さんは90年に博士の学位を取得することになります。

宮台　東大助手になった87年から助手任期が切れる89年まで、計画を立てて博論を執筆しました。僕らしくない振る舞いですが、この時代を通じて溜めに溜め込んだストレスが、85年から始めたナンパを、本格的なナンパ師の道へと導きました。さっき話したゲーセン王への道も同じでした。それが援交フィールドワークにつながりました。まさに瓢箪《ひょうたん》から駒。

学生企業――「宮台は産業界に媚びを売って学問を堕落させている」

近田　あまりにも興味深いナンパ師時代のことは、チャプターを改め、後ほど集中的にうかがいます。博士課程時代は、研究とナンパ、あとゲーム以外には、どんな生活を送ってたの？

宮台　博士課程に入った84年1月、僕は、同級だったある男から、一緒に会社を作らないかという誘いを受けます。

近田　学生企業ね。あの頃、ちょっと流行《はや》ってましたよね。

宮台　岩間夏樹《いわまなつき》というその友人は、NHKの大型ドラマを多数手がけた有名な脚本家である岩間芳樹《よしき》を父に持っていました。その親から得た資金も少し使って、ドキュメンタリーを企画・制作する会社を作ることになったんです。

近田　社名は？

宮台　「ライズコーポレーション」といいます。

近田　宮台さんも役員に就いたの？

宮台　ええ。岩間が代表取締役で、僕は平の取締役。

近田　どんな作品を撮ったんですか。

宮台　それまでのドキュメンタリーは、大概、強者弱者図式で描かれていた。繰り返しになりますが、例えば、公害企業と公害患者、薬害企業と薬害患者、成田《なりた》空港公団と農民、都市と農村、大人と若者などです。実際、小学生だった60年代に、NHKの「現代の映像」というドキュメンタリーシリーズを毎週見るたびに、怒りに震えて涙を流しました。

近田　いわゆる社会派ドキュメンタリーとしては、その見立てが定番だよね。

宮台　でも、80年代半ばになって、その手法はちょっと古いと思い始めた。それだけじゃ割り切れない問題が昨今の世の中にはたくさんある。タトゥーイングやインプランティングなどの身体改造、リストカッティングなどの自傷行為、90年代には援助交際が加わる。これらは、強者弱者図式だけでは語れない。僕らは専《もっぱ》らそうした対象を採り上げ、企画出しをしました。

近田　商売的には成り立ったんですか。

宮台　成り立ちましたが、そう儲《もう》かるものじゃない。所詮《しょせん》ドキュメンタリーだからです。ドキュメンタリーは長期低落傾向にありました。僕らはリサーチを重ねてドキュメンタリーにつなげていましたが、ある時、同じリサーチを行うんだったら、いっそ市場調査に徹してクライアントに売った方が、何倍も儲かることに気づいたんです。

近田　見事な発想の転換ですね（笑）。

宮台　そこで、学術的なデータ分析と分析結果の公表についての権利を、僕ら側が保持できるような契約を考えました。その時、たまたま岩間にコネクションがあってつながったのがリクルート。大学生向け就職情報誌を主たる業務としていたので、日本中の大学4年生の名簿が完備されていました。僕らはその名簿をタダで使えるようになりました。

近田　マーケティングの観点からいえば、宝の山だよね。

宮台　リクルートはメインフレームと呼ばれる大型計算機ＩＢＭ９０００を持っていて、それもタダで使わせてもらえました。ついでに言うと、東大の大型計算機センターには日立のメインフレームが導入されていて、大学院生は使い放題でした。名簿とメインフレームを縦横無尽に駆使して、84年から計量分析を繰り返しました。

近田　数理社会学者にはぴったりの仕事だったんじゃない？

宮台　正確には計量社会学です。それまでの僕は多分に概念が先行する傾向がありました。ヴィヴィッドな生のデータとの出会いは、実際の社会に僕の目を向けさせる重要なきっかけになりました。それで「自分は社会学を知っていても社会を知らない」という劣等感が緩和されました。それがあったから、87年から数理社会学一本にシフトできたんです。

近田　ずいぶん大きい転機になったでしょうね。

宮台　ただし、統計で得られた数値データは、数字自体が何かものを言うわけじゃなく、数字の意味を解釈しなきゃいけない。解釈の精度を上げるには、実際の社会を知らなきゃいけない。そのためにはフィールドワークしなきゃいけない。という次第で、この学生企業での経験がなければ、僕がフィールドワークに踏み出すことはなかったでしょう。

近田 テレクラや援助交際など、我々の知る宮台真司の原型を作ってくれたんだね。

宮台 はい。この市場調査の仕事を始めるに当たって、先に話したようにデータの学術的な利用権に関してはこちら側に留保させてもらえるような契約を結んだんです。リクルートがクライアントになる場合もあれば、リクルートを介して自動車メーカーや製薬会社がクライアントになる場合もありました。

近田 ビジネスと研究を両立させちゃったわけね。

宮台 はい。クライアントから業務の対価を得ながら、その成果を学術利用に供することが可能になりました。こうした契約形態は、調べてみたところ、国内どころか国外でも前代未聞でした。それで、いい前例になるんじゃないかとも思いました。

近田 いいとこ取りじゃない？ いわゆるウィンウィンだよ。

宮台 ところが、社会学会からは産学協同批判が噴出しました。産業界に媚《こ》びを売って学問を堕落させていると。80年代半ば当時、産学協同はまだ悪いレッテルでした。でも僕らは、企業から正当なお金をもらう一方、そこで得たデータのアカデミックな利用法については企業に一切口を挟ませない。だから何も問題がないんです。

近田 何ら、後ろ暗いところはないと。

宮台 僕は「空気を読まない系」。データの学術的利用に際してはクライアント企業に不都合な真実も忖度《そんたく》なしに記した。当時の社会学の大学院生らは研究の元手として科研費（文部省科学研究費助成）を得るのに四苦八苦。申請が通っても２００万円以下。僕らは20倍以上。２００万じゃ大規模な計量は無理。会計報告も大変。1円合わないと始末書を書く。

近田　お役所仕事だねえ。税金だからしょうがないのかもしれないけど。

宮台　本来の研究とは直接関係のない事務処理が厳格すぎて手間がかかる。企業が出資してくれる場合、事情に納得してもらえれば一定範囲の融通が利く上、予算規模が桁違い。僕らみたいなやり方を選んだ方が合理的です。どっちが学問的に有効かは考えるまでもない。そうした計量の成果が93年の『サブカルチャー神話解体』でした。

近田　学者というのも、お金の算段には苦労してるんですね。

宮台　はい。一介の大学院生が数千万規模の計量調査をする方法が他にありますか、などと主張していると、社会学会には「宮台っていう変なやつには関わらないでおこう」みたいな風潮が拡がる(笑)。おかげで、社会学会という界隈との間にある程度の距離をおくことができたのは幸いで、学会の外にいる人々に語りかけることに集中するようになります。

自己啓発セミナーで気づいた「終わりなき日常」

宮台　最後に自己啓発セミナーについて。それが流行り出したのは日本では79年。僕が最初にセッションを受けたのは80年の大学3年。本格的に関わり始めたのが83年の修士2年。当時参加していたのはエリートの卵ないし若手エリート。それで「成功してもつまらない社会になったんだな」と気づきました。

近田　参加者には、どんな職種が多かった？

宮台　具体的には霞《かすみ》が関《せき》の若手キャリア、理系文系の大学院生、プロとして活躍し始めたミュージシャンやアーティストなど、20代半ば前後の若者。エリート出世街道のトラックに乗ったのに「つまらない」。「こんなはずじゃなかった感」に打ちひしがれていた。似た現象——成功者のつまらなさ——は、80年代半ばに潜り込んだ新興宗教にも見られました。

近田　確かに、共通項は多そうだよね。

宮台　それからだいぶ経った95年、地下鉄サリン事件を起こしたオウム真理教にエリートの卵や若手エリートが多数いたことが話題になり、事件の4ヵ月後に「輝かないエリート」をモチーフとした『終わりなき日常を生きろ』を緊急出版、毎月のように「朝まで生テレビ！」に出演することになります。理由は、「成功者のつまらなさ」「輝かないエリート」の問題を語れる論者が、僕だけだったから。

近田　セミナーの経験が役立ったんだ。

宮台　はい。かつて宗教の参入動機は「貧病争」。貧困や病や家族不和に苦しんだ挙句《あげく》、どうにもならずに宗教を訪れた。社会学でいう「手段（機会）のアノミー」（アノミー＝前提喪失による混乱）です。他方、自己啓発と同じく、70年代末からの新興宗教ブーム——新・新宗教ブーム——の参入動機は、成功者の「こんなはずじゃなかった感」。まさに「目標のアノミー」です。

近田　変わるもんだね。

宮台　「手段のアノミー」「目標のアノミー」の概念は、19世紀末のデュルケーム『自殺論』の印象的記述を20世紀半ばにマートンが整理したもの。貧乏人と、金持ちになれた人を比べると、意外にも後者の自殺率が高い。貧乏人は、不幸の理由を貧乏に帰属し、抜け出すべく毎日足掻くものの、なかなか抜け出す手段が見つからない。これが「手段のアノミー」。

近田　なるほど。

宮台　他方、金持ちになれたのに不幸だとすると、理由を貧乏に帰属できず、どこを出口にするべきか分からない。この「こんなはずじゃなかった感」が「目標のアノミー」。手段が見つからずに宗教に縋《すが》るのと違い、所期の地位達成が得られたのに毎日がつまらないから、輝きが欲しくて宗教に縋る。ある程度豊かになった社会にありがちなことです。

近田　よく耳にするね。

宮台　２０２３年に話題になったパク・チャヌク監督の映画『別れる決心』は、「成功した女性犯罪者のつまらなさ」と、彼女のつまらなさに引き寄せられた「成功した男性刑事のつまらなさ」ゆえ、つまらない社会から押し出される形で犯罪者と刑事が「同じ世界でひとつになる＝恋に落ちる」というモチーフを描きます。「成功してもつまらない社会」。僕の言う「終わりなき日常」です。

近田　現状はどう？

宮台　それを書いてから30年弱。状況は悪化した。成功してもつまらない事実を見ようとせず、成功してもつまらない理由を考えなかったからです。成功してもつまらない理由は何か。『終わりなき日常を生きろ』に書いた。羨ましがられたり妬《ねた》まれたりするだけで、祝福してくれる者がいないから。せいぜい母親が祝福してくれれば御の字。

近田　なぜ悪化したんだろう？

宮台　問題は人間関係です。『終わりなき日常を生きろ』から2年後の『まぼろしの郊外』（1997年）では背景を書きました。「60年代の団地化（専業主婦化）＝地域空洞化」と「80年代のコンビニ化（個室化）＝家族空洞化」です。後者では専業主婦が支えた最後の地域的紐帯《ちゅうたい》が壊れ、結果「仲間以外は皆風景」になりました。95年に出演した「クローズアップ現代」で語った言葉で、一部に拡がりました。

近田　番組の内容は？

宮台　続出する若者によるホームレス暴行事件を分析する番組でした。国谷裕子《くにやひろこ》キャスターが尋ねる。それは新しい現象ですか。僕が答える。イエス&ノー。「旅の恥は掻き捨て」「去る者日々に疎《うと》し」の言葉に見る通り、仲間の外が「風景」なのは昔から同じ。違うのは仲間の範囲が急速に縮んだこと。ここで言う仲間とは、普段一緒にいることで視線を気にする範囲です。

近田　その仲間の規模ってどのくらい？

宮台　僕が小学生だった60年代、クラスの女子はどこも2グループに分かれました。転校で6つの小学校に行きましたが、どこも同じ。ところが地域が空洞化した80年代。地元商店はコンビニになり、新住民による危険遊具撤去やエロ自販機や組事務所の排斥運動が地域を変質させ、子どもらはカテゴリーを越えてフュージョンする体験から見放されます。

近田　同質化しちゃうの？

宮台　はい。それで教室は3、4人の小集団に細分化します。地域の変質は少年犯罪に刻まれました。共産党員夫婦の息子が自宅2階に高校生を監禁、集団で40日間レイプし続けて殺した足立《あだち》区綾瀬《あやせ》の女子高生コンクリート詰め殺人事件（1988～89年）。名古屋《なごや》アベック殺人事件（1988年）。かつてない凶悪な集団少年犯罪の背景は、組が不良集団をケツモチする地域社会が失われたからです。

近田　仲間内だけで社会が完結してるんだ。

宮台　「クロ現」の95年。ストリートの若者らは普段から3、4人の小集団に所属し続け、小集団の外からの視線を意識した体験がない。「仲間以外は皆風景」という言葉はそれを含意します。そのことが「傍若無人《ぼうじゃくぶじん》化に見えるものの、一人ひとりは借りてきた猫のように大人しい子たち」という一見不思議な現象をもたらした。それが僕の分析でした。当時のオヤジ狩りも同じ背景です。

近田　確かに奇妙だね。

宮台　96年から更に状況が悪化します。「90年代半ば以降のケータイ化＝個人空洞化」です。「KYを恐れてキャラを演じる」「過剰さを恐れて心を打ち明けない」営みが蔓延《まんえん》し始めたのです。「仲間以外は皆風景」の仲間が小さくなり、ついにゼロになったことを、酒鬼薔薇聖斗《さかきばらせいと》事件（1997年）など凶悪な単独少年犯罪が象徴しました。

近田　特に最近はどう？

宮台　最近の広域詐欺・広域強盗、安倍元首相襲撃、宮台襲撃、岸田《きしだ》首相襲撃には、共通の匂いがあります。一口で「悩みを打ち明けられる仲間がいれば止めてもらえたのに」。広域詐欺・強盗は闇バイト募集に応募した普通の若者が大半。「犯罪の全体像を知らなかったから」という言い訳が真実だとしても、仲間がいれば「ネットを見ろ」と教えてもらえたはずです。

近田　そうすれば二の足を踏むよね。

宮台 60年代団地化＝地域空洞化の時代、特に教室に団地の子しかいないニュータウンで育った子が、80年代コンビニ化＝家族空洞化の時代に、新住民の親になった。彼らは空洞化した地域で子を抱え込み、不信ベースで外遊びやヨソんちでご飯を食べ風呂に入る営みを禁じた。そうした小学生の子が成人した90年代後半から、ケータイ化＝個人空洞化を迎えます。

近田 そういう流れなんだ。

宮台 成功してもつまらない「終わりなき日常」に気づいたのは、若手エリートが集う80年代初頭の自己啓発セミナーでのこと。でも85年からセミナーが変質する。若手エリートならぬケースワーカー、ソーシャルワーカー、教員が大半になり、「成功者のつまらなさ」から「生きづらさ」にモチーフが変わる。それに続いて90年から初期の引きこもりが話題になります。

近田 引きこもりっていう現象に固有の名前が与えられたのはそう古い話じゃないよね。

宮台 当初は登校拒否と呼ばれ、90年代半ばから「登校したくてもできない」ので不登校と名を変え、彼らが成人した新世紀から引きこもりと呼ばれます。セミナーが「生きづらい人々」をターゲットに変えたことも背景に、92年にセミナー組織のために勧誘させまくる「洗脳的自己啓発」が問題になり、店じまいした組織が企業相手のコーチングの営業にシフトしました。

第5章

「新進気鋭の社会学者」誕生

——助手～非常勤講師時代

博士論文『権力の予期理論』

近田　未読で恐縮ですが、宮台さんにとって初の著書となった博士論文『権力の予期理論』（１９８９年）は、どういう内容なんですか。社会学にはとんと不案内なもので、だいぶ噛《か》み砕《くだ》いて教えていただければ。

宮台　権力は二者関係の中で普通に生じます。社会学者ウェーバーが１００年以上前に言ったこと。彼によれば、相手にやりたくないことをやらせる力が権力。ただし無理強《じ》いではない。「勉強すれば及第させる。遊べば落第させる。どちらを選ぶかは君次第。君が自由に選べ」と自由な選択を委《ゆだ》ねられた瞬間、委ねられた側にとって二者関係は権力的になります。

近田　「権力」といっても必ずしも政治的な意味を持つわけじゃないのね。

宮台　はい。「枕をすればデビューさせる。枕が嫌ならデビューさせない。どちらを選ぶかは君次第。君が自由に選べ」と選択を委ねられた場合も同じ。ジャニーズ問題も一部はそれです。無理強いと違い、服従者側に主体の自由を残し、権力者側が全面的な帰責《きせき》を免《まぬが》れるわけです。こうした権力的関係は、意識するかしないかにかかわらず、日常にあふれています。

近田　そこら中で聞く話だよ。

宮台　例えば会社組織。「指示に従えば昇進させる。拒めば昇進させない。どちらを選ぶかは君次第。君が自由に選べ」。さて、そこでのポイント。指示に従った行為細目は、服従者の自由に委ねられます。そこでは指示に従った行為細目は、指示の実現を目的とした手段になります。かくて権力者は細目を指示する負担を免除されます。こうした上方を負担免除する命令服従関係の数珠《じゅず》つなぎが組織を与えます。

近田　それが組織の原型か。

宮台　ノーベル経済学賞を受賞したハーバート・サイモンが言うように、何をすることが上司の指示の実現になるのかを、部下が創意工夫できるので、上司が想像もしなかった「指示の実現」があり得ることになります。それが近代組織のハイ・パフォーマンスを支えます。逆に言えば、細目まで指示するような上司は、権力を通じた情報創発性に無知な単なる頓馬《とんま》だということです。

近田　コントロールフリークは無能なんだ。

宮台　その通り。権力的な二者関係の組み合わせ方次第で、どんな組織が可能になり、そのうちのどれが国家権力にまで発展するのか。これをゲーム理論でモデル化をしたのが『権力の予期理論』。従来すごく雑に扱われていた権力を細かく数理的にモデル化した意図は、図体《ずうたい》が大きいマクロも、そこらに転がっているミクロの織物だよと、皆さんに告げ知らせるためです。

近田　そういうふうに説明されると、にわかに興味を掻き立てられますよ（笑）。

宮台　うれしいです。なぜ予期理論か。「勉強すれば及第させる。遊べば落第させる。どちらを選ぶかは君次第。君が自由に選べ」を例に取ると、これは一般に明示的に言表《げんぴょう》されない。周囲が「そんなものだろう」と予期し、当人がそれを学習して自分も「そんなものだろう」と予期する場合、権力者による明示的言表は必要なく、当人が勝手にやったと言えるのです。

近田　つまり、忖度《そんたく》みたいなことですか。

宮台　はい。権力の主体性は「相手が勝手にやった」と権力者から服従者に移転できます。

近田　じゃあ、忖度というのは、まさにその移転を利用したものですね。

宮台　はい。『権力の予期理論』の執筆当時、ベルリンの壁の崩壊以前だったのもあり、マルクス主義系社会学者は脳天気に「権力の廃絶」を唱えていましたが、僕は、権力は永久に廃絶できないと主張した。だって、権利の廃絶を主張する彼ら自身が、学会のボスの覚えや仲間の評判に右顧左眄《うこさべん》。そんなヒラメ・キョロメの忖度野郎が権力の廃絶とは片腹痛いぜ。

近田　自分たちの住む村の中でさえ、建前が崩れてるんですね（笑）。

宮台　ということは、権力の廃絶は永久にあり得ず、役所だけでなく企業を貫徹する行政官僚制《ビューロクラシー》も終わらない。同様に資本主義の廃絶もない。資本主義とは元手を使って上げた収益を、元手を増やすべく投入する営みの集積。多くの人がオカネを増やそうと投資したがる限り、資本主義は終わらない。行政官僚制や資本主義を悪だとほざく者は、自らの振る舞いが主張を裏切っている訳です。

近田　なるほど。だいたい分かったような気がします。

宮台　マルクス主義系の学者たちが、「宮台がマルクス主義批判の博士論文を出すらしいが、こてんぱんにやっつけてやろう」と手ぐすね引いて待っているという噂が伝わってきたけど、いざ出版してみたら、こてんぱんどころか、ひたすら褒めるばかり。まぁ、数理的方法を使うメリットはそうしたところにあるんですが。

近田　掌を返しちゃったのね。

宮台　公理論的に組み上げられたロジカルな学説には、計算間違いでもない限り、反論のしようがない。

だから、宮台の言うことはもっともだよとならざるを得ない。その上で「それでもやはり、よい権力と悪い権力は区別できるはずだ」だって（笑）。そんなことは、さっき話したように、サイモンをパラフレーズすることで、僕は明確に言い切っています。

近田　アカデミックな世界への本格的なデビューは上首尾《じょうしゅび》だったたってことですね。

宮台　吉田民人教授に言われて仕方なく手を染めた数理社会学だけど、やってよかった（笑）。それもサイモン的な権力連鎖（決定連鎖）の創発性です。以前から社会学界隈で名を知られていたけど、本が出てから界隈の外部に評判が拡がり、東大では法学部の先生たちが高く評価してくれて、法学部の院生たちが教員を交えてこの本の読書会を開いたとも聞きました。

近田　本丸である社会学者の業界での評価は、そうでもなかったという意味ですか。

宮台　微妙です。的が外れがちでした。一般に、社会学者をはじめとする日本の人文系の学者たちには、算数ができない人が多い。だから、算数が得意だというアピールが学会内のポジション取りにおいて有利に働きます。これは、日本ローカルな、どうでもいい話ですがね。

近田　ああ、数理的なロジックを駆使した宮台さんの論文を理解したと主張すれば、社会学の村においては稀有《けう》な人材であることを証明できるでしょうしね。

宮台　はい。算数ができない人は算数に劣等感を抱き、英語ができない人は英語に劣等感を抱きます。でも、算数も英語も単なる道具でしょう。多くの場合に前提となる共通言語でしかありません。大事なのは、それを使って何をするかじゃないですか。

近田　言われてみりゃその通りですよね。

悪しき権力が日本経済を終了させる

宮台　これは日本特有の構造的な問題です。大学での専攻に関して理系・文系という二分法があることが問題なんです。そんな考え方は日本以外の国には存在しません。

近田　その話はよく聞きますが、外国ではどういう分け方がなされているんですか。

宮台　リベラルアーツとサイエンス。前者は人間を自由にする技という意味で、元はギリシャ時代の自由7科（文法、修辞、弁証、算術、幾何、天文、音楽）を指す。ドイツ語由来で「教養」と訳されるけど、日本では「各種専門領域にまたがる共通前提の構築」という意味が忘れられました。本来は「世界はそもそもどうなっているか」という全体性へのアプローチです。

近田　大事な入口なんだね。

宮台　そうなんですよ。ハーバード大学でもコロンビア大学でも、入学後の2年間はリベラルアーツを学び、その後でサイエンスに進みます。前者をジェネラル・エデュケーション（一般教育）と呼び、後者をプロフェッショナル・エデュケーション（専門教育）と呼びます。サイエンスは大きく二つに分かれます。ナチュラル・サイエンスとソーシャル・サイエンスです。

近田　日本語に直訳すれば、自然科学と社会科学ですか。

宮台　はい。自然科学も社会科学もれっきとした科学で、近代の科学的方法論に従います。なお専門教育には「世界はそもそもどうなっているか」を探究する自由7科を、さらに深める哲学や数物（数学と物理）が含まれます。いずれにせよ、算数が必要な理系と、不要な文系という区分は、専門教育にも一般教育にももともとありません。日本にそれがあるのは、急ごしらえの近代化のためです。

近田 言われてみれば、理系とされる物理学も、文系とされる経済学も、数学を駆使するという意味では共通する部分が多い。

宮台 はい。ミクロ経済学の骨格はニュートン力学から借り出した連立常微分方程式(バーコフ・モデル)です。だから、連立常微分方程式を解くことで均衡の存在条件や安定条件を記述するという数学的方法論は、もともと一般教養に属するべき知識で、この知識は専門分野横断的に有効です。現に惑星運動の記述にも、需給均衡による価格決定の記述にも、使えるわけです。

近田 ニュートンというと、リンゴの実が落ちるのを見てたことしか知らなかったけど、経済にも影響を及ぼしてるのね(笑)。

宮台 また、連立常微分方程式を解くという数学的方法論は、均衡(静的均衡)にだけ適用できて、物質やエネルギーの流れの中で生じる形を意味する定常(動的均衡)には適用できないことも、一般教養に属するべき知識です。ただし、生物現象が、均衡ではなく定常によってのみ記述できるとする枠組は、1960年代にやっと定説化したものです。

近田 初めて聞く術語ばかりだけど、「なるほど」と言っておきますよ。

宮台 つまり、専門教育において専門分野の学的特殊性を理解するには、一般教育で、分野横断的に適用できる方法論、つまり「人間を自由にする技=リベラルアーツ」を身につける必要があります。数学や言語学や哲学などの素養を欠いたまま、自然科学や社会科学の専門教育を受けても、全体性が見えず、倫理を欠いた専門バカにしかならない。日本の大学教育はそれを理解していません。

近田　ここ数十年で、いわゆる一般教育のカリキュラムはかなり縮小されたと聞きます。

宮台　90年代初頭からの流れです。一般教育が不十分なまま、いきなり専門教育に踏み込むので、「全体性を弁《わきま》えるがゆえの倫理観」を欠いた、学会でのポジション取りだけを考えるクズが量産されます。先進各国はどこでもキャリア官僚が博士号を複数持つのが珍しくないけど、日本の行政官僚はほとんどが学部卒で低学歴なのも、一般教育から専門教育へという流れを踏まえないからです。

近田　大局観がなく、細部にばっかり目が行っちゃうと。

宮台　NTTドコモのエンジニアと交流していたことがあるのですが、2007年にアップルのiPhoneが世界を席巻《せっけん》した頃、ドコモのエンジニアが「大したことはありません。要素技術のほとんどは我々がすでに持っていますよ」と胸を張るので、爆笑しました。iPhoneを生んだのは、細々とした先端技術じゃなく、ワクワクする道具とは何かについての洞察です。

近田　技術以前に、根本的な設計思想が新しかったんだよね。そこはすごく重要。

宮台　はい。スティーブ・ジョブズは、土曜の午後に坐禅《ざぜん》を組んで瞑想《めいそう》しながら、いろんなことを思いつきました。彼は、アップルのCEOに復帰してから「Think Different」というスローガンを掲げたけど、あれは「違う考え方をしましょう」という直訳より、「皆は間違っています」という意訳のほうが正しいんです。

近田　あ、それだと確かに分かりやすくなるね。

宮台　ストレージが大きいとか処理速度や通信速度がすごいとかのスペックが、そんなに重要か？　60年代の人々が「電子計算機」という言葉を耳にした時のワクワク感はそれじゃないだろう。ぐるぐる回るデータテープとスパゲティ状に絡んだ配線でイメージされる「電子計算機」が与えてくれた眩暈《めまい》が欲しくないか？　欲しいならコレだとiPhoneを示す。

近田　日本人からはなかなか生まれない発想だよね。

宮台　かつてのソニーは少し違いました。ラジカセから、ウォークマンや3・5インチフロッピーディスクまで、誰も期待していなかった小ささが、僕らをワクワクさせました。山本直純《やまもとなおずみ》作曲のCMソング「大きいことはいいことだ」に擬《なぞら》えれば、「小さいことはいいことだ」だったからです。でも、小さいことが当たり前になると、ソニーは失墜します。

近田　かつてのようにはヒット商品を生み出せなくなった。

宮台　ワクワク感は「小ささ」ではなく「誰も期待していなかった」にあった。頭が悪かったということです。だから、ジョブズは市場のニーズに応《こた》える真似《まね》はしない。「君たちのニーズは間違っている。君たちが本当に欲しいのはコレ！」と、市場に集まる人たちに教育を施して意識を変えた。それで新しい市場が作られ、iPhone以外がガラパゴスとして切って捨てられる展開になりました。

近田　圧倒的なシェアを握ったもんね。

宮台　近田さんも僕も、表現者として市場のニーズに応えることが必要な場面があることは分かっています。何もないところから市場を築こうとするのはリスキーです。でも、市場のニーズに応えて金を稼ぐのって、短期的には合理的であれ、つまらないんですよね。

近田　そう、とにかくつまんないんだよ。

宮台　ジョブズは、革新的製品を提示して、今まで想像もしなかった選択肢にユーザーを惹きつける。

他方、ほとんどの日本企業は、すでにある製品の性能を洗練させることだけが得意。ソニーの「小さいことはいいことだ」も実は同じです。「どう使ったらいいか分からないけど何かすごそうな製品」を、日本企業が作ることはありません。たぶんこれからもね。理由を考えるべきです。

近田　言葉は悪いけど、日本がやってるのは、盗品改良だよね。

宮台　はい。背景に日本の企業組織が抱える問題があります。アメリカのPR会社エデルマンの調査では、取締役会の役員たちに対するリスペクトはOECD加盟国中で日本が最低。上司のケツをクソが付いていてもナメる者が出世すると見切られているからです。これだと、社長や役員たちの功績を否定するような製品の開発が難しくなります。

近田　大胆なシフトチェンジは難しい。

宮台　典型がトヨタ。内燃機関の開発に業績がある豊田章男《とよだあきお》社長がいたので、ヒラメ・キョロメの忖度でEVシフトが圧倒的に遅れました。欧米の新車EV比率は2割から10割で、日本は2・2%ほど（以下いずれも当時）。経産省のデータでは電動車2割台となっていますが、エネルギー源のすべてまたはほとんどが化石燃料のハイブリッド車を数えるので粉飾です。そこにもポジション取りに淫するクズがいる。

近田　そういうふうにカウントしてるんだ。

宮台　先ほどの組織権力の性質を思い出してほしい。革新的な車を作れという社長命令があるとします。指示に従った行為細目は服従者の自由に委ねられます。何をすることが上司の指示の実現になるのかを部下が創意工夫できるのです。だから上司が想像もしなかった「指示の実現」があり得るのです。それが近代組織のイノベイティビティを支えています。

近田　企業側の理想ですよね。

宮台　ところが日本企業の多くでは、「何でもあり」の革新者が社長や役員になれず、「この行為細目では社長や担当役員の機嫌を損ねるんじゃないか」と忖度が生じます。加えて、所属部門のマンデート（上から与えられた枠組）に閉ざされ、所属部門内の座席争いが専らとなって、かつてのソニーみたいに家電部門とプレステ部門で独立にＤＶＤプレイヤーを開発する愚昧《ぐまい》が生じます。

近田　そんな無駄な動きがあったんだ！

宮台　驚きでしょ？　日本経済の生産性が低い元凶に、電通に象徴される中抜きシステムがあり、直接受注した大企業の下に、中抜き企業が数段階連なり、末端の取り分が3分の1になることが知られます。不合理なシステムですが、真の問題は、電通なら電通が、なぜこうした不合理を変えられないかです。そう。ヒラメ・キョロメのケツナメ企業人が専ら出世するからです。

近田　コロナ禍における持続化給付金事業で、そのシステムは浮き彫りになったよね。

宮台　トヨタにぶら下がる下請けや孫請けのシステムにも似た問題がある。下請け企業や孫請け企業の社長や役員は本来、自動車産業全体の動きを観察し、親会社がＥＶにシフトした場合に備え、新たな市場に予期的に適応した中間生産財のシフトを企図すべきですが、ここにもマンデートに閉ざされた者が出世し、その者が同様な者を出世させる構造がある。

近田　入れ子みたいなもんだね。

宮台　会長に退く前の豊田章男社長が、トヨタは下請け孫請けの５５０万人の雇用を守ると記者会見で語った時、トヨタも系列会社も終わったと思いました。これでは投資を集められません。実際、年間生産台数約185万台のテスラの時価総額は、1003万台のトヨタの何と2・6倍。ゆえに研究開発費が桁違い。長い目で見てトヨタの墜落は確定しています。

近田 そうなんだ……。

宮台 『権力の予期理論』が記す上層から下層への権力連鎖は本来、上司が予想もしなかった部下の革新的な服従行為を促すものなのに、それをスポイルするダメ上司を量産する悪しき権力――「ケツをナメれば出世でき、ナメなければ出世できない」という予期構造――が機能しています。それで無能なクズがのうのうと生きおおせて、日本経済が終わります。もう終わりましたが。

東大教養学部助手に着任

近田 1987年に、博士課程を単位取得満期退学した宮台さんは、東大教養学部社会学教室の助手に着任します。

宮台 今で言う助教です。当時の国公立大学には、今以上に厳しい兼職禁止のルールがあったので、ライズコーポレーションは辞めざるを得ませんでした。ただ、東京大学先端研究所の大規模な重点研究に連なることで取得した1000万円ほどの科研費を使い、ライズコーポレーションと随意契約を結ぶ形で、それまでと変わらずリサーチを進めることができました。

近田 教養学部も先端研も駒場にある。

宮台 また、偶然ですが、駒場キャンパスの職場には、リクルート社で馴染んでいたIBM9000というメインフレーム（大型計算機）がありました。端末がつながらなくなる夜中にもメインフレーム・ルームに寝泊まりしました。真夏でも20℃以下なので、寝袋を持ち込みました。

近田　助手として、初めて就職した時、何か生活上の変化はありましたか。

宮台　84年に博士課程に進学した時にマンションの小さな部屋で一人暮らしを始め、87年に助手になった時に洒落《しゃれ》たマンションの大きめの部屋に転居しました。30平米の部屋に30平米のバルコニーが付いていたので、何匹かのネザーランド・ドワーフ（小型のウサギ）を飼い始め、やっと女性を部屋に呼べるようになりました。

近田　結構、親元住まいが長かったんですよね。

宮台　女性の家に転がり込んで、実家には寄り付かない時期もありましたけど。大学院に進学した時点で両親には愛想を尽かされてましたからね。

近田　トイレを使う時も音は立てるなって言われてたんだもんね（笑）。

宮台　はい。84年から一人暮らしを始めた当初も、部屋が小さすぎ、85年からテレクラやデパ地下でナンパを始めてからは女性の家を転々としました。僕は整理整頓ができないので、小さな部屋がモノ屋敷・ゴミ屋敷みたいになって、居心地が悪かったからです。大きな部屋に転居してからは、見るに見かねた母親が時々部屋を片づけに来ていました。

近田　親離れしても手がかかったのね。

宮台　親離れしていなかったのかも。ところが、僕にとっては必要なものも、見境なく処分されちゃうんです。エロ本一箱捨てられたり、テレクラの会員証50枚捨てられたり。２００７年に母が他界する数ヵ月前、慶良間諸島に連れて行って海に潜りましたが、その時に聞きたかったことを尋ねました。テレクラ会員証を廃棄した理由は、ちゃんと見ているんだぞと知らせるためだったそうです。

近田 今さらだけど、東大の院生にして新進気鋭の社会学者の部屋とは思えない(笑)。

宮台 この時、母は「ナンパでも何でも勝手にすればいいが、女を傷つけたら殺すよ」と凄《すご》んだ。「いつも女の身になるんだよ」とも言いました。母は結婚前は恋多き女だったので、女関係には細かく口を出さなかったけど、凄まれた時は怖かったし、言葉がずっと心に残りました。母は登山が趣味で、卓球で国体にも出場した、運動神経抜群の男っぽい人でした。

近田 手先も器用だし、多才だね。

宮台 また、投資で成功した人でした。毎朝、「会社四季報」と「日経新聞」と「日経産業新聞」を、どんなに忙しくても3時間かけて読み、現在の動きがどういうパターンに当てはまるかを分析していました。2億円の資産を残しましたが、証券会社の社員が教えを請いに来ていました。他界の2年前、末期癌の宣告を受けて、父と一緒に高級老人ホームに入りました。

近田 その才能、息子の真司さんには遺伝しなかったんですか。

宮台 僕には投資をさせなかった。ノウハウを尋ねても「絶対に教えない」と。当時はまだADHDの確定診断を受けていなかったけど、自分が2000年に今の戸建てに転居した直後、たまたま母が来訪中にバカ高いBMWが届いて、僕には購入した記憶がなかったことがありました(笑)。それもあって、過集中状態の時に全財産を投資したりすることを恐れたんだと思います。

近田 ちなみに、宮台さんが就職した頃、4歳下の弟さんはどうされてたんですか。

宮台　弟は、僕とは違って、地道で真面目な親父の資質を継いでいました。東北大に入り、バイオの研究に取り組んで大学院修士課程を修了し、三共製薬（現・第一三共製薬）に就職して研究所で抗生物質の開発をしていました。5年前に早期退職し、僕とともに育った京都で、妻と大学生の息子と三人暮らしをしています。

第二の失恋

近田　例によって突っつくけど、この頃の宮台さんの恋愛事情というと？

宮台　85年からナンパに励んでいましたが、先ほどの「第一の失恋」で別れた恋人を理想化していたので、恋愛感情が生じずに苦しむようになりました。ところが、助手になって2年目の88年に、予期せぬ「第二の失恋」を経験しました。僕が自己啓発セミナーに参加するきっかけになった「第一の失恋」に続いての、「第二の失恋」です。入り組んだ話になりますけど、いいですか。

近田　構わないよ（笑）。それ、以前、さわりだけ聞いたエピソードだよね。相手はどんな人だったの？

宮台　ちょっと話が遡《さかのぼ》ります。学部4年の81年、1学年下にめちゃくちゃかわいくて東大で一番だと評判の女子がいて、彼女とたまたま食事する機会がありました。高校時代の先生とのセックスありの恋愛遍歴の話を聞き、現在の恋愛に関する相談を受けました。その帰りの路上の物陰で、僕は「セックスしない？」と誘いました。

近田　ああ、前に聞いた話か。それにしてもいきなりだね（笑）。

宮台　前から彼女に対する強い恋愛感情がありました。その頃はナンパし始める以前で、惚れやすかったんです。そうしたら、「宮台さんには彼女（後に放送局に入局した人）がいるし、私は宮台さんの後輩の彼女なのに、何でそんなこと言うんですか」と声をあげて泣きじゃくり始めました。申し訳ない気持ちでいっぱいで、心から謝りました。

近田　そりゃ泣き出しますよ（笑）。

宮台　その時はそれで終わりました。それから7年経った88年、東大駒場キャンパスで助手を務めて2年目でしたが、下北沢駅でばったり再会しました。優秀な彼女は某有名外資系企業に勤めているとのこと。そのまま一戸建てのフレンチに誘って、数日後のドライブの約束を取り付けました。

近田　何だか懲りないねえ（笑）。

宮台　数日後、箱根《はこね》までドライブして、超お気に入りのフレンチで食事をして、かつての無礼な誘いを改めて謝りました。ところが、意外にも彼女は、誘われる前から好きだったこと、誘われてうれしかったこと、でも厳しく躾《しつ》けられたこともあってどうしていいか分からなくて号泣したことを、打ち明けてくれました。まったく青天の霹靂《へきれき》でした。

近田　派手な展開だね。

宮台　僕の中に、長いナンパ生活で失われていた恋愛感情が戻ってくるのを感じました。彼女の愛らしさは7年前と変わりないどころか、さらなる輝きに満ちていました。恋愛感情もそれゆえ嫉妬《しっと》感情も感じない地獄から、もしかすると抜け出せるかもしれない。祈りにも近い気持ちが湧いてきました。

近田　ほのかな希望を見出したんだね。

宮台　はい。それで、東京に戻る車中、「今度はゼロからデートしてほしい」と頼みました。それで、もし僕のことを再び好きになってくれたら……と。ところが「1ヵ月後に今の恋人と結婚するんです」と打ち明けられた。それがショックで落ち込みました。大学で助手の執務中にも、何日間も目に見えて落ち込んでいたらしい。

近田　宮台さん、意外とナイーブなところがあるんですね。

宮台　それに気づいた一人の院生女子が、「どうして落ち込んでるんですか」と聞いてきたので、正直に事情を話しました。すると、「だったら、愛情はなくてもいいので、どうか私の体を代わりに使って寂しさを紛らわせてください。私だって宮台さんのことが好きなんです。私は宮台さんを癒やせます」と言うんです。それで、彼女と関係するようになりました。

近田　ちょっと待って。情報量が多すぎて理解が追いつかないよ。

宮台　その後、3週間ぐらいしたら、箱根までドライブした彼女から電話がかかってきて、「カレシと別れました」と告げられました。

近田　ええーっ！　タイミングが悪すぎるよ。

宮台　彼女は電話口で「学部時代に口説かれた時は、突然だったので、好きだったのに断ってしまったけれど、その後はずっと後悔し続けていました。本当に好きなのはこの人なのにって。でも、再会して、自分の気持ちが変わっていないことが分かりました、だから、カレシと別れました。恋人にしてください」と言いました。

近田　例の院生の彼女はどうしたの？

宮台　事情を話して関係を終わらせたいと言ったら、「最後に一度だけ抱いてほしい」と頼まれ、不憫《ふびん》に感じて応じました。ゴムを着けようとしたら「安全日だから最後はゴムをしてほしくない」と。ところが2ヵ月後に子宮外妊娠の激痛から自宅で倒れ、救急搬送で手術して、彼女の両親の知るところとなりました。

近田　……何度も言うけど、ものすごい展開だね。

宮台　病院で、動転しておろおろするご両親に面会し、責任を取らせていただきますと言いました。そして結婚を前提として交際することを約束しました。彼女を傷つけないためには、そしてご両親を安心させるには、それ以外にありませんでした。それで、約束を実行することになりました。

近田　例の外資系の彼女とは？

宮台　正直に事情を話して別れを告げました。今でも克明に覚えています。最後の夜、羽田《はねだ》空港を臨む京浜島《けいひんじま》に車を駐《と》め、車中で大泣きしながら抱き合いました。「本当に好き同士なのに、別れなきゃいけないなんてあるんですか、なぜなんですか」と彼女に言われ、「本当にごめん」と何十回も言い、泣きながら彼女を抱きました。たった5週間の交際でした。

近田　本当に話が二転三転するね。

宮台　院生の彼女に対しても、外資系の彼女に対しても、二枚舌や三枚舌を使うことだけは倫理的にできませんでした。この話を聞いた方々は、もっと狡猾《こうかつ》にやれたんじゃないかと思うかもしれない。例えば、外資系の彼女に「半年だけ待ってくれれば、院生の彼女と別れて戻ってくるから」と告げるなどです。でも、院生の彼女に不誠実だと思い、できませんでした。

近田　その後はどうなったの？

宮台　上手くいきませんでした。いつも外資系の彼女のことを思い出してしまいます。でも一年間は努力しました。僕は、相手と本当に深く付き合うか否かを決める時、長めの旅行に出て、四六時中一緒にいて、相手と持続的に「同じ世界」に入れるか確かめるようにしていました。一年経って一緒にタイに旅をし、やはりダメだなと思って、旅の途中で別れを告げました。

近田　あらかじめ入り組んだ話だとは聞いていたけど、想像以上に複雑な顚末《てんまつ》だったね。

宮台　本命の外資系の子との別れを強いられた時、強烈な精神的ダメージを受けました。自分はもう恋愛の世界には戻れないんだと思い知らされた気がしました。それで、今度は自覚しながら、愛のないナンパの営みに沈潜していったんです。以前よりも、心が動かない「ナンパ・サイボーグ」としてのグレードが上がりました。そこからが本当の「ナンパ地獄」でした。感情が動かなくなりました。

聴衆を魅了した「部会クラッシャー」

近田　何度も予告されるけど、ナンパ師時代に関しては、後ほどまとめて集中的にお聞きします。宮台さんの学者としてのキャリアを追うと、91年4月には、東京外国語大学の専任講師になりますね。

宮台　公募が行われていたので、応募しました。書類選考を通過した後、面接審査になりました。3人の面接官の中に、後に東京外国語大学長となる国際社会学の中嶋嶺雄《なかじまみねお》教授がおられました。実を言うと、僕は小学1年の1年間弱、埼玉県入間郡富士見町に住んでいましたが、川越市《かわごえ》にお住まいの中嶋先生にヴァイオリンを習っていたんですよ。

近田 学者でありながら、ヴァイオリンの先生も兼ねていたの？

宮台 はい。スズキ・メソードという音楽教育法を開発した鈴木鎮一《すずきしんいち》というヴァイオリニストの直弟子だったんです。

近田 へえ、多芸だね。ちなみに、僕が小学生の頃にピアノを習っていたのは、松原緑《まつばらみどり》先生といって、後にソニーの社長となる大賀典雄《おおがのりお》さんの奥さんでした。大賀さんもまた、声楽家とソニー幹部という二足の草鞋を履いていた。

宮台 面接の時、「先生は覚えていらっしゃらないかもしれませんが……」とヴァイオリン教室時代のことを話したら、「覚えてるに決まってるよ」と言ってくれて、和気藹々《あいあい》と会話が進み、採用に至りました。慣例では3年間は在籍しなければいけないのですが、申し訳ないことに2年経った93年4月に東京都立大学に請われて移籍しました。掟破りでしたが、中嶋先生が許してくれました。

近田 ところで、本業の学会の催しに出席した時の宮台さんは、どんなふうに振る舞ってたわけ？

宮台 素晴らしい質問です（笑）。学会大会の部会クラッシャーとして名を馳《は》せていました。学会大会には数十の部会があります。部会ごとに4人から5人が学会報告を行い、各人の報告ごとに用語確認などの短い質疑がなされ、全員が終わると本格的な質疑がなされます。僕は、どの部会に行っても、「大変素晴らしい発表でした」とは絶対言わないことにしていました。

近田 普通、最初は一応それなりに褒めるわけでしょ。

宮台　社交のおべんちゃらによる欺瞞《ぎまん》的な雰囲気が嫌いでした。まず「○○大の宮台ですが、4人の登壇者全員に共通の誤りがあります。それはですね」と切り出し、次に、「個別に掘り下げると、Aさんの問題は……で、Bさんの問題は……で」と補い、最後に「これらの問題の背後にある共通問題を乗り越えるには、然々《しかじか》の枠組が必要です」と代替案を示します。

近田　昔っから容赦なかったんだね（笑）。

宮台　面白いのは、教室に10人ぐらいしかオーディエンスがいなかったのに、僕が発言を終えて振り向くと、満員の立ち見状態になっていることがよくありました。やがて、僕が発表を行うわけじゃないのに、最前列に宮台が座っているというだけで、こいつは何かやるぞという期待で、ぞろぞろと聴衆が入場してくるようになりました（笑）。

近田　千両役者だね。

宮台　それも80年代末までの話。学会大会全体の質が低すぎるのと、僕が頑張っても所詮は見世物で終わるのとで、やる気が失せました。それで、大会は首都圏と地方と代わりばんこで開かれるんですが、地方の大会では、2日ある日程の1日目午前中だけ出席し、残りはナンパに使うようになりました。冗談ではなく、大会よりも重要な勉強の機会になったからです。

近田　優先順位がおかしくない？（笑）

宮台　いいえ。小学生時代の大半が関西圏だったので、どこに住んでいるというだけで風景と生活が浮かぶ感覚がありました。社会学で感覚地理と言います。当時の京都や大阪や神戸だと、東西に走る国鉄や京阪や阪神や阪急の北側には「北の方《かた》」じゃないけど昔ながらの富裕層が住み、南側は中流以下が住むとか、南側の東西で、こちらは在日の人が多く、そちらは被差別部落の人が多いとか。

近田　土地鑑があったんだね。

宮台　土地の色です。だから一緒に過ごす女ごとに地図を見せ、このエリアの男に会うとこんな感じだという話を、最終的に全エリアについて聞き出します。すると地図や風景からは分からない街の姿が立体的に立ち上がる。地元図書館で郷土史を調べて裏も取る。これを各地方でやると、過去10年間で全国がどう変わったのかが分かります。僕は「80年代の新住民化」の概念をこうして得ました。

第6章

求道者としてのテレクラ修行

——ナンパ師時代

「同じ世界に入る」能力獲得のためのナンパ修行

近田 宮台さんがナンパを始めたのはいつからだったんですか。

宮台 初めてナンパめいたことをしたのは、高校の時。僕の所属していたSF同好会が、麻布の文化祭で展示を行っていたんですが、そこに設けたブースで手相占いをして、SF好きな女の子と仲良くなっていました。男子校にはそうした営みが伝承されていて、ありがちなことでした。

近田 まあ、その時点ではごく牧歌的なものだよね。

宮台 本格的にナンパ師の生き方を意識したのは、修士1年の1982年、早稲田大学教育学部の丹下《たんげ》隆一《りゅういち》教授に感染した時です。研究室を訪れたら、丹下先生は男女の会話の録音を聞かせてくれました。それはデリヘル嬢に90分の持ち時間以内で本名を記した身分証を見せてもらえるか、それに準じる身元の証明を示してもらえるかというチャレンジでした。

近田 ハードルの高いミッションだな。

宮台 丹下研究室は4階でしたが、会話の途中で、窓から見える樹の下で小学校低学年の女子がしゃがんで何かしているのを見ると、秒でその子の所に出かけ、横にしゃがんで話しかけていました。10分ほどで研究室に戻ると、名前と家族構成と好きな花と好きな男子の名前を聞き出したとのことでした。僕はまだ彼が何をしているのか摑めませんでした。

近田 今、僕も摑めてませんよ。

宮台 その後、キャンパスから高田馬場《たかだのばば》駅まで歩きましたが、前から美しい女性が歩いてくると、丹下先生が突然英語で「フィリピンからの旅行者ですが、道を案内してくれますか」と話しかけ、僕を置いて二人でどこかに消えました。あっけにとられましたが、確かに日に焼けた丹下先生の風貌《ふうぼう》はフィリピン人に見えました。

近田　でも、実際にそれを信じさせるのは大したもんだよ。

宮台　後日、丹下先生が言いました。都会は匿名者の群れだから人々は孤独だと言う。でも間違っている。話しかければ知らない人ともつながれる。望めば友達にも恋人にもなれる。都会で人々が孤独になるのは知らない人に話しかけないからだ。ならば話しかければいいだけだ、と。僕の最初のナンパ体験はその直後のことで、お上りさんを装ったものでした。

近田　いよいよ覚醒《かくせい》したわけね。

宮台　84年春に自己啓発セミナーを経験したという話をしましたよね？「自己 self＝自己像」を前提として機能する「自我 ego＝生体防御メカニズム」の自動機械的な作動を、自分についても相手についても再帰的に意識（メタ認知）できるようになり、知らない人に声をかける営みのハードルが下がります。加えて丹下先生になりきることで「同じ世界に入る」ことを学びました。

近田　次のステージに入ったんだ。

宮台　「同じ世界に入る」は性愛ワークショップのキーフレーズです。相手が体験している世界を自分も体験することです。相手が入っている世界の中に自分も入ることです。社会学者ミードの言い方では、相手に生じている反応が直ちに自分に生じることです。ミードは「なりきり role taking」と呼びます。能動の選択ではないので「役割取得」の訳は誤りです。

近田　あくまでも受動的な作用なんですね。

宮台　はい。学問では中動的といいます。丹下先生が示した、デリヘル嬢から本名を聞き出す営みや、小さな子どもと一瞬で仲良くなる営み、知らない女性に声をかける営みを観察して分析し、①自我 ego の生体防衛機制の特殊ケースである「自己防衛機制＝自己像 self の恒常性維持」を自他について弁えられるようになり、②それをかいくぐって「同じ世界に入る」方法を身につけることができました。

近田　そういうふうに説明されると、急に学究的な行いに思えてくるよ。

宮台　学究的に設計した営みです。『サブカルチャー神話解体』に記したように、自己啓発セミナーでの観察から、人が用いる自己防衛機制には、「行為の帰結に関わる期待外れ・にもかかわらず自己像を保つ戦略」の論理的分岐で5種類あることも分かりました。84年から85年にかけては、時々ナンパに挑戦しながら「自己防衛機制をかいくぐって同じ世界に入る」訓練をしました。

近田　どんなトレーニングなの？

宮台　博士2年の85年秋、昼ワイド「アフタヌーンショー」（1965～85年）が世界初の個室テレクラを紹介するのを見て「これだ！」と思い、直ちに番組で紹介された新宿の淀橋《よどばし》にあった「東京12チャンネル」に赴き、105番目の個室テレクラ会員になって、テレクラナンパで自信を深め、程なく対面ナンパにも乗り出しました。これらはすべて丹下先生との出会いが伏線になっていました。

近田　テレクラってほぼ絶滅したよね。

宮台　若い読者のために言うと、テレクラとはテレホンクラブの略で、電話が1台置かれた個室ブースに入り——「東京12チャンネル」には最初12ブースありました——、外からチラシや雑誌広告を見て掛けてくる女性たちの電話を、早取り式ないしフロント経由式で受けるシステムで、85年の電電公社民営化による多機能電話の登場とほぼ同時に誕生しました。

近田　技術革新と関係があったんだ。

宮台　大切なポイントです。博士1年の84年に数理社会学者への「なりすまし」を始め、同年テレビドキュメンタリーの仕事を始めてマーケットリサーチにシフトしたと言いました。数理社会学の営みで、「なりすまし」のストレスと「社会を知らない劣等感」が増し、ドキュメンタリーやマーケットリサーチで、「社会を知る必要性」が増したので、ナンパを本格化したと言えるでしょう。

近田　対面ナンパって、まずは、路上で声をかけることから始めたの？

宮台　テレクラナンパと対面ナンパに共通して、成功するには「同じ世界に入る」必要があります。営業テクやナンパテクの紹介動画などで、相手のミラーニューロンを刺激すべく同じ姿勢を取れという指南がありますが、それで登れるのはせいぜい1合目まで。まぁ話を聞いてくれるだけです。単なる身体次元＝アフォーダンス次元に留まるからです。

近田　その上でのディメンションは？

宮台　その先は感情次元＝ミメーシス次元。世界を同じように感情的に体験しているとの確信です。テレクラナンパでは四つのテレセチャンネル（セールスマンと奥様、医者と看護婦、上司と部下、先生と生徒）から選んでもらった。テレセが成功すれば感情次元で「同じ世界に入れた」ことになります。テレセとは82年から流行した業者提供のテレホンセックスの略です。

近田　初めて聞く言い回しだよ。テレカみたいなものね（笑）。

宮台　テレセはごっこ遊びです。当時は恋人同士でも電話を通じてよく行われました。だからテレセの腕を磨けば恋人同士のセックスでも役立ちました。先に紹介したミードが、「なりきり」の能力はごっこ遊びで習得されると言います。とすれば、ごっこ遊びであるテレセの腕磨きは「なりきり」の能力を上げます。「なりきり」の能力は、感情次元で「同じ世界に入る」能力と同じものです。

近田　ある種のコスプレだな。

宮台　ただし想像力だけを使います。他方、対面ナンパでも「同じ世界に入る」必要がある。その点で難度が高いのが路上ナンパ。共通の前提を見つけにくいからです。難度が低いのが映画館です。それも一般の娯楽映画じゃなく、アート系やアバンギャルド系がいい。チェコの人形アニメなどであれば最高。そういうところで目が合えば、「よく来るんですか？」と声を掛けることができます。

近田　どんなタイミングで目が合うわけ？

宮台　チケット売り場で券を買う時と、上映が終わってはける時。その手の映画を観に来ている時点で「同じ世界に入った」者同士だから、共通前提を当てにできる分、自己防衛による心理的抵抗が小さいんです。書店もそう。人文系の棚で女性が本を手に取ったら、「驚かせてすみません。アガンベンがお好きですか？」と声がけして、そこで一定程度話し込むんです。

近田　まあ、共通の話題を探して距離を詰める手間も要らないしね。……アガンベン、何のことだか後で調べておくよ（笑）。

宮台　路上ナンパも「共通の前提」が鍵《かぎ》。表参道《おもてさんどう》を12月23日や24日に一人で歩く女性や同性の友達と歩く女性は、クリスマス用の服やブレゼントを買うのが目的である可能性が高いから、「驚かせてすみません。恋人にあげるプレゼントに迷っているので一瞬だけ相談に乗ってください」と声をかけ、最後に「お礼にカフェにご一緒しませんか」と誘います。

近田　ナンパの対象は、割と真面目な感じの女の子が多かったんですね。

宮台　軽く見える子はナンパ慣れしている分、男を軽くあしらいがちで、真面目に見える子はナンパ慣れしていない分、話を聞いてくれがちです。同じ理由で、90年代半ばまでの「性愛の時代」の方が目が合って話し込めても難度が高く、「性愛が冷えた」昨今の方が、目が合いにくくても――「共通の前提」の確保にコストをかけることが条件ですが――難度が低いという逆説があります。

近田　真面目な子って、かわいい割合は高いんですか。

宮台　育ちが良い分、かわいい人が多いと感じる。高偏差値女子のプライドの高さに目眩《めくら》ましされなければ、本や映画に触れていろんな引き出しがある分――こちらにも引き出しがあることが条件ですが――「共通の前提」を見つけやすい。また、幼少期から本や映画を通じて性愛の想像をしてきている分、好奇心が強くてエッチな子が多いと感じます。

近田　なるほど、そういう傾向があるんだ。

宮台　この傾向は統計でも確かめられました。90年に雑誌「ＶＩＥＷＳ」（１９９１～97年）の企画で調査の設計と分析をしたら、東大女子は早稲田・慶應・立教・青山学院に比べ週当たりの自慰の回数が倍近くでした。事後の聞き取り調査で、①勉学重視で性愛を禁欲する埋め合わせが要る、②本や映画の接触経験が豊かで引き出しが多い、という理由が浮かび上がりました。

近田　そうなんだ。僕なんかの時代のナンパは、主にディスコで遊んでる子を引っかけるというものだったけど、ああいう子たちって、意外と身持ちが堅いんですよ。

宮台　常識と逆なんですよね。高偏差値女子はエッチだという他に、先に話した免疫問題があります。男慣れしていると男を見切る基準が厳しくなり、男慣れしていないと基準が甘くなる傾向がある。踏み込むと、男子の能力低下に適応して、男慣れした女子の基準が「イケメン好き」みたいなテンプレに頽落する傾向もある。所詮テンプレ女は、地獄のようにつまらないものです。

なぜ専業主婦たちは夫以外と性交したがったのか

近田　「トゥナイト」の利根川裕風《とねがわゆたか》にまとめると、82年に丹下先生に感染して対面ナンパを始め、メタ認知を重ねて修練した後、85年からテレクラナンパに乗り出し、そこでの学びを再び対面ナンパにフィードバックした、という流れですね？

宮台　はい。

近田　ワイドショーを見てテレクラに駆け込んだその日の成果はどうだったの？

宮台　ビギナーズラックで、高層マンションに住む商社マンの奥さんと親しくなりました。経済的に恵まれた20代後半のいかにもセレブな女性でしたが、夫のDVに苦しんでいました。しばらく付き合いましたが、その間にも夫の暴力で骨折、周囲には転倒を理由にしていた。社会を知らなかった当時は「見かけと実態の乖離」に驚き、テレビを見ているようだと感じました。

近田　いきなり衝撃的な展開が待ってたものだね。

宮台　本当にいろんな女性に会えました。よく覚えているのは「昨日彼氏が覚醒剤でパクられ、どうしたらいいか分からないからテレクラに電話した」という19歳の子。大和《やまと》市のテレクラでつながって座間《ざま》駅前で会いました。アイドル並みの美形なのに何でそんな男と付き合っているのか皆目理解できませんでしたが、やがて理解できるようになりました。すべてが学びでした。

近田　普段は触れることのない社会の実相に触れたわけだ。

宮台　前に話した通り、僕は、社会にとって役に立たない院生であることに、長く劣等感を抱いていました。周りの院生を見て、社会を知らない者が社会学をやる事実に苛立《いらだ》ち、自分はそうなりたくないという思いが強くありました。もう一つ、地位によって上げ底されない恋愛をしたい気持ちもあり、東大云々を一切名乗らずに親しくなってみたかったんです。

近田　そんな時、おあつらえ向きにテレクラが現れたわけだ。

宮台　なのでテレクラに通い始めて、「社会のことが全然分かってないこと」を改めて痛感し、「もっと経験を重ねればもっと社会が分かる」と真面目に思い込み、「テレクラでなければあり得ない出会い」にのめり込むようになりました。

近田　そこが宮台さんだよね。何でも真剣に思い込んじゃうところが（笑）。

宮台　特に興味を惹かれたのが専業主婦という存在です。それでテレクラナンパと並行して、デパ地下ナンパに乗り出すようになりました。

近田　デパ地下、専業主婦は多いだろうね。

宮台　はい。誤解を塞《ふさ》ぐと、90年代に入るまでテレクラに電話する女性に金銭目的はほとんどなく、純粋に知らない男と性愛的に結ばれたいと願望していました。当初はなぜそんな願望を持つのかが謎でした。家庭内離婚やセックスレスが理由だと思われがちですが、世間的には円満夫婦が多かった。ならば、なぜ他の男と性交したいのか。それが知りたかったです。

近田 ちょっと意外だよ。

宮台 何度も経験した光景です。ラブホで性交して夕方になると、童謡「赤とんぼ」のメロディーに乗せて「良い子の皆さんは早くおうちに帰りましょう」と行政放送が流れ、相手が我に返って「買い物して夕飯を支度しなきゃ。旦那《だんな》が好きな○○を作るんです」と帰り支度を始める――。そのたびに「家ではきっと良き母・良き妻なんだろうな……」と感じられました。

近田 二面性があるんだ。

宮台 支度を終えた相手と、2階や3階の部屋の窓を開け、眼下に見える商店街の様子を一緒に眺めることもありました。「私がここでこうしていることを誰も知らないんですね」というセリフが重かった。「この人には生活がある。僕には生活がない。だから分からない」という思いが募り、生活がある人に「なりきる」ことをナンパの目標にするようになりました。

近田 良き妻・良き母というペルソナの意味を理解したかったんだね。

宮台 そうです。それもあって東大だとか大学院生だとかいった身分を伏せ、大学事務職員や市役所職員や小中学校教員や車のセールスマンを名乗りました。肩書による上げ底に依存したくないという先ほど話した理由に加え、構えられるのを避けるという重大な意味がありました。ちなみに、しばらく後には、そうしたやり方が、援交女子高生や風俗嬢の取材に活《い》かされるようになりました。

近田　あえて、剝《む》き身の自分をさらし出したわけだ。

宮台　はい。カテゴリーで上げ底しない。こうした「なりきり」を幸せだと感じる一方、不幸な相手への「なりきり」で疲弊しました。不幸な相手に「なりきり」きれないことによる挫折《ざせつ》感でも疲弊しました。そうした疲弊や挫折で時には自尊心が打ち砕かれる思いもしました。でも、いったん崩れてしまうことが自分にとって必要な修行なのだろうとも感じていました。

近田　やっぱり真面目なんだよ（笑）。そうじゃなきゃ挑めない試練かも。

「ナンパ地獄」——「本当の恋愛」を探し続けた11年

宮台　当時、僕が親しかった風俗ライターの東《あずま》ノボルさんが「瞬間恋愛」という言葉で、金銭が絡む前のテレクラの出会いを表現していました。本質を射貫《いぬ》いています。「この相手と今後も付き合えたらどんなに素敵だろう。だからこそ二度と会ってはいけない。なぜならお互いに崩しちゃいけない生活があるから……」。そんな共通感覚を記した卓抜な言葉です。

近田　そこは、お互いに納得してたんだ。

宮台　かつてTBSに「スペースJ」（1993〜96年）というドキュメンタリー枠があり、94年にテレクラの実態を報道する40分の特集の、企画と取材をしました。僕が静岡市や浜松《はままつ》市や掛川《かけがわ》市の各地を回り、テレクラに電話をしてきた女性に会う段取りをつける様子が放送されました。目的は、僕の話術によって引き出される女性たちの意外な動機に光を当てることでした。

近田　その番組、見たかったな。

宮台　僕がどうしても引き出したい言葉がありました。主婦相手にナンパを続けていて何度も出会った印象的な言葉。その言葉は取材を始めてすぐに見つかり、番組で流されました。「私は家庭では良き妻であり良き母です。でも良き妻や良き母であり続けるために、時々知らない人とセックスしなければならないんです」。多くの共感的な評判を得ました。

近田　その要望に、宮台さんはしっかり応えてきたんだね。

宮台　はい。僕は彼女たちの発言から、感情的のみならず概念的にも影響を受け、それが後の人類学への越境を動機づけました。人類は1万年前から定住しましたが、その前からモノガミー（1対1）で番《つが》って子を儲けました。でも、その子が3歳を超えると関係が解消され、新たな相手と番って子を儲けました。でも、定住の開始でそれが変わったのです。

近田　興味深いよ。

宮台　番い mating から結婚 marriage へ。定住を支える農耕には、種播《たねま》きから収穫までの手順の定め、協働の定め、収穫物の保全・配分・継承の定めが要るので、「言語」で語られた「法」に、罰を嫌がる「損得勘定」で従うという法生活が始まりました。法の中に、収穫物の所有や土地の所有の継承線を定めるべく、番いとは違って永続規範を伴う結婚が書き込まれます。

近田　制度化が始まったんだ。

宮台　従来にない法生活で「力」を失うので、定住を拒む非定住民が生まれます。所有を知らない遊動民と違い、所有を拒む存在だから差別されます。他方、定住民は失われる「力」を回復すべく定期的に祝祭し、そこに定住以前の作法を知る被差別民を召還します。「力」が湧く時空が「聖」。

「力」を使う時空が「俗」。だから召還される非定住民は「聖」です。

近田　対照的だね。

宮台　祝祭の核は法的タブーの反転です。例えば結婚の永続規範を反転した乱交。法生活（言語・法・損得）へと閉ざされた集団が「社会」。閉ざされで「力」を失わないように、一時「社会の外」に出る営みが祝祭。そこでは結婚規範が反転される。「良き妻や良き母であり続けるために時々知らない人とセックスする」という物言いは、この人類史に対応します。

近田　ここで、一つ疑問があるんですよ。自分の場合、ナンパの動機は、この子と仲良くなって、ずっと付き合ってみたいというものだったんだけど、宮台さんなんかの場合は、もっと刹那的じゃないですか。女性を単なる獲物として捉えてるというか。

宮台　いいえ。僕は82年の「第一の失恋」に関わる治療の営みとしてナンパを始めました。最初の2年で、恋人や夫を愛していても他の男と寝ることが珍しくない事実を知り、人は人を所有できないこと、他の男と寝るのが裏切りとは言えないことを学びました。他方、どんなごっこ遊びの「贈与」で女性が興奮するかを知り、女性の欲望の構造を学びました。女性は先生でした。

近田　「学び」なんだね。

宮台　はい。並行して学んだのは、夫や恋人との関係で、性的不全感から無縁であるのが難しいこと。一番いにはない、結婚の永続規範のせいです。ごっこ遊びの延長で僕は、女性が自慰で妄想する性愛を、ときにはＡＶ男優も使って現実化する営みに進みます。誰にも打ち明けたことがない妄想だけど、幸せな家族を作れるか否かで夫を選ぶ以上、女性は多少の性的不全感には目をつぶってきているからです。

近田 そこに抑圧が生じるというわけだ。

宮台 それが、法生活に伴う定期的祝祭と同型の「良き妻や良き母であり続けるために時々知らない人と性交する」につながります。裏切りではなく、むしろ裏切らないための知恵です。1000人を超える女性の話を聞いた中で、「性的妄想のすべてを夫に話し、毎日欠かさず夫と性交する営みを10年続けてきた女性」が一人だけいた。性的不全感なき結婚の継続はかくも困難です。

近田 そもそも制度的欠陥なのかも。

宮台 かもしれない。ナンパを本格化して2年。経験人数はまだ二桁でしたがこれらを学んだ。恋愛感情なきハンティングをしていたら学べません。恋愛感情を湧かせてくれる相手を探し、結局は見つからなかったけど、僕からの「贈与」に対する女性からの「反対贈与」があったから多くを学べました。でも学びには学び終わりがあります。2年ほどでつまらなくなってきました。

近田 奇しくも、修士や博士の年限と一緒だね。

宮台 そんな88年、学部時代に誘って号泣された女性と再会して恋愛感情が戻りかけたのに、運命の悪戯で「第二の失恋」へ。それで再びナンパに戻っただけでなく、恋愛感情が湧かず、学びも消えた。ごっこ遊びも「また会いたいと思わせる仕掛け」に頽落。「本当の恋愛」がしたいのに、刺激的ゲームがあっても刹那的に終わる「ナンパ地獄」が始まりました。刺激には耐性が付くんです。

近田 単純な話じゃないんだね。

「政から性へ」から「性から聖へ」のシフト

近田　テレクラ修行に精進するに当たり、何か、自分ならではのコツは摑めました？

宮台　ＡＶ監督のカンパニー松尾《まつお》さんに伝授したテクがあります。テレクラの会話で盛り上がり、待ち合わせを約束しても、ブースを出ずに約束をすっぽかす男がいるので、自分が代わりに女性を拾うのが「おこぼれゲット」。隣の会話を聞き、復唱された身なりを記憶し、男がブースを出なければ自分が約束場所に向かい、女性がしびれを切らしたところで声がけします。

近田　わざわざ待ち合わせ場所に行って、あらかじめ網を張るわけだ（笑）。

宮台　これを高度化したテクもあります。当時コードレスホンの通話を傍受できるＵＨＦアンテナ状のデバイスが秋葉原で売られていた。深夜の巨大団地で盗聴すれば、男女が各々翌日の何時にどんな格好でどこで待ち合わせるか摑めるわけです。そして、待ち合わせた男性がやってくる前に、とんびが油揚げをさらうように女性を横取りする。「横取りゲット」です。

近田　すさまじい話だよ（笑）。

宮台　当時コードレスホンの通話を傍受するデバイスを車に常備していたのは興信所の探偵。だから興信所の探偵がテレクラナンパ界隈には多かったんです。盗聴器外しを依頼されて、逆に盗聴器を仕掛けてくる探偵もいました。僕は「おこぼれゲット」で満足できたので、「横取りゲット」は経験がありません。

近田　職権濫用《らんよう》もいいところだね。それ以外に、ナンパに専心してる男ってのは、どういう職業に就いてる人が多かったの？

宮台　ＴＢＳのドキュメンタリーと同じ94年、関西テレビの番組の依頼でナンパカメラマン（ハメ撮り師）を集中的に取材して分かったのは、第一に、ナンパに応じる女の子同様、ナンパ師の側も高偏差値の男性が多いこと。有名なカメラマンには日本ＩＢＭの社員もいました。第二に、学生運動からナンパカメラマンに転身する動きが存在したこと。

近田　ちょっと意表を突くキャリアチェンジだね。

宮台　アイドル写真家から転身した福永《ふくなが》ケージもそう。麻布の親友もナンパカメラマンに転身した。背景に、僕の世代（新人類世代）が70年代後半、「政から性へ」の動きを示したことがあります。「ここではないどこか」を政治に探す動きから、性愛に探す動きへ。18世紀末に遡れば、前者はドイツ系、後者はフランス系のロマン主義に当たります。

近田　ちょっと高尚な話になったね（笑）。

宮台　80年代には「性から聖へ」の動きも生じます。85年からのテレクラブームで若い女性の性体験率が急増。でも「こんなはずじゃなかった感」に打ちのめされ、性的アクティヴが続々新興宗教に入った。ダメな自分に「そんな君が好きなんだ」と告げる性愛の包括的承認から、「そんなあなたでも神は愛してくれる」と告げる宗教の包括的承認へのシフトです。

近田　そんなスライドがあり得るんだ。

宮台　70年代後半の「政から性へ」（に続く80年代後半の「性から聖へ」）のシフトは、音楽や漫画が、現在や未来の秩序に言及する表現から、専ら「自己のホメオスタシス」に言及する表現にシフトしたのに連動します。㊎・㊈、ネアカ・ネクラ、ナンパ系・オタク系などの「人格類型ブーム」が訪れ、専ら自分にだけ意識が向く時代が訪れました。

近田　ナベゾこと渡辺和博に代表される視点だね。

宮台　ですね。話を戻すと、ナンパカメラマン取材で分かったことの第三は、ナンパ師の口上はトランス的な高揚状態をもたらす機能が専らなこと。福永ケージが、就職活動中で30分後に面接というリクスー姿の女性に声がけし、駐車場に連れ込んで15分で大股《おおまた》開きさせるプロセスを取材したけど、隠しマイクで会話を聴くと、支離滅裂なマシンガントークによって変性意識状態を惹起しています。

近田　宮台さんもそういうことができたの？

宮台　できません。僕は違うやり方。相手が小説好きなら「短時間でこんなに深く小説の話ができたことがない」という状態に持ち込みます。映画でも漫画でもダイビングでもスポーツカーでも同じ。相手の引き出しにマッチしたこちらの引き出しを開けます。でも自己呈示をせず、「自分が感じる世界を誰よりも同じように感じてくれた」という体験によって変性意識状態を惹起します。

近田　ちなみにナンパカメラマンの撮影の成果ってのは、どこかに公表されるものなんですか。

宮台　80年代末には、投稿写真誌が30誌ほど存在しました。そのすべてを制覇していたのが「湘南《しょうなん》ジゴロ」という有名なナンパカメラマン。彼は、94年に僕が取材した段階で、４０００人のハメ撮りに成功していました。彼の本業は何だと思いますか？

近田　何だろう？

宮台　美容師だったんです。

近田　ああ、女性との会話には長《た》けてるもんね。

宮台　そう。言葉で寄り添って「同じ世界」に入ってくれたと感じさせる力です。さて、湘南ジゴロの話を聞いて軽い衝撃がありました。曰く「僕がヘアサロンを開く○○駅の乗降客の中に年齢的に無理なく性交可能な女が4万人いるけど、皆さんはそのうちのせいぜい4人と付き合って『この女が一番だから結婚したい』とか言う。それはおかしくないですか？」と。

近田　視野が相当広いね（笑）。

宮台　というより論理的です。「性交可能な相手が4万人いるなら、4人ではなく4000人と性交して『この女が一番好きになれる』と判断すべきです。さもないと統計学的に不合理ではありませんか」と。確かに、恋愛感情が生じなかったナンパ師時代の自分も「本当にすごい女に会えれば恋愛感情が戻るのに」と求道者の気持ちでナンパを続けていたので、当時はなるほどと思いました。

テレクラに見る「日本が大規模に壊れ始めた」1991年

近田　ナンパ道を究めんとしてたのね。その求道は、何歳まで続けてたんですか。

宮台　結局、26歳になった85年から、36歳になった95年まで、11年間。

近田　どのぐらいの人数をナンパしました？

宮台　ざっくり月に4人。年に48人。95年までの11年間で約500人余り。96年以降は定期的な声がけをやめました。先に話した経緯で恋愛感情を回復したからです。以降は強い恋愛感情を感じない限り、あるいは予感しない限り、声をかけなくなりました。女から声をかけられた場合も、交流してみて恋愛感情が生じない限りは性交しません。そうした例外的ケースも97年まででした。

近田　その間、トラブルはなかったんですか。

宮台　僕は、90年代半ばから「噂の眞相」（1979〜2004年）に追っかけ回され、巻頭グラビアを含めて40回ほどゴシップを書き立てられました。休刊時に、僕の近くに通報者がいたからだと分かったのですが、岡留安則《おかどめやすのり》編集長曰く「ナンパされた女性本人からのタレコミは一つもなかったんだよ。素晴らしい人徳だねえ」と。

近田　先生の高潔な人徳、私も常に感じておりますよ（笑）。

宮台　フィールドワークにおける取材相手とは、取材終了後1年以上経たない限り性交しないという方針を貫いたことも大きかったと思う。

近田　あっ、そこはきちんと一線を引いてたのね。

宮台　はい。恋愛感情が生じないのが悩みだったけど、性的欲求面で「十分に足りて、困っていない状態」をキープしていました。それができない人が多いのは、「十分に足りて、困っていない状態」をキープできずに物欲しそうになるからです。

近田　ちなみに、ナンパ師時代の宮台さんは、どんな出で立ちだったんですか。

宮台　前半は、ボタンダウンとジーパン。後半は、金髪に近い茶髪で、ブルーのコンタクトを入れて、タイで買った24金のネックレスをして、トルコで買った日本では100万円する羊革コートを着て……。

近田　聞くだに、相当軽薄だよね（笑）。

宮台　でも意味がありました。どんな意味かは援交取材に役立ったことから分かります。ちゃんとした格好をしていると、援交する高校生女子が「バカにしてるだろ」と警戒します。「この人も壊れてそうだな」というぐらいの感じがいい。分け隔てなく話してくれるようになります。

近田　本人としては、その格好は趣味じゃなかったわけだ。

宮台　最初は趣味じゃなかった。ただ、外見が変わると人の当たりがこんなに変わるんだという事実を教えられ、人の当たりが変わると僕の話し方がこんなに変わるんだという事実も教えられた。話し方が変わるにつれて、服装の趣味も変わりました。ちなみに、茶髪にしてチャラい服を着ていると、教授会でも重要な仕事を任されずに済む傾向がありました（笑）。

近田　その手のナンパが流行したのって、都会が中心だったんですか。

宮台　社会学的な、いい質問です。むしろ郊外の方がナンパの成功率は高かった。郊外とは、首都圏で言えば国道16号線の沿線。町田《まちだ》、八王子《はちおうじ》、川越、大宮《おおみや》、柏《かしわ》、船橋《ふなばし》と、東京を囲んで環状を描く道路の周辺です。パチンコ屋や街金（当時）や量販店が建ち並んだ風景が続く。この地域のテレクラには行き尽くし、23区にあるテレクラと比較しました。

近田　その成功率の違いには、何か理由があるの？

宮台　はい。『まぼろしの郊外』に「二重の疎外」が理由だと書きました。都心のストリートやクラブのような「匿名者たちの戯れ」からも、ド田舎のような「慣れ親しんだ者たちの絆」からも、疎外されているがゆえに、比喩的には、「重力が働かない」とも「自分を位置づける座標がない」とも言える状態になります。

近田　すると、どうなるわけ？

宮台　都市からも疎外され、田舎からも疎外されると、宙吊りにされたかのように浮遊した感覚で生きる状態になります。『まぼろしの郊外』では「少女は郊外で浮遊する」と圧縮して表現しました。この状態だとナンパにも難なく応じてしまう。当時このエリアはＡＶ女優の量産地でもありました。自殺対策支援センターライフリンクの『自殺実態白書２００８』が計量したように、若い女性の自殺率が圧倒的に高い場所でもあります。

近田　なるほど。そんなデータがあるんだ。

宮台　それから、山手線沿線でも池袋は例外的にナンパがしやすかった。当時のテレクラ仲間やナンパ仲間は「池袋は埼玉の出店みたいな街だから」と表現していました。とりわけ、ラブホテル街まで行かない駐車場だらけの北口周辺が、16号線沿線のエリアと雰囲気が近かったからです。とにかくナンパの成功率が異様に高かった。理由はやはり「二重の疎外」です。

近田　テレクラに電話してくる女性の傾向は、時代によって異なるんですか。

宮台　91年から明白に変わりました。90年に入るとダイヤルＱ2が普及します。その頃を境に、テレクラ界隈も、Ｑ2界隈に引きずられて金、金、金となり、「知らない男たちとのセックスを通じて知らなかった自分を知る」という目的から外れていきます。並行して、どう見ても心を病んでいるとしか思えない「感情が壊れた女性」も増えました。

近田　ネガティブな傾向だ。

宮台　当時の沖縄を除く全国的な傾向でした。それで僕は、大袈裟《おおげさ》でなく、「日本が大規模に壊れ始めた」という印象を持つことになります。ちなみに、92年に「宝島」誌上で「テレクラ三賢人」の鼎《てい》談《だん》企画が組まれ、そこに僕が呼ばれて、「感情の壊れ」に始まる「日本の壊れ」について、テレクラナンパの現地から見える風景を語っています。

近田 テレクラ三賢人って、偉いのか偉くないのか分からない肩書だよ（笑）。

宮台 そこではみんなが声を揃えて、91年からテレクラナンパ界隈の「潮目が変わった」と語っています。「二重の疎外」ゆえに「重力が働かない」郊外の時空が、詩的な表現ですが「地域から脳内へ」と拡がったからじゃないかというのが、当時の僕の感覚。調べる必要を感じて、ナンパとは分けてカルテを用いたフィールド・リサーチをするようになりました。92年からのことです。

近田 宮台さんは、結局、11年間もの長きにわたってナンパを続けたわけですよね。

宮台 はい。「ナンパ地獄」が95年まで続きます。この年、ある女性との出会いがもたらした衝撃で恋愛感情が戻ります。僕は乱交や青姦や軽いSMの経験はあったけど、遥《はる》かに過激なプレイを遍歴してきた女性です。「あなたが知る編集者××さんとこんなプレイをした」などと当てつけられ、忘れていた嫉妬感情が生じ、引きずられて恋愛感情が戻りました。

近田 例によってドラスティックな道行きだね。

宮台 唾液《だえき》で判定できるとして友達からもらったエイズ検査キット。彼女と僕の唾液を混ぜて垂らしたら陽性が出た。僕のせいだと土下座したら「否、私のせいだよ」と言う。「あなたには言わなかったけど、今までとんでもない性交をしてきた。それはね……」。ヤバすぎて具体的に書けないけど打ちのめされます。それで2人で大学病院で検査してもらいました。

近田　……どうなったの？

宮台　当時は結果が出るまで10日かかりました。2人で死のうと言われて朝から晩まで生でしました。さわりしか聞いていなかったとんでもない性交の詳細やバリエーションを「あなたを興奮させてあげる」と逐一教わりました。自分は経験値が高いと思い込んでいたことを恥じると同時に、10年もナンパしてきてこれか……と立つ瀬がない思いへと沈みました。

近田　上には上がいたと。それで検査結果は？

宮台　結果は陰性でした。友達に尋ねたら「インチキのキットだよ。唾液で検査できるわけねえよ」と（笑）。さて問題は「あらゆることをしてきた相手に、経験値の低い僕が何をしても興奮してもらえないんじゃないか」という危惧《きぐ》にシフトします。彼女曰く「ショックだった順にプレイをリストして」「これがリスト」「じゃ、上から5番目まで一緒にやってみようよ」。

近田　方向転換が早い。

宮台　3番目にあった、公園での見知らぬカップル群とのスワップまでしたところで劣等感が消え、代わりに恋愛感情が戻ります。彼女が世界をどう味わってきたのかに驚いてリスペクトし、味わい方を知らない自分を悔しく思い、それを実地に教えてくれた彼女に感謝した。彼女と「同じ世界」に入りたいと願い、「同じ世界」に入れるようになって彼女を愛おしく感じました。

近田　宮台さんの中で何かが変わった？

宮台　「あなたの目に映っているものを、僕の目にも映してくれ」という願い。「これが、あなたの目に映っていたものなのか」と思いが叶《かな》えられた喜び。それによって、決して一つになれないと思っていた相手と、「同じ世界で一つになれた」ことの幸せ。彼女によるショック療法でこうしたワンセットが一挙に僕の手元に「贈与」されました。奇蹟でした。

近田　得難い体験だね。

宮台　でも、それでメデタシとはならなかった。後でスワッピングの話をする時に言いますが、97年秋にとんでもない事件が起き、重い鬱に沈んで、ベッドから起き上がれなくなりました。そして2ヵ月後に突然起き上がれるようになると、石垣島《いしがきじま》の底地《すくじ》ビーチの安宿（当時）に籠《こも》るようになり、やがてヒルギの森での覚醒を迎えることになりました。

近田　アップダウンが激しいね。

宮台　82年の修士1年の「第一の失恋」、87年の助手1年目の「第二の失恋」に続いて、97年の事件を複雑ながら「第三の失恋」と呼べます。「第一の失恋」が、「社会と女性を知るナンパ」を動機づけ、「第二の失恋」が、「感情なきナンパ」への頽落を生み、95年に感情を回復したと思ったら「第三の失恋」で沈没。そこから這《は》い出たことで、今の僕があります。

近田　何度も立ち上がってきたんだ。

宮台　ナンパ師と呼べる継続的な営みは、取材してきた限りでは、普通5年以上続きません。寂しくなるからです。僕の場合、85年秋から87年までの約一年間の中断を挟み、95年まで続きました。11年間というのは異様に長いです。逆説的ですが「本当の恋愛」を探し続けたからだと今は思います。感情の摩滅も、探しても見つからないことに傷つかないための自己防衛だったと思います。

近田　本能だね。

宮台　たぶん嗜癖《しへき》的な固着です。「本当の恋愛」の願望水準が高いから、ナンパによる「紛《まが》い物」で寂しくなる。寂しさが耐えがたいから、「紛い物」で埋める。でも「本当の恋愛」と違うから、ますます寂しくなって「紛い物」で埋める。このグルグル回りから出られなくなり、寂しさに耐えるべく、「どうせそんなもの」と期待水準を下げた。願望水準はそのままなのに。

近田　目標には決して届かない。

宮台　そうです。なぜ寂しくなるか。ナンパ師は消費されるだけの入れ替え可能な消耗品だからです。ナンパの手順が洗練されるほど、「この男は他の女たちにも同じようにしているので、本気で愛したらバカを見る」と思われます。実際に最近、僕と同世代のナンパ師が複数「孤独死」しました。ナンパ師と呼べるような継続的営みは、長く続けてはいけないものなんです。

近田　消耗するだけなのか。

宮台　85年からの2年間に見るように、ナンパ師の営みの流れはバックパッカーに似ます。80年代半ばから沢木耕太郎《さわきこうたろう》『深夜特急』（1986、92年）の影響で拡がった第三世界への貧乏旅行です。トラブルに遭って、世界を知り、自分の限界を知り、自分の枠組を壊して成長する。それが目的でした。でも旅慣れてくると、驚きがなくなり、成長もなくなり、つまらなくなります。

近田　それが日常になっちゃう。

宮台　はい。未知・未見・未聴のものにワクワクする営みは、既知化・既視化・既聴化によって風化します。表現の界隈や芸術の界隈では重大です。そこから先、体験の既知・未知ではなく、体験の深さやコミュニケーションの深さが勝負になる。でも僕はそこで勝負できなかった。恋愛感情が生じなかったので、相手が体験する世界に深く没入する動機づけが弱かったからです。

近田 ナンパから足を洗ったのは、最終的には何がきっかけだったんですか。

宮台 恋愛感情が戻ったからです。ナンパの起点は失恋でした。もっといい女に出会えるはずだと。でもそうした構えである限りは、元彼女が理想化されて、「もっといい女」は現れない。失望を続けるうちに期待水準が下がって、喜怒哀楽の感情が鈍くなる。でも、もっといい女に出会えれば感情が戻るはずと合理化し、同じことを続けた。神経症的な固着だから、「ナンパ地獄」と呼んでいます。

近田 確かに、果てのない無間地獄だよね。

宮台 多くのナンパ師を取材して分かったことですが、高学歴のナンパ師のほとんどが巨大な失恋が起点です。喪失感を埋め合わせるべく、もっといい女をつかまえるぞという意志でナンパを始めている。でも目標設定において元彼女を理想化しているので、望みを果たせないまま、次第に感情の働きが鈍くなり、寂しさの神経症的埋め合わせとしてのナンパになります。

近田 ナンパという手段じゃ、都合よくそういう相手に出会うのは難しいだろうね。

宮台 はい。それに気づいたのと時を同じくして、テレクラ界隈に金が絡むようになってきた。91年のことです。金を払って性交するなんて僕には屈辱的です。だから対面ナンパにシフトしました。それでも「なぜ僕はこんなふうになっちゃったんだ」というリグレットは変わらなかった。それで、95年の恋愛感情の回復をきっかけに、愛がないナンパから撤退したわけです。

近田 ちょうどいい時期に身を引いたってことなのかな。

宮台　大きな理由じゃないけど、95年になると毎月の「朝まで生テレビ！」を中心としてメディア露出が増え、顔バレしちゃったのもあります。都立大のキャンパスがある南大沢《みなみおおさわ》の駅の改札を出ると、女子高生たちが僕を指差して「あっ、宮台じゃん！」って騒ぐわけ。渋谷でも新宿でも同じでした。この状態でナンパを続けることは、そもそも難しかったでしょうね。

近田　それは真っ当な理由だよね（笑）。その当時、盛んに活動してたナンパ師って、今じゃもう結構いい歳になってるじゃないですか。みんなどうしてるんですか。

宮台　多くは悲劇的。性欲が減退して中折れするようになり、外見的な老化でナンパの成功率も下がる。腰を痛めて性交できなくなった者もいる。かくてナンパから撤退したものの、家族もステディのパートナーもおらず、一人暮らしで孤独死する者も出てくる。同世代のナンパ師は、悲惨な末路を迎えた人間が少なくない。ナンパ師は長く続けちゃいけないんです。

スワッピングパーティの隆盛と終焉

近田　ナンパから離脱した宮台さんは、どこに向かったんですか。

宮台　さっき、95年にショック療法で僕に恋愛感情と嫉妬感情を回復させてくれた女性の話をしました。その延長線上で、90年代後半からスワッピングに関わりました。スワッピングは愛する相手との嫉妬のゲームです。99年には、「ダ・ヴィンチ」誌上で参加者へのインタビューをしました。

近田　あれって、どういう動機から参加するものなの？

宮台　社会学的な、いい質問です。動機は3種類。第一は、痴話喧嘩で「3倍返しだ」みたいな地獄の応酬をした挙句、嫉妬で喧嘩するのは愛しているからだと気づき、ならば自分たちでコントロールできる嫉妬のゲームをして愛を確証しようと、スワッピングに乗り出すケース。僕はこれに相当しますが、全体の5割に及ぶ「ありふれた動機」です。

近田　つまり、当てつけなんだ。

宮台　第二は、夫婦関係や恋人関係がマンネリ化し、最初は互いの浮気公認で切り抜けようとしますが、やがて愛が乏しい浮気の反復に飽きて、一番愛している相手との関係をマンネリから離脱させようと、スワッピングに乗り出すケースです。これが全体の4割に及びます。つまり、これまた「ありふれた動機」です。

近田　残りの1割は？

宮台　第三は、当時の20代の夫婦に限った動機ですが、地域共同体も親族共同体も空洞化し、社会の中で夫婦が孤立した「二人寂しさ」から離脱したくて、他の夫婦やカップルと社交できるスワッピングにやってくるケース。全体の1割です。この場合、夫婦は性交に参加せず、スイートのリビングでドンペリをあけながら会話することが多いです。

近田　世代的にはどういった層が中心なの？

宮台　僕と同世代、つまり当時の30代がメインでした。20代は1割を切っていました。

近田　まあ、倦怠《けんたい》期を迎えるとなると、その歳周りになるのかな。ところで、そこでは、どういうことが行われるんですか。

宮台　最初は、パートナーが互いに目の前で別の相手とプレイするところを見て嫉妬する、いわゆる

「同室プレイ」です。でも大概は、比較的早い段階でネクストステージに移ります。

近田　ネクストステージとは？

宮台　「別室プレイ」です。この手のパーティは、ホテルのスイートで開催されます。リビングルームが中央にあり、両隣にベッドルームが2室ある形です。リビングにはドンペリと高級なつまみが置いてあって歓談します。夫婦だとすると、妻が夫に「あの人がいい」と告げ、夫がその人にお願いして妻をベッドルームに連れていってもらいます。

近田　旦那はずいぶん下手に出るんだね。

宮台　この形から分かるように、「同室プレイ」であれ、主役は女性。女性が性交して男性パートナーが嫉妬する形。10組いるとして、女性は全員性交しますが、男性は半数以下しか性交しない。これだと女性が余るので、感情能力と身体能力が高い「単独さん」が複数招待されていて、何人かの女性と続けて性交します。その段階ですでに「別室プレイ」です。

近田　やってるところは見ないんだ。

宮台　ええ。そのやり方のどこがいいのか分かります？

近田　いや、見当もつかない（笑）。

宮台　リビングに残された夫には、妻が隣の部屋で何をどこまでしたか分からない。帰宅してから何週間もかけて、少しずつどんなプレイをしたのかが明かされます。ただ、その告白が本当なのかどうか分かりません。「ディープキスはNG」「生はNG」とかのNGルールが守られたかどうかも分からない。だからこそ、少しずつの告白で夫が興奮するわけです（笑）。

近田 女の人って、日常会話の中でもそういうテクニックをよく使いますよね。

宮台 はい。ベテラン参加者は男女ともそれが前提。だからベッドルームに女を伴った男は、女からパートナーと決めたNGルールを聞き出し、女の合意の上で敢えて破ります。女が合意するのは、それを後から小出しにすることでパートナーが嫉妬して興奮すると知っているからです。だからパートナーの男も、破られるのを前提でNGルールを決めるのです。

近田 複雑なゲームだなあ。

宮台 そうでもなく、大事なのは、結局「虚実」が分からないことです。振り返りのピロートークで、女が過少申告しているのか、はたまた盛っているのか、男の側には確証しようがありません。やがて「相手の過去はイメージの中にしかない」「そもそも過去は実在するのか」という哲学的気分になります。それゆえ、「別室プレイ」のさらに上に「貸出プレイ」が続きます。

近田 まだ上があるんだ（笑）。

宮台 妻あるいは恋人に、どこそこで別の男とやってきてと言うものです。もはやパーティという場すら必要ない。パーティの場合、ベッドルームの営みは不可視だとはいえゴム着用など主催者が決めた一定のルールがあるのに対し、「貸出プレイ」となると何でもあり。だから疑心暗鬼のネタが尽きず（笑）、半永久的に女の「実はね……」が続くわけです。

近田 観念のみの世界に解脱してるね（笑）。

宮台 「貸出プレイ」で女が出会う男は、そもそもそれが「貸出プレイ」だとは知らない。だからパーティと違って、相手の男が縄やバイブレーターなど何でも持ち込む可能性があります。何でもありだからこそ、女はパートナーを興奮させるためにどんな過激ネタでも話せます。だから、女が言うことのどこまで本当かますます不明。いずれにせよ、乱交パーティとはまったく違うことが分かるでしょう。

近田　フィジカルな快楽を追求するのかと思ってたら、むしろ逆、ロジカルなんですね。

宮台　はい。愛を前提としたロジカルな営みです。ところが世紀末から、愛が薄い若い夫婦やカップルが参加するようになると、乱交パーティと勘違いする輩が出てきました。インターネットで有名人の参加を漏らす輩も出てきました。それで主催者が、若い夫婦やカップルを締め出したり、パーティの存在をネットから見えないようにしたりし始めました。

近田　スワッピングパーティって、愛好家はだいたいどれぐらいの頻度で参加するものなんですか。

宮台　素晴らしい質問です。長く参加してきたカップルの平均参加頻度は年3回。当事者は「祭りの頻度」と言います。意味は、スワッピングの非日常より、カップルの日常への「力」の注入が目的だということです。それも乱交とは違う点です。乱交は、最初こそ非日常に興奮しても、次回以降はさほどでもなくなる。また各回ごとに、射精すると弛緩《しかん》します。

近田　いわゆる賢者モードってやつね。

宮台　射精後、やりまくる男女の姿を見て、「何でこんなところに来ちゃったかな」という自己嫌悪交じりのだるさを感じがち（笑）。スワッピングは、夫婦や恋人同士が抑制された頻度で参加して嫉妬を体験する「関係性のゲーム」で、賢者モードとは無縁です。実際、男の多くは射精せず、ベッドルームで性交する妻を、リビングで目を閉じて「感じる」のです。

近田　乱交パーティの方にも参加したことがあるんでしたっけ？

宮台　はい。夫婦単位で参加するスワッピングパーティとは違って、ほとんどが個人単位で参加するパーティになります。スワッピングが「関係性のゲーム」だとすると、乱交は「フェティシズムのゲーム」です。初回の興奮が次回以降は消えるのと、射精後の賢者モードが嫌なので、数回の参加で終わりました。

近田　あれって、どういうシステムなの？

宮台　今ならSNSを含めたインターネットですが、90年代半ば過ぎまではスポーツ新聞の三行広告に「大人のパーティ」という触れ込みで参加者の募集がありました。参加希望者はスポーツ新聞を買って、連絡先にコンタクトするわけです。他方、スワッピングパーティは——上質な参加者であれば——主催者から「次回もいかがですか」と誘いがあります。つまり、匿名性が低いんです。

近田　昔は、怪しい三行広告がいっぱいあったよね（笑）。

宮台　つまりその頃、ダイブからフェチへ、フュージョンからコントロールへ、人格化から物格化へ、という性的コミュニケーションの大きなモード変化があったんです。コミュニケーションよりもフェティッシュな価値に金を払う時代が来ていたんです。最たるものが女子高生たちに拡がった援助交際で、今は、金を払う側が反転したホスト通いが加わっています。

ヒルギの森で得た気づき

近田　ところで、97年秋にとんでもない事件が起こったって、いったい何があったの？

宮台　別のところに記したので（「季刊エス」連載第8回ウェブ版第二部前編）、概略だけ。東大法学部4年生が大蔵省キャリア内定を報告しに来た際、僕に求愛しました。91年から96年まで東大で非常勤講師をした時の教え子です。「朝日新聞」に援助交際の存在を書いたのが93年秋。それでマスコミが騒いで援交ブームになった94年に入学し、僕の講義を受けました。

近田　宮台ブームの渦中だね。

宮台　前に話したけど、95年にスワッピングを用いた、享楽する恋人への「なりきり」による嫉妬を通じて、愛の感情を回復しました。ただし、男的な嫉妬＝裏切られた怒りや、女的な嫉妬＝取られた怒りではなく、「恋人に享楽を与える（ことで享楽する）相手がなぜ自分ではないのか」という嫉妬を通じて、「自分の愛を確かめる」営みです。愛と嫉妬が同時に戻ってきました。

近田　そのタイミングだったんだ。

宮台　でも、その程度の愛なら複数愛が可能です。スワッピングで嫉妬に駆られる相手は複数存在し得るからです。それを話して「1対1では付き合えない」と求愛を断りました。彼女は1週間後に自殺しました。葬儀で両親に謝罪すると、「娘の日記を読んだが先生は悪くない」と逆に謝罪されて混乱し、直後の「朝生」に出演した翌日から（97年11月）、鬱で床に伏せりました。

近田　そのレベルのショックは受けるよね。

宮台　彼女の将来を考え、正直に現状を話して断るべきだと思った。嘘をついて交際すれば良かったのか。それでは不誠実すぎるし、すぐに現状が露呈したはず。どう考えても他の選択肢があると思えなかった。年明けに少し回復して、石垣島の底地ビーチに常泊、講義日に上京する生活を続けて、やがてヒルギ群落で気づきを得ました。

近田　何に気づいたの?

宮台　彼女は大学1年(94年)の講義で援交を知り、デートクラブに通い始めた。二重生活を知るのは僕だけ。僕を独占したいとの思いは、表と裏をすべて知る僕を失うのが不安だったからじゃないか。ならば、嘘をついてでも求愛に応じ、真の自分を知るのは宮台だけという考えを時間をかけて解除すべきじゃなかったのか……。

近田　難しいところだね。

宮台　だから、思いました。所詮それは「先延ばし」に過ぎないだろう。彼女は「自分への愛が絶対のものだ」と思いたかったはずだ。僕に愛の感情が戻ったとはいえ、「愛のない並行性愛」をやめただけ。「愛のある並行性愛」に問題はないのか。寝ても覚めても一人を思うことがなく、時間が空いたら誰と会おうかと考えるような相対的な愛は、恋愛の名に値しないのではないか。

近田　それが一般的な考え方だろうね。

宮台　思えば、寝ても覚めても思うような絶対愛を回避したがるのは、二人で号泣しながら別れた88年の失恋の後遺症ではないか。振る振られるとは違う、死別を含めた余儀なき別れに怯《おび》えているのではないか。歴史学の本では、絶対愛を定義するのは「あなたは世界のすべて」という唯一性規範と、「あなたのためなら法も破る」という贈与規範ではなかったか。

近田　そういう定義があるんですね。

宮台　はい。相手が寝ても覚めても自分を思ってくれるのに、愛しているとはいえ自分はそうじゃないという非対称性を、相手も複数を愛せばいいと言って済ますわけにいかない。自分は絶対愛なのに相手は相対愛（代わりを探せる構え）という非対称性は苦しすぎる。その苦しみを放置するなら相対愛と呼ぶのも詭弁《きべん》で、愛の名に値しない。結局、絶対愛を希求できない自分に問題がある……。

近田　アンバランスな関係は持続しない。

宮台　そうとも言えます。相手が相対愛なら自分も相対愛でいいだろう。でも、自分に絶対愛の能力がないがゆえに相手の愛も相対愛だろうと認知的に整合化したショボさが、大学1年（94年）から4年（97年）まで近しく付き合いながら、嫉妬し合えるからと満足し、絶対愛（寝ても覚めても）を希求する彼女の気持ちに気づかない鈍感さをもたらした……。

近田　やっと気づいたのかって思っちゃうよ。

宮台　それがヒルギの森で得た気づきです。思えば、絶対愛→第一の失恋→ナンパ（絶対愛探し）→絶対愛→第二の失恋→ナンパ（絶対愛の諦め）→愛の回復（ただし相対愛）→第三の失恋（相手の自殺）、という経緯があった。長く苦しんだせいで、嫉妬感情の取り戻しを愛の回復だと喜びすぎ、それが出発点にあった絶対愛とは別ものであることを見逃した。そのことで自分を責めました。

近田　自分の中で、過去の恋愛遍歴を総括したんですね。

宮台　思えば、彼女が大学1年からデークラ通いをし、それをわざわざ僕に伝えたのも、専門家だった僕のそばに居続けるためだったかもしれない。本当のことはよく分かりません。でも、僕が認知的整合化に閉ざされず、敏感さを維持していれば、本当のことを見極められ、もっと早く適切な振る舞いができたんじゃないか。思い出すと無念すぎて涙が出ます。

第7章

援助交際ブームとは何だったのか

――援交フィールドワーク時代

「援交少女」の告白

近田　宮台さんが援助交際の実情について知ったのはいつだったんですか。

宮台　東京外大赴任の直前、東大助手だった1991年3月に新宿駅南口で女子高生をナンパして3年付き合いました。ところが付き合って少しして、「援助交際してる」と告白されます。赤坂《あかさか》プリンスホテルで政治家を相手にするヤバいやつでした。程なく元締めの男が捕まった。政治家の名を聞いていたので週刊誌に持ち込んだけど、結局は握り潰されました。

近田　念のため確認しておきますが、当時は淫行《いんこう》条例が施行される前だったから、宮台さんが女子高生とそういう関係になるのは合法だったたってことですよね。

宮台　もちろんです。

近田　彼女はどんなタイプの子だったんですか。

宮台　国会議員を相手にするほどだから、「えっ、この子が?」と誰もが驚く、売春とは無縁に見える頭のいい子でした。当時の僕は「第一の失恋」や「第二の失恋」の相手に対する感情と比べれば恋愛感情は弱かったけれど、犠牲を払っても彼女を守りたいという義侠心に近い思いが湧きました。それで動機を詳しく訊きました。

近田　何があったの?

宮台　中3で初体験した際、勃《た》たなかったか中折れしたか忘れたけど、相手の男がピストン運動に至れず、「お前に魅力がないからだ」と責められた。それに深く傷ついて以降、「任意の男が彼女に欲情して射精に至ること」が重要な承認になったとのこと。そうして援交を継続するうちに、客の一人から高級売春組織にスカウトされたという次第です。

近田　なるほど。それはちょっと気の毒な感じもするね。

宮台　本当にそう思います。頭がいい子にありがちだけど、彼女は道徳的に過剰に厳格な家庭で育ち、「お前はダメだ」と言われ続けて自己価値感、つまり尊厳が破壊された。だから、高圧的な父親の知らないところで父親が知れば卒倒する行為をすることが、自分にとって解放になったのだと。ただしこれは、援交するようになった後で気づいた動機だそうです。

近田　いずれにしても、経済的な理由じゃないんだ。

宮台　はい。彼女は「あたしみたいな、金目当てじゃない子だらけだよ」と言いました。それで、「金のためなら何でもするんだ」と一瞬でも思った自分を恥じ、大規模に調べて彼女を擁護しようと決意しました。それを外大ゼミで話したら、一人の大学生女子が「宮台先生、今頃気づいたんですか」と言います。僕は「今頃ってどういうこと？」と尋ねました。

近田　どういうことだったの？

宮台　彼女が言うには、家庭教師をしてあげている高校生女子が通う○○区の私立高校では、援助交際ネットワークが大規模に拡がっているらしい。「当事者を紹介しますよ」と言うので手配をお願いしました。当時「１０９‐②」が入っていたビルの喫茶店で、援助交際している生徒10人に集まってもらいました。92年夏の話です。

近田　いつもながら行動が速い。

宮台　その高校には進学科と普通科がありました。最初に援交を広めたのは進学科の美形でイケてる子。図書室でのお喋りを通じて援交ネットワークが拡大。半年後には進学科・普通科を問わずクラスの3分の1が関わるようになった。不良どころかこれほどイケてる進学科の子が主導したから、周囲の子が自分もやってみたいと思って拡がったということです。

近田　それは初耳だね。

宮台　彼女たちが窓外を指して曰く「この辺を歩く女子高生の3分の1がやっています」。毎日渋谷を歩いて女子高生たちとすれ違っていたのに、何も見えてなかったと衝撃を受けます。以降どんどん調査範囲を拡げて分かったのは、91年夏休みが援交の起点だったこと。これは情報価値が大きいと思い、ナンパで磨いた技で、街行く女子高生たちに声をかけ始めました。

近田　昔取った杵柄《きねづか》というやつですね。

宮台　「援助交際について調べているんだけど、君の周りでそういう話を聞いたことはない？」と話しかけると、「友達がやっています」と返す。喫茶店で話を聞き始めたら、途中からやたらディテールまで喋り出すので、「それ、本当は友達じゃなくて、君のことじゃないの？」と問うと、「バレた」と（笑）。そのパターンがめちゃくちゃ多かったです。

近田　それ、普段のお喋りでもよくあるパターンですよ（笑）。

宮台　援交する子からさらに援交する友達を紹介してもらって取材を続けました。スノーボール式サンプリングと言います。

近田　雪だるま式ってことだ。

宮台　当時は女子高生は自分が援交する事実を友達に喋ったので、援交女子高生のネットワークが緊密で、様々な情報が交換されました。こんなヤバい客がいるとか、このやり方は危険が少ないだとか。安全な客を友達に紹介するケースもまったく標準的でした。だから、次々に友達を紹介してもらえました。

愛人契約、娘代行から援交へ

近田　援助交際には疎いもので、最初から歴史を解説していただけますか。そもそも、援助交際という言葉は、いつから存在するものなんでしょうか。

宮台　１９５０年代にはすでに使われていたという説があります。実際に僕が目にしたのは85年頃です。当時は愛人紹介誌が複数発行されていて、誌面では、不特定多数を相手に毎回違う客と関係する売春とは別に、長期契約を結んで同じ相手と関係する場合を援助交際と呼んでいました。ということは、今の援助交際とは違うものを意味していました。

近田　全然知りませんでした。

宮台　90年までは援助交際＝愛人契約で、それを雑誌が仲介していた。80年代に「愛人バンク」と呼ばれたものに近い。筒見待子主催の「夕暮れ族」が有名でした。今の「会員制交際クラブ」に当たります。なお「パパ活」の言葉は、２０１０年頃から拡大した「会員制交際クラブ＝業者パパ活」に由来します。利用者が増えて、２０１６年頃から業者を中抜きする相対《あいたい》のパパ活が拡がりました。

近田　今の援助交際は、単発的な売春も含むじゃないですか。とすると、既成の言葉を引き継いだのではなく、まっさらな新語として再登場したってことなんですかね。

宮台 よくあることで、意味が変化したんです。「パパ活」が指すものが「業者パパ活」から「相対パパ活」にシフトしたのと同様、「援助交際」が指すものが「長期愛人契約」から「単純売春」にシフトした。先ほど90年頃からテレクラに金が絡むようになったと言いましたが、当時はまだ「援助してくれるなら」「援助交際なら」という言い方はなく、「お小遣いをくれるなら」が専らでした。

近田 ちなみに、当時の売春において、男性の払う費用はいくらぐらいだったんですか？

宮台 都心は今よりも総じて相場が高かったけど、女性の属性次第でした。主婦2万円、ＯＬと大学生3万円、高校生4万円、中学生5万円以上です。ところが青森市や那覇《なは》市などの地方だと一律イチゴ（1万5000円）。それが何を意味するかを95年の雑誌「創《つくる》」に書きました。地方はもともと初体験年齢が低く、制服や低年齢が記号的価値を持たなかったからです。

近田 若さや幼さが珍しさを伴わなかったんだ。

宮台 その通りです。93年秋に援助交際の存在を朝日新聞に書き、殺到したマスコミにネットワークをつないだら、僕が取材した子たちがテレビ画面に連日登場。「女子高生援交ブーム」になったけど、複数のナンパ師から「余計なことしやがって」と言われました。当初は意味不明でしたが、援交女子高生が普通になって記号的価値を支える稀少《きしょう》性が消えるのを嘆いていたんです。

近田 滅多に釣れない高級魚が大衆魚と化してしまえば、釣果への評価も下がるもんね。

宮台 つまり、大都会と地方で援助交際をめぐるコミュニケーションの構造が違ったんです。他にも語るべきことは山ほどあります。92年に単発合意を意味する「援助交際」という言葉が人口に膾炙《かいしゃ》したけど、当初は今の「パパ活」と同じで、必ずしも性交を要件としませんでした。他方で、90年からテレクラで「お小遣いをくれるならセックスしてもいい」という女性が激増していたことを話しました。

近田　ベクトルが逆を向いていたと。

宮台　ところが94年に援助交際が売春と同義になります。なぜか。93年から多数の女子高生デートクラブが出店したけど、客の男と性交する子は半分以下で、援助交際は必ずしも性交を要しなかった。それが94年の一斉摘発で、女子高生が吐き出されてテレクラに流入したものの、そこはすでに「お小遣い性交」の場だったので、それに適応しないと金をもらえなかったのです。

近田　客の求めるものが異なったんだ。

宮台　かくして援助交際が売春と同義になったんですが、それ以前のデークラで主流だった「性交なき援助交際」とは何だったのか、不思議じゃありませんか。答えは「ごっこ」。そのあたりは、現実を取材して映画を作る園子温監督の『紀子《のりこ》の食卓』に描かれました。ただ、援助交際が「ごっこ販売」だったのは93年まで。映画公開の2006年よりもずっと昔の話です。

近田　セックス抜きということは、レンタル彼女ってやつね。

宮台　確かに一部は今の「レンタル彼女」「彼女代行」でしたが、当時の主流は「彼女代行」より「娘代行」。今は考えにくいけど、家庭で妻や娘から「粗大ゴミ扱い」された中年男性に、土日の数時間、女子高生が娘として振る舞ってあげた。「娘代行」を利用する男性側も取材したけど、「父娘関係についてのロマン」が残っていて、胸が熱くなりました。

近田　涙ぐましい話だね。

宮台　94年に一斉摘発されたデークラですが、売春する子が半分以下だったのに加え、デークラが時間消費の場だったのも重要です。同年代の子たちが寝転がってビデオを見たりビデオゲームをしたりお菓子を食べたりしながら仲良くしていました。その居場所を失った後、クラブでオールナイトするためにテレクラやQ2で金を稼ぐしかなくなりました。

近田　組織を介さず、個人対個人の取引になるわけだよね。

宮台　その時点でテレクラもQ2も売春の温床だった事実を話しました。そこにデークラから女子高生が流入し、金次第で女子高生とも性交できたので、会って食事するだけの「彼女代行」はニーズが消えた。皮肉にも、全面売春化の起点は94年のデークラ一斉摘発でした。当局としてはやるべきことをやっただけですが、生態学的全体性を踏まえないので、社会の秩序はかえって悪くなりました。

近田　軋《きし》みが生じるよね。

宮台　昔からの反復です。1958年施行の罰則付きの売春防止法で売春が取り締まられるようになると、有事に警察を呼べない界隈が地回りヤクザを頼るようになり、それを知る警察がお目こぼし代わりにヤクザから情報をもらうようになりましたが、中には袖《そで》の下を要求する不届き者もいて問題化。90年代半ば以降は「秩序を守るべく時には法外に出る営み」が禁じられるようになりました。

近田　いわゆる反社に対しては本当に厳しくなった。

宮台　「法を守って秩序が崩れる」のも生態学的全体性の問題ですが、①自らの損得しか頭にない「不届き者」が警察官にどれだけいるか次第、②法を守って秩序が壊れるのを観察できる「全体を見る者」が市民や議員にどれだけいるか次第で、全体性は崩れます。崩れる流れを描いたのが、若松孝二プロで助監だった白石和彌《しらいしかずや》が２０１８年に監督した『孤狼《ころう》の血』とその続編です。

近田　若松プロの映画、好きだよね。

宮台　若松孝二監督は中2から僕の神様です。ＡＶの代々木忠《よよぎただし》監督と同じく元ヤクザ。法と法外の関係に敏感で「仲間や恋人を守るために法を破る営み」を愛でました。監督は何かにつけ自宅に招いてくれ、僕の方は映画にも出演し、「朝日新聞」に追悼文も書いた。人脈は赤軍派に連なるけど、本質は「法より掟《おきて》」「意気に感じる」という戦前右翼的な主意主義。それを継ぐのが白石和彌監督です。

モードの変化――第一世代＝全能系、第二世代＝自傷系、第三世代＝財布系

近田　援助交際が「援交」と略されるようになったのはいつ頃のこと?

宮台　96年秋に担い手の世代交代が生じ、第二世代が「援交」と略した。援助交際について僕が「朝日」に書いたのが93年秋。ブームと呼べるのが94〜96年。第一世代は、「96年夏の援交ピーク時に高校生だった15〜18歳」で78〜81年生まれ。91〜93年のスタートアップ世代（74〜76年生まれ）は少数なので除きます。再確認すると、周囲が憧れるイケてる子が主導しました。

近田　確かに、ここまで話を聞いてると、その子たちは、いわゆる不良少女じゃないよね。

宮台　はい。前述したように初期段階では進学科や進学校から広まった。好成績で経済的に余裕のある家庭の子だから、メインの動機は「お金欲しさ」じゃなく、人ができないことを軽々とやってのけ

る「全能感」。ナンパ系とオタク系の共通始祖が、人ができないことをやる「嫌なやつごっこ」をしていた麻布や慶應みたいなオシャレ進学校の「原新人類」だったのに似ます。

近田 一般的には、何か問題を抱える貧しい環境で育った女の子が、お金目当てにやむなく売春を行うイメージがあっただろうから、それは、ちょっと意外な真相だよね。

宮台 マーケティングでは「イノベーター」「アーリーアダプター」「フォロワー」を区別します。イノベーターとアーリーアダプターは「差別化による嫉妬の惹起」が動機です。フォロワーはそれらをロールモデル（手本）に「自分もああなりたい」と追随します。嫉妬や憧れの対象になるカッコいい子が始めたから、摸倣が一挙に拡がったんですね。

近田 96年の秋、そんな具合に潮目が変わるんですよね。

宮台 ええ。中森明夫《なかもりあきお》がトンガリキッズと呼んだようなイケてる層は手を引き、日常的にリストカットや過食・拒食を繰り返す自傷系が援助交際の中心的な担い手になりました。

近田 メンヘラと呼ばれるタイプってことですか。

宮台 はい。第二世代は、82年生まれ以降86年生まれまで。第一世代と違い、援交する事実を誰にも打ち明けない地味な子や自傷系の子が多くなります。取材でもなかなか話してくれないので、苦労するようになります。ちなみに96年には「エヴァンゲリオン」ブームが訪れ、自己肯定感のために承認を求めて右往左往するAC（アダルトチルドレン）を自称する若い人が増えました。

近田 かなりウジウジした時代だったね。

宮台 男客の変化もあった。第一世代の相手は、90年代半ばに40代だった団塊世代が中心で、恋愛できなかった高校時代を取り返す類の動機がメイン。第二世代は、フェチ的動機がメインの30代新人類世代が買い手の大半でした。フィルムケースに唾《つば》を入れてくれとか、顔の上で尿をしてくれとか。援交する子が連帯できれば笑い話で済んでも、分断されたらキツい。

近田　かつて存在した、イケてる子たちのコミュニティは消えちゃったのね。

宮台　はい。それで援交がカッコ悪くなって、援交する事実を友達に言えなくなりました。

近田　それまで援交していた第一世代の子たちはどうしたの？

宮台　ストリートを居場所とするカッコいい子たちは、援交から退却して、ガングロ・ゴングロのギャルに姿を変えました。

近田　いたなあ。ヤマンバってやつだよね。

宮台　ストリート出撃用のこのメイクは男の視線や欲望を遮断するためのもので、当事者はそれを知的に意識していました。なのに、世間は「そんなメイクをしたら男にモテないのに」と誤解しました。97年に渋谷道玄坂《どうげんざか》でガングロ集団に「援交してないの？」と声がけしたら、「ウチらみたいのはもうやらないの。やってるのは髪が黒くて肌が白い学級委員タイプだね」と。

近田　モードが急に変わったんですね。

宮台　そうです。性的な積極性がイケてることの証明だったのが、96年秋から一転、性的過剰さがカッコ悪いと見なされ始めます。同じく、97年からはオタク的な過剰さもカッコ悪いと見なされ始めます。「おたく、知らないの？」的なマウンティングはNG。漫画やアニメに詳しいことが、共通の話題を確保するコミュニケーションツールになります。

近田　密教的な、特殊な趣味ではなくなったと。

宮台　はい。Windows 95にInternet Explorerが付いていたので95年から急にインターネット化し、ネットで仲間を見つける営みが大切になったのが背景の一つ。また、性的過剰の回避を女子が主導したように、オタク的過剰の回避も女子が主導した。見かけはオシャレなギャル系の子が、人を見て法を説くみたいに、相手次第でオタクネタの引き出しを開けるようになりました。

近田　オタク的な性向を必ずしも隠さなくなったのね。

宮台　相手次第でね。そんな流れで援交が減ったかと言えばノー。87年生まれ以降が第三世代です。2002年に携帯の世帯普及率が8割を超えたけど、当時は従量制で月の請求額が月4万に達する子が続出。「親に迷惑かけられない」＆「街金より恐くない」ので「財布代わりの臨時援交」へ。常習は減っても臨時援交する子が激増しました。同時期、風俗の一日体験入店者も激増した。

近田　心理的なハードルが下がったのかな。

宮台　そう思います。現実の動機分布は多様ですが、中心のモードは、第一世代が全能系、第二世代が自傷系、第三世代が財布系。以降の変化は滑らかです。2005年の定額制導入にもかかわらず財布系は減らず、携帯絡みの臨時援交から一般的貧困ゆえの臨時・常習の援交に徐々にシフトします。特に2010年代に入ると援交女子＝貧困女子という通念が拡がり、現在に至ります。

近田　近年、その手の報道はずいぶん増えたよ。

宮台　他方、2007年はスマホ元年。SNSが急拡大する2010年代に入ると業者パパ活が拡がる。今日の会員制交際クラブに当たります。男性会員は、収入証明を提出した会社役員ら富裕層。女性会員は、身分証を提出した売れる前の劇団員・芸能の子・芸術家の卵・大学院生。SNSのさらなる普及もあって2016年から中抜きが拡がり、今「パパ活」と言えば相対です。

近田　直接の取引が中心なんだね。

宮台　でもパパ活の内容は未規定で性交必須《ひっす》ではない。2020年代に入るとTwitter（現・X）の仕様変更で任意の相手に一度だけDMを送れるようになると、年齢確認（通称・年確）がないのと性交必須じゃないのが言い訳になって、未成年にパパ活が拡がります。Twitter界隈のやりとりを見て「相手がいい人なら」という構えで始めても、ほどなく「本番ありのP活」に踏み込みがちです。

少女たちを擁護した理由

近田　援助交際やパパ活の界隈に関する過去30年の歴史を語らせたら、宮台さんの右に出る者はいないね。ところで、援助交際を行った第一世代の女子高生たちに対して、宮台さんは一貫して肯定的な評価を下していましたよね。

宮台　正確には、彼女たちの実存への共感です。その前に言うと、多くの人は各国の法制や法理に無理解です。欧米各国の過半で売春は合法です。第一は、地下に潜らせないため。第二に、それらの国では性交同意年齢より売春同意年齢を数歳高く設定する。学生だと額面が同一でも高く感じ、附従契約（地位非対称性に附従した契約）に合意しがちだからです。

近田　そう聞くと、合法であることにも合理性を感じるね。

宮台　背景に尊厳への洞察がある。尊厳とは内から湧く力。旧枢軸国では、崇高な秩序との一体性を尊厳と見なし、旧連合国では、自由な試行錯誤で得た自己信頼を尊厳と見なす。でも自由な試行錯誤にも尊厳が必要だから、初期の自由な試行錯誤を妨《さまた》げる尊厳毀損《きそん》を回避すべく、自由な試行錯誤の保護の観点から、附従契約が生じやすい低年齢売春を規制するわけです。

近田　旧枢軸国と旧連合国で違いが出るんだ。

宮台　旧枢軸国では、旧連合国をキャッチアップすべく、急激な重工業化と都市化を進めましたが、自らが出自した農村共同体から引き剝《は》がされたことによるアノミー（前提喪失による混乱）を、埋め合わせるために、崇高な精神共同体というこしらえものへの一体化が図られたというわけです。

近田　敗者ゆえの現象なんだ。

宮台　次に、僕の議論に同意しても、「朝生」で噴出した「売春は道徳的な悪だ」とする議論がある。近代法の原則は「法と道徳の分離」。近代社会は複雑だから、道徳は、所属共同体次第で違ってよく、法は、自己と他者の人権両立を脅《おびや》かす自由や全体社会の共有財を壊す自由だけ制約することを、最低限踏まえるべきです。

近田　そこは分けて考えないと。

宮台　だから「道徳を法化しろ」という頓馬な議論は許されない。でも「法が許しても道徳が許さない」という議論はできる。その際の問題は、①説教オヤジと女子高生がどんな意味で同じ共同体に属すると言えるのか（「共同体消失」問題）と、②説教オヤジが女子高生を買いまくる現実を知る女子高生が説教を学習する可能性があるか（「ウソ社会」問題）。

近田　なるほど。論点が整理されたね。

宮台　「朝生」でこれらを議論した際、左右関係なく「宮台・対・全員」になったけど、僕の全勝と見る向きが多くて有名になった。さて以上を踏まえた上で、実存問題を論じる段です。援交女子を論じた94年の『制服少女たちの選択』の翌95年、オウムを論じた『終わりなき日常を生きろ』を出した。両方の本には密接な関係があります。

近田　どんな関係？

宮台　終わりなき日常とは、何をしても「つまらない＝力が湧かない」毎日。だから「生きづらい」。不登校、後の引きこもりにもなりがち。カルト宗教にも惹かれがち。それより、仲間と一緒に毎日を「面白い＝力が湧く」ものにする工夫をするのが良い。それが第一世代の営みだったので、「つまらない＝力が湧かない」毎日を送る僕が、共感したわけです。

近田　彼女たちにポジティブな希望を見出したんですね。

宮台　援交であれ何であれ性愛の営みを通じて、社会で地位を得た者がどれほどのやつか――愛されるべき者か愛から見放されるべき者か――分かる。もっと言えば、この日本が「クズ＝言葉の自動機械・法の奴隷・損得マシン」にあふれる事実が分かる。さらに言えば、クズが量産されるつまらない日本に未来がないことも分かる。分かったらオルタナティブへ。

近田　別の選択肢を視野に入れないと。

宮台　90年代前半の『サブカルチャー神話解体』『制服少女たちの選択』『終わりなき日常を生きろ』が初期三部作と呼ばれるのは正しい。これら全体を通じて今お話ししたことが書かれているからです。これに僕が取材やMCや台本に関わってクラブを描いた94年のNHKドキュメンタリー・ETV特集「シブヤ 音楽 世紀末」を加えても構いません。

近田 それで、つまらない日本はどうにかなりましたか。ヨーロッパの一部では、クラブカルチャーの進化や、コロナ禍でのロックダウンに対する反乱などを含めて、少しはそういうポジティブな風潮に変化してるんですがね。

宮台 日本は、残念ながら失敗した。「クズ＝言葉の自動機械・法の奴隷・損得マシン」が不安ベース・不信ベースなのに対し、クズは横に置いて幸せベース・信頼ベースで生きようよと、30年前から呼びかけました。誤算は、幸せベース・信頼ベースで生きる者が「見える化」した途端、クズの妬みと嫉《そね》みを買うという日本の劣化ぶりを、軽く見ていたこと。今のX界隈を見れば分かるでしょう。

近田 明白に伝わってくるよね。

宮台 ちなみに2009年にアメリカのミシガン大とシカゴ大とテキサス大で講演と討論会をした際に調べたら、日本の2ちゃんねる（1999年〜、現5ちゃんねる）とアメリカの4chan（2003年〜）の人口あたり利用率は6対1で、日本が圧倒的（匿名性が特徴であるXの利用率も現在2対1で、日本が圧倒）。アメリカの学生たちに、アメリカ人が匿名掲示板を使いたがらない訳を尋ねました。すると口々に「アメリカやヨーロッパでは匿名で書き込むと、発言に責任を取らずに逃げる卑怯者だとされる。卑怯者による炎上が起こる日本こそ不思議だから説明されるべきだ」と返すので、僕は「ヒラメ（お上への恭順《きょうじゅん》）とキョロメ（空気の支配）ゆえに、浅ましくnarrow minded さもしいgreedy 営みが蔓延していて、自立による尊厳という観念がなく、卑怯が恥ずかしくないからだ」と答えました。

近田　国民性が表れるね。

宮台　加えて「この浅ましさとさもしさゆえに、幸せそうな者や力にあふれる者を見つけると、近づいて学ぶ代わりに、妬みから炎上を焚《た》きつけて引きずり降ろすショボい営みが湧く。もともと自己信頼 self reliance が乏しいので、所属してきた共同体が空洞化すると、自己 self が脅かされないように汲々《きゅうきゅう》とする、自我 ego のメカニズムが働くのだ」と説明したら、深く納得してくれました。

近田　思わず膝を叩くよ。

宮台　講演と討論会での目的は、日本では1980年代の新住民化以降、共同体から見放された不安ゆえに、自己の恒常性維持 homeostasis of the self がコミュニケーションやサブカルチャーの駆動因になったことを、数々の具体例で示し、いずれ民主政が愚昧な決定につながるとの懸念を伝えること。アベノミクスで日本を貶めた安倍首相の人気に見る通り、予測は見事的中しました。

第8章

「終わりなき日常は地獄である」

――メディアの寵児に

80年代から始まった「新住民化」

近田 1993年、宮台さんは、東京都立大学の助教授に就任します。

宮台 キャンパスは八王子の南大沢にあったんですが、着任後の3年間ほど、つまり96年の夏まで、僕は、学内にある食堂で昼食をとった記憶がほぼありません。では、どこで食べていたのでしょう？

近田 それは……何を言わんとしてるわけ？

宮台 この先を話すには、若い方々に当時の状況を踏まえてもらう必要がある。96年は様々な転機でした。援交は全能系の第一世代から自傷系の第二世代にシフト。性愛界隈でもオタク界隈でも過剰さの回避が始まり、「とんねるずのみなさんのおかげです」から「イタい」という言葉が拡がります。これら界隈に限らず、大学生の世代では「KY を恐れてキャラを演じる」のが一般的になります。

近田 裸の自分は表に出さないんだ。

宮台 その通りです。この96年は「セクハラ元年」。米国三菱自動車のセクハラ訴訟で、日本に「セクハラ」という言葉が普及します。また同年は「ストーカー元年」。事案が急増し、マスコミに「ストーカー」の言葉が躍りました。僕も、大学院の女性新入生Hに請われ、大学近くの喫茶で30分経済的相談に乗り、授業料減免と奨学金制度を紹介したら、相手がストーカー化しました。

近田 恩情が仇《あだ》になったね。

宮台 「先生は親切に相談に乗ってくれたから、私のことが好きなはずだ」と日に何十回も携帯に電話をよこし、やがて「あらゆる手段で大学を辞めさせてやる」と言い始めたので、数回分の電話を録音し、社会学教室の教員スタッフに録音テープをシェア、南大沢警察署に届けた上で、江原由美子《えはらゆみこ》教授に指導を委ねたら、「鬼畜」は終息し、程なく大学院をやめました。

近田　一安心だね。

宮台　後日談。2014年からHの「鬼畜」が復活。事実無根のツイートをし始めたので、僕の居住地近くの北沢《きたざわ》警察署とHの居住地近くの蒲田《かまた》警察署に録音テープを提出。警察と東京地検が逮捕と起訴に乗り出そうとした。ところが精神科の長期通院歴ゆえ起訴は困難ということで、「ならば」と警察が保護入院・措置入院を切り札に警告して、やっとおとなしくなりました。

近田　ずいぶん長くかかったね。

宮台　さて96年は「草食系元年」でもある。でも、僕自身が「性欲がないから女性が泊めてくれるし、一緒のベッドで寝させてくれる」という大学生男子の存在に気づいたのは91年。講師をしていた東大でのことで、彼らの周辺から男女を含めて詳しく聴き取りました。当時はごく少数の例外的事象でしたが、96年には「草食系男子」の言葉が巷《ちまた》に知られるほどに拡がりました。

近田　あの言葉が流行ったのって、もうそんな前なんだ。

宮台　関連して、同じ頃、先に話した通り、スワッピング・サークルに20代の若いカップルが参加すると、二人の愛が薄すぎて、愛のゲームであるスワッピングなのに乱交みたいに関わったり、二人ともリビングルームで世間話の社交にだけ関わったり、芸能人の参加を口外したりする、かつてない事案が続出。若い世代を新規参入者からはじくようになります。

近田　場の秩序を守るためだね。

宮台　他にも、大学生カップルが週に何回性交するか、ラブホテルの2時間で何回性交するか、大学サークル内で何人の相手と性交したことがあるかなどのデータが激変します。ところで、96年に20歳の人は83年に7歳。96年に26歳の人は83年に13歳。実は、この83年から「隣人訴訟」の結審を機に、公園の危険遊具撤去や焚き火禁止や花火横撃ち禁止が進みます。

近田　83年が画期になる年なのか。

宮台　その少し前から始まった、僕が「新住民化」と呼ぶ現象の一角です。新住民化とは、土地に縁なき転入者の多数派化です。先の判決を追い風に「後遺症が残ったら責任取れるのか！」「目が潰れたら責任取れるのか！」と叫ぶ親が激増し、現に設置者責任や管理者責任を問う訴訟が頻発したので、一連の撤去や禁止が進みます。加えて屋上や放課後校庭のロックアウトも進みました。

近田　立入禁止の場所、増えたよね。

宮台　前に話した通り、60年代の小学生時代、教室には団地の子・農家の子・店屋の子・地主の子・医者の子・ヤクザの子がいた。放課後にはオミソ（弟や妹）を交ぜ、性別と年齢と親の生業《なりわい》などのカテゴリーを越えてフュージョンする外遊びがありました。夜遅くまで遊び、ヨソんちで夕飯を食べて風呂に入った。生活形式の違いに驚きつつ、ヨソんちの親からあれこれ教わりました。

近田　昔はそうだったよ。

宮台　80年代の新住民化でこれらが一挙に消えました。バブル経済ゆえの人口学的流動性（単身赴任を含めた頻繁な転居）を背景に、近隣に知らない人が増え、信頼ベースが不信ベースになりました。こうした地域共同体の空洞化を象徴したのが、82年から全国化したワンルームマンション建設反対運動と、コンビニ急増によるお店屋さん（自営業店）の減少でした。

近田　その二つの現象は連動してるんだ。

宮台　他にも連動しています。同じく80年代には、新住民による、エロ自販機撤去運動や、暴力団事務所撤去運動など、総じて「ジェントリフィケーション＝安全・便利・快適化」が進みます。取材した限りで、東京や大阪や兵庫のニュータウンで「うちは分譲だから賃貸の子と遊んじゃいけません」とホザく親が珍しくなくなり、クズな親のせいで子どもたちがカテゴリーにステレオタイプを結合するようになります。

近田　断絶が深まるんだね。

宮台　新住民化による生活形式の変化、つまり「カテゴリーを越えてフュージョンする営み」から「カテゴリーにステレオタイプを結合する営み」への変化と、それを背景とした「信頼ベース」から「不信ベース」への変化が、身体的なりきり（ミメーシス）と感情的なりきり（アフォーダンス）の能力を奪った。それで子どもたちの「育ちが悪くなった」のです。

近田　それは主に都市部の話？

宮台　いいえ。85年を皮切りに、北海道から沖縄まで全国テレクラめぐりをしましたが、各地でこうした新住民化の流れをつぶさに目撃しました。子ども会や青年団が次々なくなり、ダイクマやロヂャースなどロードサイド大型店が増え、そこで売られる安いテレビや多機能電話で「テレビと電話の個室化」が進み、家族共同体も空洞化して「一つ屋根の下のアカの他人」になりました。

近田　大小の紐帯が失われたんだ。

宮台　そして90年にはマスコミが主に中学生の「登校拒否」を話題にします。拒否しているのではなく学校に行きたくても行けないので「不登校」と名を変え、90年頃の中学生が成人するゼロ年代には「引きこもり」と名を変えます。僕の考えでは「尊厳の喪失による生きづらさ」が背景です。なお「尊厳」が「内から湧く力」を意味することは話しましたね。

近田　しっかり覚えてますよ。先生。

宮台　地域にせよ家族にせよ、共同体の空洞化で、人は「置換不能な汝《なんじ》irreplaceable you」から「置換可能なソレ replaceable it」になります。マルティン・ブーバーが戦間期に語った通り、「汝」扱いが「ソレ」扱いになると、人は尊厳＝内から湧く力を失い、生きづらくなります。畢竟《ひっきょう》、80年代の新住民化＝共同体空洞化が、登校拒否に始まる引きこもりの背景です。

近田　二人称の重要性、分かるよ。

宮台　家族でさえ「汝」が「ソレ」に頽落した「一つ屋根の下のアカの他人」状態を、象徴したのが、88～89年の「連続少女誘拐殺害事件」と「女子高生コンクリート詰め殺人事件」。前者では、家族が住む敷地内の離れで小学生少女たちを解体。後者では、共産党員の両親が住む住居の2階で40日間に渡って少年たちが高校生女子をレイプし続けて殺害しました。

近田　どちらも衝撃的なニュースでした。

宮台　「猟奇性に目を奪われると、すべての家族に生じている大きな変化を見落とす」と90年代の僕は言い続けました。先の記述で分かる通り、「家族」「恋人」などのシニフィエが、「置換不能な汝」から「置換可能なソレ」に変わりました。だから家族関係にも恋人関係にも実りを感じなくなり、

90年代後半から「性的退却」や「家族形成動機の衰弱」が生じました。

近田　それらは少子化にもつながるね。

宮台　その通りです。今話したことを、『制服少女たちの選択』（94年）の後、具体的エピソードを満載して『テレクラという日常』という仮題の本にまとめつつありましたが、すでに話した通り僕自身が「置換可能性」問題に苦しんでいて、書くほどに自らに刺さって尊厳＝内から湧く力を失ったので、オウム事件を機に主題の一部を継承した『終わりなき日常を生きろ』（95年）に差し替えました。

近田　当初の目論見が変わったんだ。

宮台　社会学者パーソンズと、その影響を受けた社会哲学者ハーバーマスは、感情的安全が保障されたホームベース（生活世界）が空洞化すると、感情的回復が不完全になり、バトルフィールド（システム世界）での戦いに力が出なくなる＝尊厳を失うとします。僕は、それが、米国の半分以下という日本の低生産性（一人当たりGDP）の理由の一つだと睨《にら》んでいます。

近田　日本の生産性、いろんな国に抜かれてるよね。

宮台　要は、孤独だと力を失うということ。僕の幼少期（60年代）、男は1日3000キロカロリーを摂取、農閑期の出稼ぎ労働者や高卒の金の卵（集団就職）が建設現場や工場で長時間重労働しました。極度につらくても、心を病む者や燃え尽き症候群はわずかでした。『自動車絶望工場』（73年）の鎌田慧《かまたさとし》氏は僕に「仕送りする故郷の家族とタコ部屋の仲間がいたからだ」と答えました。

近田　他者とのつながりが最後の砦《とりで》だったのね。

宮台　同時期の凶悪犯罪件数は今よりずっと多かったですが、先日亡くなった法社会学者の河合幹雄《かわいみきお》氏が僕に曰く、「治安が悪かったからでも人が殺伐としていたからでもない。逆に紐帯が強かったからだ。絆ゆえに期待水準が高いと、期待外れの衝撃も大きい。愛が深いと、憎しみも深い」。紐帯の病たる統合失調が今より多く、孤独の病たる鬱が少なかった時代です。

家族とは何か

宮台 まとめます。80年代の新住民化が、「カテゴリー（年齢・性別・階層）を越えてフュージョンする営み」を与える外遊びを子どもから奪い、「社会で疲れて帰還したあと力を充塡《じゅうてん》して社会に出撃する営み」を支えるホームベースを大人から奪った。なお前者の営みで育《はぐく》まれた言外・法外・損得外（社会の外）でシンクロする能力こそが、後者の営みを可能にします。

近田 あらゆる意味で「外」がキーワードだね。

宮台 まさしく。後者（ホームベース）の営みは家族・幼馴染み・盟友・恋人の界隈を含み、言葉・法・損得が優位する「社会」に対して言外・法外・損得外が優位する「社会の外」を成します。例えば家族は、社会で不適切な振る舞いも、全人格的な関係の履歴が与える人格的信頼ゆえに「またパパったらぁ」と感情的に包摂します。それがあれば、共住共食や血縁がなくても「家族的」です。

近田 確かに。それは分かりやすいな。

宮台 厳密には、〈社会〉の中にある「社会の外」。あらゆる全体たる〈世界〉を意味しない。祝祭と性愛も〈社会〉の中にある「社会の外」。性愛の延長たる家族も同じことです。概念的には、〈社会〉＝「社会」＋「社会の外」。ゆえに「社会の外」は「〈社会〉と〈世界〉の緩衝帯」です。「社会の外」は「社会」を必要とし、「社会」は「社会の外」を必要とします。

近田　「社会」と「世界」は違うんですね。

宮台　はい。血縁や共住共食で家族を定義する社会学の伝統が、人が現に家族と呼ぶものを過不足なく指示しなくなったので、「社会」と「社会の外」の、今示したような差異による家族の定義を提案したのがルーマン。幼馴染み・盟友・恋人も「家族的」であれば家族だと。確かに人が現に家族やきょうだいと呼ぶものに過不足なく合致します。それだけじゃない。

近田　それだけじゃないんだ。

宮台　ルーマンの家族定義は、社会（言葉・法・損得の界隈）の営みで疲れた＝力を失った者が、なぜ家族（言外・法外・損得外の界隈）の営みで力を回復するのかを説明します、加えて「共住共食する血縁者でも、今話した感情的包摂の機能を果たさない時は、世間から家族に見えても家族ではない」という物言いも可能になります。それが機能主義的思考の特徴です。

近田　ルーマン、面白いね。

宮台　僕はルーマンのこうした思考にしびれて、全著作を読破。東大助手時代に来校した時も付きっきりでアテンドしました。ここまでの自伝的述懐でお分かりの通り、親元にいた頃も、結婚して以降も、ＡＤＨＤだと確定診断されざるを得ないほど「社会＝言葉・法・損得の時空」では定型から外れて悶着《もんちゃく》を起こすので、「また真司（パパ）ったらぁ」なくして生きられないんです。

近田　そうやって時代を振り返ってくれると、それぞれの時代の空気感を思い出すよ。確かに宮台さんが「新住民化」と呼ぶ歴史的な動きって、本当に重大なんだね。

宮台　その通り。ルーマンの初期家族論文は文学です。機能主義に文学を感じました。社会がどうあれあなたを守る。それが家族。社会の物差しをだらしなく持ち込んで批判し合う界隈は、非家族。だから、世間では家族でも、家族じゃないことがあるし、盟友や恋人や結社も、家族であり得る。身過ぎ世過ぎの必要で社会の物差しを敢えて持ち込む以外は、家族は社会の外を生きよ、と。

近田　その家族の定義、腑《ふ》に落ちるよ。

宮台　文学も音楽も絵画も18世紀末から芸術になります。今日の芸術概念はロマン派が源流。〈社会〉の外に拡がる〈世界〉への開かれ——部分から全体へ——がモチーフです。〈社会〉とはあり得るコミュニケーションの全体。〈世界〉とはあらゆる全体。〈世界〉の中に〈社会〉がある。だから〈社会〉は「部分への閉ざされ」。ロマン派の愛も家族もその外を希求します。

近田　ロマン派ってそういうことなのか。

宮台　外への希求、全体への希求です。僕も数理や計量をやっても文学的であろうと決めました。ルーマンは行政官僚時代にパーソンズの下で2年留学したので、枠組の多くはパーソンズの改良です。家族論もそう。パーソンズ曰く、産業革命後期の重工業化で、生産ユニットでもあった家族が消費ユニットに縮んだ。家族の相互扶助で得る便益も、市場や行政にアウトソーシングされてゆく。

近田　家族の意味は薄まるね。

宮台　ならば家族は消えるか。否。二つの機能が残る。第一は、人口学的再生産ならぬ「感情的再生産」の機能＝力の回復。第二は、子どもの「プライマリーな社会化」の機能＝力を授けること。プライマリーを「一次的な」と訳しちゃダメ。「最初の重要な」です。日米安保条約で国土防衛の

「プライマリーな責任」は……の文言も「一義的な」はダメ。「最初の重要な」です。

近田　勉強になります。

宮台　誤解されているけど、「家族に二機能が残る」は予想（だろう）ならぬ規範（べき）です。「家族に二機能を残さないと社会は続かない」という命題だからです。力の回復や授与には、ブーバーが言う「置換可能なソレ」ならぬ「置換不能な汝」として眼差《まなざ》される必要があるので、事と次第で供給が止まる市場と行政には、任せられない。そう読み込む以外ありません。

近田　俺も、市場や行政をそこまで信頼できないよ。

宮台　すると、家族を「社会が許さなくても私は許す」とアジール機能で定義するルーマンの枠組が、家族に「成員に力を回復する機能」と「新成員に力を授ける機能」を残すべきだ（さもないと社会が滅びる）と存続要件論で規範を導くパーソンズの枠組を継承していることが分かります。共に「力の喪失で社会が滅ぶ」とするプラグマティズムの香りがします。

「微熱の時代」の終焉

近田　そうやって、ときどき社会学や哲学の講義をしてくれるのが、嬉しいよ。難しいけど（笑）。

宮台　ならば復習します（笑）。80年代新住民化は、①「カテゴリーを越えてフュージョンする営み」を与える外遊びを子から奪う。②「社会で疲れて帰還したあと力を充填して社会に出撃する営み」を支えるホームベースを親から奪う。③フュージョンの外遊びが育む言外・法外・損得外（社会外）のシンクロ能力が子どもたちに将来のホームベースを可能にするのを新住民化が妨げた。

以上を踏まえれば、新住民化が性愛能力を奪ったと言えるのです。なお「性愛」とは性欲に駆動された営み総体で、「恋愛」はその一部。具体的には唯一性規範（あなたが世界のすべて）と贈与規範（あなたのためなら法も破る）を伴う、12世紀南欧起源の営みを指します。恋愛では、相手から「置換可能なソレ」ならぬ「置換不能な汝」として眼差されることで、尊厳（内から湧く力）が与えられます。

近田 はい。おさらいしました（笑）。

宮台 ルーマンは、ゲノムが駆動する「共身体的メカニズムsymbiotic mechanism」として性欲・非性欲的欲求・認知・苦痛回避を挙げ、他の動物と違って本能と呼ぶには不完全——「力」の備給があれど「型」が未規定——なプログラムだから、各々に言語による型が要求されるとします。フロイトの本能論です。言語的な型は社会ごとに違いますが、「恋愛」は性欲に関わる型の一つです。

近田 それはどこでも共通してるよね。

宮台 恋愛が12世紀来の歴史的産物なのはつとに知られる話。ここでは80年代の「恋愛から宗教へ（性から聖へ）」を話します。80年代まで、小学生以上の女子は皆が恋愛に憧れました。「ダメな私、そんな私を愛してくれる」という包括的承認comprehensive approvalへの期待があったからです。万年転校生だった僕は、低学年から少女漫画の貸し借りをしてきたので、よく知っています。

近田 いったん時計の針を巻き戻すんですね。

宮台 80年代前半はニュー風俗（学生風俗）がテレビ番組で連日紹介されて大ブーム。後半はテレクラや伝言ダイヤルなどの出会いメディア——今のマッチングアプリに相当——が大ブーム。高校生女子の性体験率が倍増した結果、「マイ バースデイ」（1979～2006年）誌が象徴する「性愛に乗り出せない不安」が、「ムー」（1979年～）誌が象徴する「性愛に乗り出したがゆえの不安」に変わりました。

近田　その変化は興味深いね。

宮台　共に79年創刊。「マイ・バースデイ」は、容姿に自信がない子がまじないと占いを頼る雑誌。「ムー」は、ムー大陸にちなむ誌名の通り「世界の七不思議」雑誌。86年に中年俳優への失恋でトップアイドル岡田有希子《おかだゆきこ》が投身自殺すると、前者のブームが後者のブームにシフトします。お便り欄でムー大陸時代の自分の名を語って相手を募り、一緒に投身する事案が続出しました。

近田　そんな現象があったんだ。

宮台　僕はナンパを通じて、アイドルの投身と、「ムー」お便り欄経由の投身の双方に、同時に共感を示す若い女子に多数出会った。「多くを期待して性愛に乗り出したのに、こんなはずじゃなかった」と自分を重ねて共感を語る彼女たち。多くが生きることと死ぬことの境がぼやけた浮遊した佇いでしたが、直後から続々と新興宗教に入信していくようになります。

近田　そこに救いを求めたんだね。

宮台　ヨガ道場オウム神仙の会が、宗教法人オウム真理教になったのも86年。慶應大学病院医師や東大医学部院生や宇宙開発事業団技師が信者でしたが、女性教団幹部やオウムシスターズ四姉妹の美しい容姿に驚いた人も多い。美しいのになぜ宗教へ？　そこも若い女子の多くの共感ポイント。「欠点だらけの私を愛してくれる包括的承認」の期待先を、男から神へ移転したことへの共感です。

近田　疑似恋愛のニュアンスがある。

宮台　なるほど、言い得て妙です。性愛の包括的承認を期待して失望した理由は、今の若い人がマッチングアプリで体験する違和感と同じです。属性を指定。高速スワイプで「いいね」。「両想い」でカップル誕生。そこで体験するのは「かわいければ誰でもいい」という置換可能性。そう、「置換不能な汝」（恋人）でありたいのに、「置換可能なソレ」（性欲の道具や寂しさの埋め合わせ）以上になれずに失望したのです。

近田　箇条書きの条件に当てはめるだけだもんね。

宮台　産業革命後期の重工業化社会に拡がる、「置換不能な汝」でありたいのに「置換可能なソレ」以上になれない苦悩を、戦間期に記したブーバー。彼は信仰者として、自分が神を「置換不能な汝」として眼差した時にだけ神が自分を「置換不能な汝」として眼差すのだと記します。そこに包括的承認をめぐる「性愛と宗教の機能的な等価性」が暗示されています。

近田　的確に予言されていたのね。

宮台　この「性愛に乗り出したがゆえの不安＝置換可能性」が、80年代末から「性愛の自己関与化」に帰結します。横浜国大生・黒木香《くろきかおる》発の「素人女子大生AVブーム」。男の視線と無関連に扇子踊りに耽《ふけ》る「お立ち台ディスコブーム」。あなたが一皮剝けて輝くための「ａｎ・ａｎ」（１９７０年〜）発「読者ヌードブーム」。それに続いて92年に「女子高生援交ブーム」が立ち上がります。

近田　なるほど、そういう流れか。

宮台　援交をいち早く知った僕は最初驚いた後、少し考えて、「とうとうそんな話になっちゃったわけか」と思った。性愛の自己関与化は「思ったのと違った感」「こんなはずじゃなかった感」の意識を伴いました。援交第一世代の多くが「ハチ公前で待ち合わせ、マックでテイクアウトし、ラブホでエッチして終了って何なの。金をもらわないとやってらんない」とグチっていました。

近田　拍子抜けしちゃったんだ。

宮台　社会哲学者ホネットの物言いをもじれば、包括的承認をめぐる闘争の挫折が、性愛の自己関与化の一角に、リベンジとしての女子高生援交ブームをもたらしたんです。性体験率や交際率や交際経験率で測った統計的な性的退却は90年代末からですが、性愛による包括的承認を見切るという意味での性的退却は、その十年前の80年代末に遡ることになります。

近田　何事にも前段階がある。

宮台　それがすごく大事なんです。「性愛による包括的承認を見切る」のは「カテゴリーを越えてフュージョンする性愛を諦める」のと意味論的に同一です。背景は、やはり80年代に入るまで普通だった「カテゴリーを越えてフュージョンする子ども時代」を経験しなかった「育ちが悪い子」が増えたから。83年に小学生になった6歳児は、援交が始まる93年に16歳の高校生。新住民化で歪《ゆが》んだ成育環境に毒された最初の世代です。

近田　第二次ベビーブームの後の生まれだね。

宮台　この経緯を象徴したのが、93年に大ヒットした野島伸司《のじましんじ》脚本のドラマ「高校教師」。「高校教師」ブームは、性的退却が始まる96年まで、教師生徒間の恋愛や性愛が珍しくなかった事実を示します。親バレや妊娠で生徒と結婚した教員が知り合いにも複数いました。東大で知り合った同級生にも高校時代に教師と恋人同士だった子が驚くほど多数いた話もしました。

近田　今じゃなかなか考えられない。

宮台　前述の、最初に援交取材を大規模に進めた私立女子高では、国語教師が5人の生徒と曜日替わりで同伴出勤。生徒全員が知っていました。高校がそうなのだから大学は言わずもがな。東大でも教員学生恋愛が噂になっていたことはお話ししました。当時の渋谷は、円山町の他に、桜丘町にも「人知れぬ」ラブホ街があり、しばしば教員・学生の「お忍びカップル」を目撃できました。

近田　前にも聞いたよ。

宮台　東大本郷の社会学研究室がある法文2号館の、向かい側の法文1号館に仏文研究室があり、「昨夜のコンパで○○先生が△△をお持ち帰りした」という噂が頻繁に聞こえてきました。噂は噂、真偽は不確定ですが、教員・学生間の「恋愛」はむろん、教員・学生間の「性愛」ですら、スキャンダルとしてより、「ねえねえ知ってる?」的な興味本位で噂が流通しました。

近田　時代は変わったね。

宮台　僕が教員になったのは87年。先に話した「第二の失恋」の人間模様にも院生女子が出てきました。93年に都立大学に転任しましたが、親しい若手教員仲間と飲むと学生との性愛の告白合戦になりました。ここまで文脈を補ってやっと「大学の食堂で昼食をとったことがない」という話に入れます。

近田　その話題、すっかり忘れてたよ(笑)。

宮台　正解は、学生や院生のアパートで昼ご飯を食べていたのです。

近田　すごい先生がいたもんだね。

宮台　だから当時はすごくなかったんだって（笑）。病気休講した日やバレンタインデーに、私的に話したことがない女子学生が手作り弁当や手作りチョコ持参で、マンションの部屋をアポなし訪問してくることもありました。ゼミ名簿に「連絡先」として電話と住所を記した時代です。代々木上原《よよぎうえはら》のマンション最上階は僕の部屋だけで、下階から階段でアクセスしたので玄関には鍵をかけていませんでした。

近田　オートロックも一般的じゃなかったね。

宮台　今は想像しにくいですが、携帯電話のない時代にはアポなし訪問が珍しくなく、それもあって玄関扉はしばしば開け広げでした。バレンタインデーに3人の女子が玄関前で鉢合わせしたこともありましたが、似た経験をした教員が友人にも数人いました。教師・学生間の恋愛や性愛を可能にする微熱感を、こうした建築的な居住文脈が支えていたと言えます。

近田　その視点、有意義だよ。

宮台　タルコフスキー監督『惑星ソラリス』（72年）に、高熱で伏せった男が目覚めると、朦朧《もうろう》とした視界に「部屋にいるはずのない女がいる」場面があります。似たことがありました。高熱で伏せって目覚めると、ゼミでの活発な発言が印象的だった女子が部屋にいた。目が合うとベッドに腰かけてきて、「心配で来ました。何かつらいことがあるんでしょう？」。

近田　若干ホラー風味だね（笑）。

宮台　「いつもゼミでありがとう。先週の飲み会で、君のことが好きだとS君が言ってた。じきに告白されると思う」と言うと、「私が黙ってたら大丈夫です」と添い寝してきた。文脈が分からず夢が続いているみたいだったので、「熱で記憶が脱落したのだ。もしかすると恋人なのかもしれない」と思いました。「微熱の時代」という僕の言葉はこの時の受動的な感覚が起点です。

近田　言い得て妙だよ。

宮台　確かに「微熱の時代」でした。ストリートやエレベーターで目が合ったというだけで、今では考えられないことがあり得ました。なぜ数年経っただけで、あり得ることがあり得ないことになるのか。後で話す『サブカルチャー神話解体』（93年）の主題ですが、個人的には痛切です。今はあり得ない話というと、東京外大での逸話も思い出します。

近田　さっきからずっと、あり得ない話しか聞いてないよ（笑）。

宮台　赴任2年目の92年新学期。午前の講義の後、最前列の女子が教壇に来て「質問がいくつもあって時間をとるので、喫茶店で昼食を食べながらは？」と。喫茶店で曰く「次の2コマは空き時間ですよね。ホテルに行きたいです」と。イヤな予感がして速攻断ると、次の講義直前、彼女の仲良し4人が来て「美人なのになぜ断ったんですか？」と。賭けをしていたそうです。

近田　ギャンブルの対象になっていたんだ（笑）。

宮台　他方、ゼミ出席者の界隈にAV女優の学生がいて、ゼミ男子が「この売春婦め」と罵《ののし》ったら、帰路で電柱の蔭から現れた男にボコられる「自業自得案件」がありました。女子大生AVブームの頃です。後日、「○○国で日本語を教えるボランティアたち」の写真入り記事が△△新聞に載り、彼女が写っていた。結局、大学はAV出演を問題にしませんでした。

近田　大学側を支持したいね。

宮台　さて、昼食に招いてくれる学生には、卑怯が嫌で、必ず誰と男女関係にあるか話した。それでも男女関係を求められるので、サバティカル（数年ごとの長期休暇）で僕のゼミに国内留学する他大の女性助教授に「なぜだと思う？」と尋ねたら、「本気で訊いてます？　好きだからに決まってます！」と怒られた。もちろん素敵な子だなという気持ちがあったけど、そういうふうには思ってもみなかった。恋愛感情の回復が不十分ゆえの鈍感さで、それが「第三の失恋」の伏線でした。

『サブカルチャー神話解体』で描いた人格類型論

近田　宮台さんは、その時期に、援助交際やブルセラに通じた論客として、一躍マスメディアの注目を浴びることになります。

宮台　はい。93年秋の「朝日新聞」で、援助交際をめぐって、東大の1年先輩の社会学者・奥井智之《おくいともゆき》氏と論争します。僕が「道徳問題ではない」と言ったことに奥井氏が「道徳を伝えろ」と挑み、さらに僕が先に話したような道徳問題ではない理由を詳説した。奥井氏の再反論希望を編集担当が水かけ論だとして退けましたが、何度言っても相手に伝わらず、すれ違った感がありました。

近田　消化不良だね。

宮台　近代では法と道徳は違う。法は社会のもの。道徳は共同体のもの。社会は複雑。数多《あまた》の共同体を含む。共同体は一界隈に過ぎない。共同体のローカルな道徳を法化してはダメ。どこかの界隈が萌《も》え絵や水着撮影会を叩くのは勝手。でもそれを法化したがるのは近代の法原則を弁えない頓馬。今だとクソフェミ界隈に見られる奥井的言説は、これにて粉砕完了。

近田　「朝生」でも宮台さんは同じことを言ってたね。分かりやすかったから覚えてるよ。この論争が翌年（94年）の『制服少女たちの選択』につながったんですね。

宮台　はい。

近田　ところで同年（93年）、宮台さんと石原英樹《いしはらひでき》さん、大塚明子《おおつかめいこ》さんという3名による共著『サブカルチャー神話解体』が刊行されます。この本は海外でも評判になったと聞くけど、執筆目的は何だったんですか？

宮台　二つの謎に取り組んだ。第一の謎。人は自由なのに、その表現が時代ごとのモードに支配されるのはなぜか。例えば少女漫画が長らく波瀾万丈の代理体験だったのが、73年から突然「これって私！」的な関係性モデルになったのはなぜか。理由はAがBに前提を供給し、BがAに前提を供給する、「交互的条件づけのぐるぐる回り」があるからです。

近田　詳しく聞きたいな。

宮台　「交互的条件づけのぐるぐる回り」がシステムです。哲学が言う言語ゲームに重なります。「下部構造（階級など経済諸関係）が上部構造（政治表現や芸術表現）を規定する」というマルクス主義の否定です。ただし言語ゲームの同一性は生活形式の同一性。スマホで生活形式＝言語ゲームが変わるけど、変化の方向は履歴＝直前までのぐるぐる回りに依存する。

近田　過去に規定されるんだ。

宮台　第二の謎。人は自由なのに、ウヨ豚にはウヨ豚特有の、クソフェミにはクソフェミ特有の人格傾向が感じられるのはなぜか。定年後にウヨ豚になるお父さんにも特有の人格傾向がある。これらが価値観というより人格類型に依存する症状だと言ってきたのはそれ。かくて、システム理論のモデルを前提とした多変量解析で、実際に人格を5類型に分類しました。

近田　イデオロギーの問題じゃないのね。

宮台　そこがポイント。大規模データ分析は84年（博士1年）から90年まで3回。話した通りこの年から株式会社リクルートの大型計算機ＩＢＭ９０００を無料で使え、87年に就職した東大にも同機種があったのが幸運でした。結果、人格類型ごとに、接触する漫画・映画・音楽も違えば、ハマりがちな宗教性（浮遊系・修養系・黙示録系）も違うことが、極めてクリアになりました。

近田　具体的にはどういう手法でリサーチしたの？

宮台　人格類型は18の質問への回答パターンで分けました。「友達が多いか」「自信があるか」「流行に敏《さと》いか」「人の上に立ちたいか」「社会に関心があるか」など、サブカル接触や宗教接触を問う質問とは独立に、回答の分散が大きい質問を、自己領域・対人領域・遠隔領域に分けて厳選しました。結局、対人領域での対人不安の有無が、サブカル接触や宗教接触に影響する事実が分かりました。

近田　そういうものなのね。

宮台　システム論の人格モデルについて。今の社会は複雑で、期待外れは頻繁です。期待外れは自己像selfに影響します。「自己像が行為を方向づけ、その行為の成否が自己像を変容させ、その自己像が行為を方向づける」循環があります。行為の成否に関わる期待外れを、自己像にフィードバックする方法は、論理的に五つ。どの方法を使うかで人格類型を分類できる道理です。

近田　五つか。

宮台　①何事につけ期待水準を低く設定し、期待外れに免疫を作る。②何事につけ期待水準を高く設定し、期待外れに規範的に臨む（許せない云々）。③何事につけ情報感度を研ぎ澄まし、期待外れが起きないようにする。④期待外れが起きそうな領域から撤退する。⑤情報感度が優れた友人（③）に金魚のフンのようにくっついて模倣する。論理的にはこの五つしかありません。

近田　音楽リスナーの型に関しては、どういう分析ができるの？

宮台　例えば、ロックにハマるやつは人付き合いが苦手なネクラ系。今の若い人は知らないかもだけど、ロックとは演奏形態ではなく、リリックに「俺たち・対・世間の奴ら」の二項図式があり（奴ら化）、極端な場合「血潮」や「死」などの文言で「俺たち」を大仰化（お耽美《たんび》化）するという特徴を持つものを指します。その機能を一口で言えば「繭《まゆ》作り」です。

近田　そうなんだ（笑）。じゃあ、社交的な人間は何を聴いてたの？

宮台　80年代ならAORやフュージョン。デート中に車内でかけると世界がオシャレな時空に早変わり。機能は「シーンメイキング」。社交的なミーハー系が聴く。他方73年からの少女漫画に似て、関係性に自分を当てはめて浸る荒井由実（ユーミン以前）を含む音楽もある。機能は自分に引き寄せる「関係性享受」。中間的社交性を示すヨリカカリ系が聴く。

近田　ああ、分からなくもないね（笑）。

宮台　社交性が低い人々が聴く他の音楽もあります。昭和歌謡やアイドルソングを含む歌謡曲です。ネクラ系と違い、社交性が低いけどプライドが高いニヒリスト系が聴き、「ロック好き」よりも蘊蓄を垂れたがります。これら（ネクラ系・ミーハー系・ヨリカカリ系・ニヒリスト系）と違って、オシャレに無頓着で元気な、音楽を必要としないバンカラ系がいます。

近田　ご明察。クリアカットな分析だと思うよ。

宮台　これら人格類型は、期待外れを自己像にフィードバックする戦略の違いによります。表現の送り手も受け手も、人格の型によって方向づけられるというのが、『サブカルチャー神話解体』の発見です。浮遊系（まじない系）・修養系（自己改造系）・黙示録系（世直し系）のうち、どの宗教の型にハマるかも人格の型によって方向づけられます。何もかもそうです。

近田　メディアでは「最近の若者は……」みたいに世代論に回収されがちだけど、決してそうじゃない、人格の型の問題なんだということね。

宮台　はい。ところが、『サブカルチャー神話解体』を読んで、「表現の価値を毀損するとんでもない分析を行う悪魔が出てきた！」と憤り、この本をめちゃくちゃディスったのが中森明夫氏です。僕の本意は「型を知り、型を越える」でした。トークショーで当初は喧嘩腰で啀《いが》み合いましたが、程なく誤解が解け、僕の本をプロデュースしていただきました。

近田　昔っからそうだったんだ。俺と宮台さんも、初めて共演したイベントでは摑み合い寸前の空気になっちゃったもんね（笑）。それで自分も、この本をプロデュースすることになった。

宮台　はい。院試前日に主任教授の高橋徹先生と摑み合った話をしました。西部邁先生との出会いも番組での怒鳴り合い。三島由紀夫とやり合った全共闘（今は演出家）の芥正彦氏との出会いもそう。トークの壇上で「表に出ろ！」「望むところだ！」と立ち上がったらスタッフが止めた。そして近田さんともね。全員、僕よりかなり年長の方々でした。

近田　みなさんの気持ちは重々理解します（笑）。

宮台　いや（笑）、今なら年長者のパワハラだとなる。国際標準はどちらか。「平然と怒鳴り合う」作法の方。フランスとイギリスの大学院で学位を得た30歳若い映画監督・太田光海《おおたあきみ》氏が、ダースレイダー氏と僕が彼の作品を否定的に論じたDommune《ドミューン》のイベントに乗り込んできて、相手の目から一瞬も目を逸《そ》らさず怒鳴り合い。「日本人の」年少者と怒鳴り合ったのは初めて。喫煙所で「さーすが」とエール交換しました。

近田　そこから始まるよい関係もきっとある。

宮台　間違いありません。「マイクを持つ手が震えてるぞ」「そっちこそ声が震えてるぜ」。懐かしいです。僕が馴染んだ作法に彼も馴染んでいました。アメリカで講演旅行した際もテキサスの大学院生女子と「平然と怒鳴り合い」、その後はニコニコと会食しました。そう。「平然と怒鳴り合う」ことで感情の働きを探るのが国際標準で、それができないのは「育ちが悪い」ヘタレです。

「空気を読んでも迎合しない」年長者と「迎合しちゃう」若年者

宮台　学問的な話。「空気を読んで迎合する≒同調者の数（の予想値）で発言が揺れる」日本人性は社会心理学者・山岸俊男《やまぎしとしお》氏が実証。僕の調査では、年長世代ほど「空気を読んでも迎合しない人」と「空気を読む力がある人」が多い。

近田　確かに。

宮台　前者について。96年からは青少年世代に「空気を読んで迎合しちゃう」（ＫＹを恐れてキャラを演じる）ヘタレが目立ち始めます。

近田　納得の指摘だよ。

宮台　後者について。空気を読んで迎合し合うヘタレ会議は「つまらない」。登壇者と観客の一部に時に拡がる「つまんねえぞ。空気に迎合すんのか」という空気に、敏感に応答できる人は年長世代に多い。ここで、年少世代は「空気に束縛され」、年長世代は「空気についての空気に応答する」。確かに迎合は迎合でも、受動的束縛と戦略的応答は違うのです。

近田　向き合う態度がまったく逆なんだ。

宮台　第一に「空気を読める／読めない」の差異。第二に、読めるとしても「空気を読む／読まない」の差異。第三に、空気を読むとしても「空気に迎合する／しない」の差異。第四に、空気に迎合するとしても「受動的に束縛される／戦略的に応答する」の差異。一世を風靡した山本七平《やまもとしちへい》『「空気」の研究』（77年）は、正確には、第四の差異を日本的劣等性に関連づけたものです。

近田　山本七平は、『日本人とユダヤ人』の著者、イザヤ・ベンダサンの正体だね。

宮台　そうです。劣等性への処方箋《せん》は四つ。（1）空気を読めないより読めるのがいい。（2）空気を読めたとしても敢えて読まない選択肢を採れるのがいい。（3）空気を読む場合にも敢えて迎合（空気次第で行動決定）しない選択肢を採れるのがいい。（4）空気に迎合する場合にも縛られずに戦略的に応答する選択肢を採れるのがいい。これらすべてで、昨今の若い人が劣化しています。

近田　そうだよねえ。

宮台　応用すると、（1）空気を読む能力が乏しい人、（2）空気を敢えて読まない営みができない人、

（3）空気に敢えて迎合しない営みができない人、（4）空気に戦略的に応答できず受動的に縛られる人は、①先ほどの国際標準の営みができず、②年長世代が多く集まる集会で「表に出ろ！」「待ってたぜ！」の類の応酬を見て「平和に、穏便に」とホザき、トーン・ポリッシング（語調狩り）に乗り出す。

近田 そこに建設性はない。

宮台 以前の話を復習します。尊厳＝内から湧く力には、（a）崇高な共同体への所属が与える枢軸国的＝二級市民的なプライドと、（b）試行錯誤の累積で得た連合国的＝一級市民的な自己信頼があります。（1）〜（4）の「空気迎合者＝ヘタレ」は、論理的理由で、（a）所属によるプライドに淫する二級市民に多く、（b）成長による自己信頼に立つ一級市民に少なくなります。

近田 そこが分かれ道なんだ。

宮台 人格類型論に戻ると、国家共同体や会社共同体が潰えた日本では、「自分は東大生だ」みたいにプライドを頼ると不安を免れず、自己信頼を得て初めて安定します。期待外れが生じがちな対人領域から退却するネクラ、カッコよさげな者の金魚のフンになるヨリカカリ、万事期待しない諦め癖のニヒリストは、試行錯誤をしないぶん、自己信頼が不全で、そばにいても「力」をもらえません。

近田 ネガティブな思考は感染するよね。

宮台 そばにいて「力」をもらえる人は、リーダーシップが豊かです。先の山岸俊男氏の計量では、空気迎合者が多い日本人の唯一の短期的な回避路は、そばにいると「力」をもらえるリーダーシップです。他方、ＰＲ会社エデルマンの計量では、経営幹部を従業員がリスペクトする度合がＯＥＣＤ

で最低なのが日本。クソが付いたケツでもナメる者が出世しやすいのを知っているからです。

近田　その繰り返しは、エントロピーを増加させる。

宮台　世代が若いほど、KYを恐れてキャラを演じるポジション取りオンリーの「空気迎合者」が増える日本。今後も時代が進むほど人に「力」を与えるリーダーが減る流れです。今時の与党政治家や大企業経営者を見れば思い半ばに過ぎます。国民は政治家からもらえますか。従業員は経営幹部から「力」をもらえますか。もらえないので、既得権益は永久に動かず、生産性も永久に低いまま。

近田　暗い気持ちになっちゃうよ。

宮台　世代更新で「空気迎合者」が増えると、人に「力」を与えるリーダーが減ると同時に、魅力的な恋愛相手も減る。出会いを探す20代の8割に利用経験があるマッチングアプリ。属性主義ゆえ人が「置換不能な汝」ならぬ「置換可能なソレ」になって、試行錯誤を支える「力」を失い、安パイ狙いの属性主義が触媒されて絆に見放され、結婚しなくなって人口減が止まらない。

近田　ますます悲観的になるね。

宮台　『神話解体』の人格類型論は広告代理店のそれとは違い、フロイトの枠組に依拠して、人格（意識システム）の核に自己信頼を鍵概念とする自己システムを置く理論的なもの。青少年研究会の7年ごとの高校生調査が示すように若者の自己信頼は低位固定。今後はネクラ・ヨリカカリ・ニヒリスト的な自己維持に淫する者が増え、対人関係に実りがなくなります。『神話解体』の予想です。

近田　若い人には期待が持てないというのは、僕の経験と直観に照らして、正しいかもしれない。それを30年以上前に語ってるのって、やっぱりなかなかのものだよ。

宮台　『神話解体』を読み返すと、「広告代理店と建築家と写真家とポストモダン論者が結託して噴き上げていた高度消費社会・礼賛」に、胸クソ状態だったのが分かります。それを「都市論的なもの（TOKIO的な記号の乱舞）」と「都市的なもの（テレクラ的な性交の乱舞）」の対比で描きました。写真で言えば、篠山紀信《しのやまきしん》（激写）と荒木経惟《あらきのぶよし》（劇写）の対比ですね。

近田　明瞭な見取り図だね。

宮台　最初の胸クソは吉本隆明（通称「コムデギャルソン論争」または「消費社会擁護」84年）・山崎正和《やまざきまさかず》（『柔らかい個人主義の誕生』84年）・浜口恵俊《はまぐちえしゅん》（『間人主義の社会 日本』82年）・小此木啓吾《おこのぎけいご》（『モラトリアム人間の心理構造』79年）・作田啓一《さくたけいいち》（『恥の文化再考』新装版76年）・土居健郎《どいたけお》（『「甘え」の構造』71年）など、肯定的日本論のブームです。

近田　今で言う「日本すごい」論だ。

宮台　左翼党派への違和感や被害感を抱く論者らが含まれますが、左翼運動と高度成長の、70年代初頭の終焉を受けて、「社会（悪いものの焦点化）から心（良いものの焦点化）へ」「否定的日本性から肯定的日本性へ」の反転の一環として、個人主義の不完全さ（柔らかい個人主義・間人主義・モラトリアム人間・恥の文化・甘え）はむしろ良いのだと開き直ったんです。

実際、経済学者や政治学者でなく、精神科医や文化社会学者や劇作家が、社会（社会システム）よりも人格（意識システム）を——制度よりも関係性を——焦点化して、左翼運動や高度成長など共通前提が失われたアノミー（前提崩壊）ゆえの不安を癒《いや》すので、神経症の治療実践に似ます。僕はこうした自覚せざる「自意識の相関物」に、反吐が出るんですね。

近田　客観性に欠けるのかな？

宮台　はい。逆に僕は「社会的言説に見えて、実は社会の相関物たる自意識・の相関物たる言説に過ぎない」と脱臼《だっきゅう》させようとしました。だから、『神話解体』では省いたけど、東大生はバンカラ（規範人格）、早大生はニヒリスト（シニカル人格）、慶大生はミーハー（先端人格）、低偏差値大生はネクラ（退却人格）とヨリカカリ（摸倣人格）が多いと、計量的に調べ上げました。自意識なんてそんなもの。

近田　データとしてはっきりしてるわけね。

宮台　人間関係も、ミーハーがリーダーでヨリカカリがフォロワーの「イケてる界隈」が一方に、ニヒリストがリーダーでネクラがフォロワーの「オタク界隈」が他方にあったこと。60年代は「オタク界隈」が、80年代は「イケてる界隈」が「これぞ大学生」と喧伝されたこと。90年代半ばから過剰さ（イタさ）の回避で界隈の差異が曖昧《あいまい》化したことが判明しました。

近田　境界線が薄くなったんだ。

宮台　先述の通り、漫画・音楽・映画・テレビの別にかかわらず、芸術と芸能の別にかかわらず、送り手と受け手の別にかかわらず、自己像維持（自己のホメオスタシス）に役立つか否かで表現授受が選ばれます。だから、日本らしさとか東大らしさと呼ばれるものも「社会の相関物たる自意識・の相関物たる言説によって語られた表象に過ぎない」のは、当然のことです。

近田　言ってみりゃ幻想に近い。

宮台　独我論的な懐疑主義の語法で言うと、これが正しい「と思っている」だけ、これが嬉しい「と思っている」だけ、これが世界だ「と思っている」だけ。そう「思っている」のは、人格（意識システム）にとって、好都合だからです。その人格は、置換不能な唯一性の実在どころか、置換可能なパターンの順列組み合わせからなるマシンに過ぎないんですね。

近田　独自性を欠くのね。

宮台　五つの部品の順列からなる全体があるとして、個々の部品が四つの値を取れるとすると、全体の状態は4の5乗の１０２４通りで多様に見えますが、個々の部品は四つの状態バリエーションしか持たない凡庸な要素です。特に心理的な限界状況でどう振る舞うかを観察すると、人が生体防衛のために機能する単純な心的なシステムを備えていることが自明になります。

近田　大してパターンは多くない。

宮台　だからフロイトは、像や物語である自己self――現象学の経験的自我――と、自己の像や物語を維持することで直接的で極端な反応を回避させる生体防御メカニズムである自我ego――超越論的自我に似たメタ装置――を分けた。僕が言う人格（意識システム）はフロイトの自我egoに当たり、「自己のホメオスタシス」という時の自己はフロイトの自己selfに当たります。

「型を知り、型を越える」

宮台　漫画・音楽・映画・テレビの別にかかわらず、芸術と芸能の別にかかわらず、送り手と受け手の別にかかわらず、自己像維持（自己のホメオスタシス）に資するか否かで表現授受が選ばれます。その自己像維持メカニズムは凡庸な型の組み合わせ。そしてどんなメカニズムがホメオスタシスにとって有効かは、人格（意識システム）の環境である社会や時代で変わります。

近田　どんなふうに変わるの？

宮台　活動時期から分かるように、現象学の祖フッサールは精神分析の祖フロイトによる自己と自我の差異化をヒントにしています。具体的には「生体防御メカニズムである自我の潜在性を捉えようとしても、自我の潜在性と自己言及性ゆえに盲点が生じる」事態を考察することで、超越論的主観の概念を得ました。共に19世紀と20世紀の境目の知的資産です。

近田　そこで時代が分かれるんだ。

宮台　ところで92年当時は、表現を人格の型に結び付ける分析に対し、今では考えられないほど送り手と受け手の拒否感が強かった。今は懐かしき「表現（者）の神聖視」があったからです。だから今述べた説明を『神話解体』の基になった92年の連載に書こうとしたけど、本題のサブカル論を外れると編集者から断られました。なので今改めてお話しさせてもらいました。

近田　いい機会になりました。

宮台　但し書き。精神分析学の認識利得がどこにあるかは必ずしも合意されていない。精神分析学の仮説は通常の実証科学と違って実証・反証できず、仮説に依拠した治療が有効であることで真理だとされます。でも厳密には、仮説が真だから治療が有効だったのかは不明。だから仲間や弟子が決別し、治療の有効性はフロイト仮説とは別所に由来するのだとしました。

近田　話題は拡がるね。

宮台　弟子アドラーは、不安の原因たる「過去の」トラウマを無意識仮説で意識させたことが治療につながったのではなく、もたらしたい「未来の」状態を実在的に思念できたことの引き寄せ＝プライミングが治療につながったとする。他方「神秘現象の体験は神秘現象の存在を意味しない」で知られる仲間ユングは、〈世界〉と〈世界体験〉の差異を出発点にします。

近田 そこがフロイトとユングの違いなんだ。

宮台 宮台語で〈世界〉はあらゆる全体。ギリシャ哲学の万物 physis です。この宮台語でユングを説明します。〈世界〉は直接体験できない。人格システム（自我）と社会システムの関数たる〈世界体験〉を知るだけ。「ミミズと人の〈世界体験〉の正しさは比較不能」とした19世紀末のユクスキュルの環世界論が端緒です。生活形式が違うから〈世界体験〉が違うのです。

近田 宮台語、僕も習熟したいよ。

宮台 ユクスキュルを受けたポルトマンは、人は幼体成熟（ネオテニー）だから本能未然（生活形式未然）で生まれ、未熟な生得プログラムを、社会が用意した習得プログラムが埋めるとします。すると〈世界体験〉は無限に多様化しそう。でもそうならない。言語ゲーム論なら「病に怯え、いつか死に、飲食し、性交し……」という生活形式の家族的類似を持ち出します。

近田 家族というのはキーワードだね。

宮台 家族が似るように似る。ユングの場合、恣意《しい》的な生活形式に伴う〈世界体験〉の未規定性を、ゲノム的な集合無意識に刻まれた元型（アーキタイプ）が縮減する。抽象的には法理学者ハートの「言語ゲームの家族的類似」に似た論理。違いは、生活世界への物理世界の進入（ラカンの現実界）ではなく、「集合無意識に型を刻んだ先人だけがサバイブした」という進化的事実を持ち出す点。

近田　そこが違いなのね。

宮台　でも、ユングが言う進化的事実があるのは、生活世界への物理世界の進入（現実界）があるから。なので、両者は矛盾しません。脳神経科学的には、〈世界体験〉に刻まれた普遍的な型という発想は、ユクスキュル→シェーラー→ポルトマン→ゲーレン→ルーマンというドイツ哲学的人類学の「型による負担免除」論の流れに連なり、むしろ科学が扱いやすい。

近田　知らない名前がたくさん出てくるね（笑）。

宮台　かかる「型の思考」は表現者から「力」を奪うのか。キャンベルの物語要素論も「型の思考」の伝統を継ぐが、表現者から「力」を奪うか。否。僕は「型の思考」の極致たるマヤ暦も研究しますが、「型を知り、型を越える」自由が僕の実存的指針。御明察通り、生成ＡＩも、「型を知り、型を越える」手段と見れば、むしろ人を自由にする道具に使えます。

近田　型を知り抜いて、初めて何かが始まる。音楽にしたって、それが基本だよね。

宮台　うれしい。年長者にそう言っていただけることは滅多にない。でも「型の思考」は皆さん、すでに使っている。精神医学の「神経症・対・精神病」「精神障害・対・人格障害」「統合失調・双極性障害・発達障害（ＡＤＨＤ＆ＡＳＤ）」など。フロイトやラカンの精神分析では、無意識に埋め込まれた二項図式の型を、分析者とクライアントが協働して見出すのが作業目標です。

近田　いろいろな事象が整理されるね。

宮台　「型の思考」は様々応用できます。映画批評がそう。僕の批評は表現者の無意識に埋め込まれた二項図式の型を取り出す。それが観客の印象を決めるからです。何人かの映画監督は、何を描いたのかメタ認知すべく、僕を呼び出します。故・若松孝二監督や、現役では黒沢清《くろさわきよし》監督がそう。黒沢監督には全作品に同じ型が刻まれていると話したことがあります。

近田　どういうパターンなの？

宮台　ある日ストレンジャーが現れ、主人公の日常を壊し始める。日常の実在感が失われ、風景が色褪《いろあ》せて廃墟《はいきょ》化する。主人公は最初パニックでも、やがてそれが解放だと気づく。思えばこの日常はこしらえ物だと知っていた。だからその外に出たかった。「ここではないどこか」に行きたかったのだと。それが観客自身の気づきになった時、黒沢作品が完成します。

近田　なるほど。それを聞いてから観直すのも面白そうだね。

宮台　今は物語の型として時間軸に沿って話したけど、ポイントは無意識の二項図式。自明性・対・非自明性、閉ざされ・対・解放、こしらえ物・対・本物、大人・対・子どもなど。それらが観客の無意識の二項図式を引き寄せ、観客がトランスする。この二項図式が監督の幼少期のトラウマに由来すると睨んで、黒沢監督に「何か思い当たる幼い頃の記憶は？」と尋ねました。

近田　そしたら、記憶が蘇ったってわけ？

宮台　はい。幼稚園時代、遠足の日に5分ほど遅れて集合場所に行ったら誰もいなかった。あんなに優しかった先生も、仲の良かった友達も、自分を置いて行ってしまった。自分は思い違いをしていたんだ――。しばらく呆然《ぼうぜん》と立ち尽くし、泣きながら家に帰った。ところが親御さんが調べてみたら、実は遠足は1週間後だったという（笑）。

近田　そのままじゃあ、とてもホラーにはなり得ないエピソードだね（笑）。

宮台　脳科学曰く、恐怖と笑いは近接した部位が司る（笑）。「それまでの日常がこしらえ物だと気づいた時の衝撃が、深いトラウマとなって、二項図式が無意識に刻まれ、それが監督の前意識と意識を方向づける磁場になったのです」と指摘したら、しばし黙って「あり得ます」と返されました。観客にも日常がこしらえ物だったと気づいた衝撃によるトラウマがあるんです。

近田　宮台さんに言われるまで、自覚してなかったわけだね。

宮台　それを自覚するのは表現者にとって良くないのでは？　と言われることがあります。でも僕自身、精神分析を独学で激しく学び、自分の無意識に刻まれた二項図式群を取り出し、そのどれが読者たちの無意識にシンクロするかを考え抜いて執筆するようになってから、読者が相当増えました。表現者が無意識の二項図式を自覚するのは良いことだと思う。なぜなら、すべては型だからです。

生涯に一度の「お見合い」

宮台　そういえば『サブカルチャー神話解体』の頃（93年）かな。僕は人生で一度だけ、お見合いをしているんです。人生の記録として、ここで話した方が良いかもしれません。

近田　えーっ！　ナンパしまくったり、女子大生何人もキープしたりしてたのに、その一方ではお見合いもしてたの？

宮台　違いますよ（笑）。母の親しい友人の紹介だったから、母に「その人の顔を立ててやってくれ」と頼まれて、仕方なくです。相手は某大手文具メーカーの社長令嬢でしたが、失礼がない範囲で気に入られないように振る舞えば、相手側から縁談を断ってくれるだろうと考えて、引き受けることにしたんです。

近田　こっちも都立大の助教授だから、客観的な肩書はしっかりしてるもんね。

宮台　「客観的な」ってやれやれ（笑）。まずは釣書の交換があり、つぎに双方の両親と仲人《なこうど》を交えてちゃんとしたところで食事をした後、最後は場所を移して二人っきりでざっくばらんな話をし、帰宅してから気に入ったかどうかを各々が親を通じて仲人に報告します。当時の標準的フォーマットでした。今では廃れてしまいましたがね。

近田　でも、結婚する気はさらさらなかったんでしょ。

宮台　はい。相手の実家は億万長者だけど、僕はカネには興味がない。愛にだけ興味がある。愛せる相手を探すためにナンパを始めたんだから。こちらから断るのは失礼だから先方から断ってもらおうと、ムー大陸とか、与那国《よなぐに》海底神殿とか、UFOとか、ユリ・ゲラーなどの「世界七不思議」系の話ばかり、わざと相手の話を聞かずに、一方的に話しました。

近田　それこそ「ムー」の読者みたいだね（笑）。

宮台　それで「現実感覚が欠けた男だから結婚相手にはふさわしくないぞ」とアピールする戦略でした。ところが、かえって相手に気に入られちゃった。デートでこんなに楽しかったことはないとまで言っていたらしい。微笑《ほほえ》むだけの上品なすまし顔だったので正しくモニターできませんでした。相手を傷つけずに断るための口実を見つけようと、数日使いました。

近田　宮台さんのピュアなところだね。上場企業の社長令嬢と結婚しちゃって、贅沢《ぜいたく》な暮らしをしながら、時々女遊びをすりゃいいって、考えなかったんだな。

宮台 愛のない結婚は僕にはキツいです。「第一の失恋」の相手や「第二の失恋」の相手みたいに、この人のためなら死んでもいいと思える相手をずっと探していました。当時は見つけられなくて苦しかったけれど、「この人のためなら多少の犠牲も厭《いと》わない」と思えない相手と性交するのは、相手が僕を好いてくれていても、つまらないから嫌なんです。

近田 そこが純粋なのよ。

宮台 弟は40回お見合いしました。この人なら丸ごと深く愛せると確信できないと無理だよと。僕とはやり方が違うけど、深く愛したい気持ちは同じだと思いました。順列組み合わせ理論曰く、恋愛でも見合いでも11人目までに結婚しないと「前に出会えたあの人の方が良かった」となり、以降踏み切れなくなる。同じ罠《わな》にハマってるのかなと、当初は思いました。

近田 結局、弟さんは結婚できたの？

宮台 はい。属性的には申し分ない相手を何人紹介されても、「コミュニケーションの仕方に違和感がある」と言い続けて仲人役を困らせていましたが、何年目だったか、40回目のお見合いで「違和感のないコミュニケーションをする人を見つけた、この人ならすべてを愛せる」と言って、僕より早く結婚しました。弟の妥協のなさはロールモデルになりました。

TVドキュメンタリー「シブヤ 音楽 世紀末」

近田 94年には、ETV特集「シブヤ 音楽 世紀末」の制作に携わりますね。

宮台 NHKの別々のスタッフから二度、宮台さんが研究するストリートに拡がった援交の現実をドキュメンタリーにしたいと依頼され、請けました。でも二度とも「援交を主題にすること自体がダメ」と部長会が却下しました。93年秋の「朝日新聞」に書いた時も、最初はデスクがまったく同様に却下しましたが、担当記者が徹夜で粘って掲載に漕《こ》ぎ着けました。

近田　理解者に恵まれましたね。

宮台　デスクとは電話で話した。デスク「不良がやっているという話ならいい。普通の子がやっているという話はダメ。読者である親の不安を煽るからだ」。宮台「あなたは栗本慎一郎《くりもとしんいちろう》の一つ前の慶應のブント委員長だが、世直しの志はどこ行った。こしらえものの記事で世間を安心させるブルジョア媒体に魂を抜かれたか」。激昂したデスクを、記者が徹夜で取りなした。

近田　そんなやりとりがあったんだ。

宮台　それぞれの担当ディレクター曰く、NHK上層部もまったく同じ反応だとのこと。二度目は爆笑しました。僕が紹介した高校生女子たちを使ったポケベルのドキュメンタリーになっていた。彼らに言いました。「彼女らはゲーセンの掲示板にベル番を書いて援交してるんだよ。その情報を隠して人畜無害なドキュメンタリーを作ってんじゃねえよ」。彼らが悪いんじゃないんだけど。

近田　方向性が変わりすぎだよ。

宮台　社会学ではこれを「エリートパニック」と呼びます。皆がパニックになるはずだとエリートがパニックに陥って情報を隠蔽《いんぺい》する営みです。問題の第一は、当該情報でパニックに陥ったショボいエリートが、根拠なく皆もそうであるはずだと投影することです。第二は、この投影は、皆が自分よりも無知で脆弱《ぜいじゃく》だという見下しがなければ、あり得ないことです。

近田　一種の選民思想だね。

宮台　エリートパニックは、東日本大震災の福島第一原発事故でも生じました。米軍が提供したSPEEDIの放射能拡散シミュレーションを民主党政権が隠蔽し、回避できたはずの被曝事案が多数生じた。僕は民主党政権のブレーン役として「社会的包摂」「最大多数の最小不幸」などの言葉を実装させましたが、このショボいエリート主義を目撃して見限りました。

近田　宮台さんって、政治の中枢にも関わってたんだ。

宮台　さて、援交ドキュメンタリーがポケベル番組に変じた顛末を知るディレクターが、「宮台さんが言う『まったり革命』を、確実に企画が通るクラブのドキュメンタリーで描きませんか」と提案してきました。「まったり革命」とは、言葉・法・損得の奴隷であるクズが蔓延したクソ社会に適応せず、気心の知れた仲間と毎日を楽しく暮らす営みに乗り出すことです。

近田　番組のコンセプトそのものも変わったってこと？

宮台　いや。ポケベルのドキュメンタリーはコンセプトを欠くクソでしたが、クラブのドキュメンタリー企画なら、社会がどんな意味でクソで、クラブがどんな意味で実りあるのかを描けると思いました。それで、取材と構成台本とＭＣ（案内役）に関わるという条件で、番組制作に全面的に協力し、ＥＴＶ特集「シブヤ　音楽 世紀末」が出来上がりました。

近田　苦い経験を生かし、準備を整えたのね。

宮台　企画段階から関わらせてもらえました。自社制作が多かった当時は、まだ相当オープンさがあり、集合知による制作ができました。

近田　今はＮＨＫでも下請けのプロダクションに丸投げの番組が多いと聞くけど。

宮台　ろくに思考できない下請け制作陣がこしらえたハコに、僕などゲストをはめ込む企画には、一切協力しないと決めていました。この方針を貫徹したら、今世紀以降の番組に出演できなくなりました。かくて主題選定や内容の質に問題があるドキュメンタリーだらけになり、ドキュメンタリー離れを招いただけでなく、テレビ離れを加速しました。自業自得でしたね。

近田　その潔さには敬意を表したいよ。

宮台　「シブヤ 音楽 世紀末」にはもう一つ伏線がありました。当時の東京都には生活文化局の下に女性青少年部という部署があり、クラブの深夜営業による青少年への悪影響を問題視していました。0時を過ぎても閉店しないクラブがほとんどでしたから。そこに警視庁がクラブの手入れに乗り出すという情報が入ってきた。これはまずい展開だと焦りました。

近田　84年に風営法が改められたことによって、ディスコやクラブは0時までにクローズすることが義務づけられた。ただ、そこには抜け穴もあって、客にダンスをさせる遊興施設ではなく、表向きは飲食店だとしておけば、0時以降も営業できたんだよね。

宮台　その通り。だから、「飲食店を偽装して終夜営業するクラブを、取り締まらなければいけない」という都庁の意向を受けて、警視庁の生活安全部が動き始めたのです。

近田　87年、僕はプレジデントＢＰＭという名義でラッパーとして活動していたけれど、この法律はあまりにバカらしいと思ってそれを揶揄《やゆ》する「Hoo! Ei! Ho!」という曲をリリースしたんですよ（笑）。

宮台　とても素晴らしかったですよ。さて、都庁と警視庁の動向を知った僕は、すぐに女性青少年部の部長に面会しました。こういう時に都立大教員の肩書が役立ちました。「クラブは決して不良の溜まり場ではなく、家にも学校にも地域にも居場所のない若者たちに、貴重な居場所を提供しています。だから、取り締まりはやめてください」と申し入れたのです。

近田 結果はどうだったんですか。

宮台 女性青少年部の部長はリベラルな女性でした。曰く「事情はよく理解しました。でも、すでに大きな問題になっていることなので、都議会が収まるかどうかです。都議会に納得してもらうには、家・学校・地域が居場所にならない実態と、クラブが居場所になっている実態を、議員たちに具体的に知っていただく必要があります。それができますか」と。

近田 それが一番効果的だよね。

宮台 そこで、議員たちに見てもらうことが前提で「シブヤ 音楽 世紀末」が制作されたのです。そのため、クラブに通う若い男女を僕が多数インタビューし、その模様を番組のラストパートに収録しました。すると、都議会の文教部会でこの番組が取り上げられ、クラブについての思い違いが払《ふっ》拭《しょく》されて、終夜営業の摘発は見送られることになりました。

近田 一つの番組が、都政を動かしたんだね。

宮台 はい。家・学校・地域、そのいずれをも寄る辺にできない10代は、ストリートに集う他ない。その一角が終夜営業のクラブで、別の一角が昼時間帯のデートクラブでした。夜にクラブに通うために昼にデートクラブでお金を稼ぐという構造もありました。94年のデートクラブ潰しでテレクラに流入した高校生が売春化したことはすでにお話ししましたね。

近田　そこで、援助交際とクラブがつながってくるんですね。

宮台　はい。「シブヤ 音楽 世紀末」の放送と同じ94年11月に『制服少女たちの選択』を上梓《じょうし》します。叩き台になった文章群は93年秋からのもの。それらが援交という社会現象の存在を世に知らしめ、議会や行政の過剰反応を惹起しつつあった。それに焦っていた僕にとって「シブヤ 音楽 世紀末」は、過剰反応を中和する、極めて重要な番組でした。

近田　あらかじめ副作用を予防していたわけだ。周到だね。

宮台　あらかじめというより、直後でした。責任を感じたがゆえの周到さです。この番組は、「ＮＨＫでもこんなに素敵な若者寄りの音楽ドキュメンタリーが作れるのだ」という例として、砧《きぬた》での新人研修にも使われていました。アバンギャルドで幻想的で感情的な映像を交えつつ、クラブ音楽を満載した構成は、クラブユーザーの大学生たちからも画期的だと評価されました。

近田　30年近く経った今見たとしても、心に響く内容がありますか。

宮台　はい。最近の大学生らに番組を見せると、「あの渋谷が昔はこんな感じだったんですか」と驚きます。「微熱の街」が羨ましいと言います。映像を見るだけでワクワクするとも言います。僕が97年に激しく鬱化した背景には、東大生女子の自殺に伴う「第三の失恋」だけでなく、恐らく彼女の自殺自体にも関連した「微熱の消失」があったと考えています。

近田　渋谷の風景は、ここ数年ですっかり違うものになっちゃったからね。駅の周辺なんて、もはや面影すらない。来るたびに迷子になっちゃうよ（笑）。

宮台　駅や駅地下が複雑になったからだけじゃありません。どこも冷え切っているからです。昔は、中高生世代のセンター街、大学生世代の公園通り、会社員世代の道玄坂と宮益坂、ホームレスの宮下公園……とゾーンごとに「時空の色」があり、絶対に迷わなかったです。今は、オシャレに見える場所であれ、どこも同じ色でのっぺり。「力」をもらえず、迷います。

近田　94年という年は、宮台さんにとってメルクマールになったわけだね。

宮台　はい。「シブヤ 音楽 世紀末」と『制服少女たちの選択』の2作は、どうしてもこの年に世に出されなければならなかったものだと確信します。理由は、日本全国どこもかしこも冷え切っていく中、「最後のアジール」だった渋谷界隈を証言し、そこで「力」をもらっていた若い人たちを証言するからです。証言者は当時30代前半の僕自身でもありました。

宮台VS全員を仕掛けた「朝まで生テレビ！」

近田　翌95年は、宮台さん自身の放送メディアへの露出が急増します。特筆すべきは、テレビ朝日「朝まで生テレビ！」に初出演を果たしたこと。メディアの寵児《ちょうじ》となった感があります。宮台さんを「朝生」に引っ張り出したのは、どなただったんですか。

宮台　田原総一朗《たはらそういちろう》さんご本人ですね。

近田　もともと、何らかのお付き合いがあったということですか。

宮台　面識はありませんでした。田原さんたっての願いということで、日下雄一《くさかゆういち》プロデューサーから番組スタッフを介して連絡をもらいました。僕は、同世代やそれより上の年代の知識人が、言わないことを言いますし、知らないことを知っています。その点を買われたようです。田原さんご本人からうかがったことです。

近田　宮台さんの登場は、「朝生」に変化をもたらしましたね。

宮台　それまでの「朝生」は、司会の田原さんを中心に、出演者の論調が右と左に分けられていました。僕の参加以降は、「田原さんがすぐ隣に宮台を座らせ、宮台にけしかけて何か過激なことを言わせ、それに対して左も右も一斉に宮台に反論し、宮台がそのすべてに再反論する」という図式が定着しました。

近田　つまり、右対左ではなく、宮台対全員（笑）。

宮台　まあ援交やオウムをめぐる論議ではそうならざるを得ない。だって、僕以外の出演者はこれらの主題に関して知識を持ち合わせていないのだから。僕から見ると――むろん当事者の女子高生たちから見ると――何も知らないジジイかギャアギャア言っているだけ。死ぬまでやってれば？　そんな滑稽な「知識人」界隈を、様々な文章で「お座敷論壇」と揶揄しました。

近田　そのスタンスは、番組の中で自然に出来上がっていたってこと？

宮台　いいえ、田原さんが明白に仕掛けていました。

近田　「朝生」では、学者らしからぬチャラチャラした格好も話題を呼びました。

宮台　あれでも普段よりも上品に装っていたんです。例えば、あの番組に出る時だけは伊達眼鏡をかけてました。母から「あまりにも軽薄に見えるからせめて眼鏡かけなさい」と言われていまして（笑）。別に視力は悪くなかったんですがね。取材する時はブルーのカラーコンタクトでしたから。

近田　ところで、宮台さんって、芸能事務所からのアプローチとかはなかったの？

宮台　何度か誘われましたけど、全部断りました。頭が悪くなるバラエティ番組に出させられることだけは避けたいですからね（笑）。カネの誘惑にも負けたくなかったし。

近田　95年3月には、オウム真理教による地下鉄サリン事件が起こりました。宮台さんはそれに即応する形で、7月に『終わりなき日常を生きろ　オウム完全克服マニュアル』という本を出しています。

宮台　話した通り、当初、テレクラやデパ地下でナンパしていた11年間の日本各地の記憶をベースに、男性対象をも含めた多数のインタビューをちりばめ、「80年代とは何だったか」を論じた『テレクラという日常』を出す予定でした。そこには「終わりなき日常は地獄である」という感覚がありましたが、そこにたまたまオウムの事件が起こったのです。

近田　それで、テレクラからオウムにモチーフが変わっちゃったってこと？

宮台　モチーフは変わらないけど、切り口を性愛から宗教に替えました。かつてのような強い恋愛感情が働かないという当時の僕の悩みが、執筆を苦しいものにしていたからです。オウムの信者や関係者を取材すると、直観通り「終わりなき日常は地獄である」という感覚が共有されていました。それで性愛でも宗教でも同じことが書けると自信を深めました。

近田　時代に通底するテーマだったんだね。

宮台　はい。性愛と宗教の共通性は一口で「包括的承認」。逆側から言うと「置換可能性の手当て」。80年代には性愛と宗教に共通して「ダメな私を、この人が・この神が、愛してくれる」という「包括的承認による救済」がありました。時系列的には、性愛での包括的承認が得られないので、宗教での包括的承認に願望の宛先をシフトした、という流れでした。「政→性→聖」の流れです。

近田　確かに、性愛と宗教によく似たところがあるのは分かったけど、あの頃の宮台さんの強気なイメージからは意外に思えるよ。要するに、性愛を切り口にすることにはちょっと腰が引けてたってことかな。

宮台　はい。「性愛での包括的承認が得られないので……」というところが自分に当てはまりすぎて、なおかつ「だから宗教での包括的承認に……」というところに進めない自分がいて、苦しかったということです。その意味で、『終わりなき日常を生きろ』は、『テレクラという日常』とモチーフは同じだけど、やや他人事《ひとごと》として書くことができたということです。

近田　客体化が可能だったんだ。

宮台　今日の宗教には共同体宗教と個人宗教があります。共同体宗教には信仰概念がなく、唯一神がユダヤ教の律法やイスラム教のコーランを通して命じた生活形式に共同体成員らが従って生きる営みを、幼少期から見て親しみます。他方、個人宗教には信仰概念があり、信仰には自ら選ぶという意味があります。信教の自由という人権概念がそれを示しています。

近田　生まれ持って決められていないと。

宮台　信教の自由は三十年戦争を手打ちしたウェストファリア条約（1648年）に由来。キリスト教の新教と旧教を念頭に置いて、諸侯が諸宗派を自由に選べるとしたものですが、当初から矛盾が意識されていました。宗教を自由に選べるなら、社会は宗教より論理的に大きい。でも宗教が社会より大きくないと、宗教として機能しない。法が許さなくても神（宗教法＝掟）が許す所以です。

近田　矛盾があるんだね。

宮台　矛盾を解決するのが、「パウロの回心」が象徴する啓示概念。ある日突然、信仰と無縁だった私が神に語りかけられる体験をする。御受難修道会の来住英俊《きしひでとし》神父は「キリスト教信仰の99％は論理で理解できるが、1％は啓示が必要で、さもないと信仰にならない」とします。先ほどの「宗教に進めなかった自分」にはまだ啓示・覚醒・回心・召命がありませんでした。

近田　その後、どうなったの？

宮台　東大生女子の自殺で陥った重い鬱が、少し明けて石垣島に籠り、「ヒルギの森の覚醒」を体験した話をしました。これが生まれて初めての啓示体験でした。笑うでしょうか。声を聴いたんです。それまでも時々、僕が生まれる直前に他界した帝大教授の祖父の声を聴きました。むろん「神秘体験の存在は、神秘現象の存在を意味しない」のは百も承知ですが。

近田　かなりの転機になりましたね。

宮台　はい。加えて、オウムだけでなく多くの新・新宗教が使っていたアウェアネス・トレーニング（自己啓発セミナーないし人格改造セミナー）を、僕は苫米地《とまべち》英人《ひでと》氏と同じく最初期から体験していたので、貧病争に苦しむ者ではなく、傍からエリートに見える者がオウムなどの新興宗教に参入する動機を、合理的に説明することができると思ったんですね。

テレビからの撤退、ラジオに重心を移す

近田　メディアの寵児となって八面六臂《ろっぴ》の活躍を続けたこの頃は、相当忙しかったでしょ。本業である助教授としての仕事もあったわけですが、睡眠時間はちゃんと取れてました？

宮台　2、3時間しか眠れない日々が続きました。中森明夫さんと飲んでも、「話している最中に眠りに落ちていることがあるよ」と指摘されました。自覚がなくてもそうだったのでしょう（笑）。壇上で講義中にも「先生、寝てますよ！」と頻繁に言われました。変な話、眠りに落ちていても、自動機械のように、普段話していることを話すことができたんですね。

近田　この時期、「朝生」にはほぼレギュラーのように出演していました。

宮台　途中から、パネリストとして呼ばれるだけでなく、田原さんやプロデューサーの相談を受けて、出演者の人選に加わるようになりました。むろん「宮台・対・全員」という構図を際立たせることが目的だから、敵方がより強靭《きょうじん》になるように人選の提案をしました。日本にラカンを紹介した筑波大の小田晋《おだすすむ》教授も、僕が加えた「最強な敵」の一人でした。

近田　つまり、あの番組のブレーンだったのね。

宮台　今はあり得ないけど、当時は外部者を入れた集合知で番組を制作する営みがあり得たんです。95年から96年にかけての「朝生」はすごく面白かったはずです。宮台・対・全員という構図は前代未聞だし、僕がヒール（悪役）を演じてプロレス的に盛り上がりました。ただ、これは援交やオウムなど若い世代の実存がテーマの時に限って成立するものです。

近田　パネリストの中で、宮台さんだけが際立って詳しい話題ってことだよね。

宮台　別テーマを採り上げる回では、他の出演陣が「俺が得意な分野だ」と思うので、右でも左でもない第三の視座を示してもスルーされがち。僕が示す第三の視座の例は、「右は、イザという時に米軍が助けてくれるよう米国のケツをナメ、左は、沖縄への核持ち込みを暗黙に頼って本土の非武装中立を唱えるが、共に米国ケツナメの戦後レジームだ」です。

近田　右にも左にもつかないんだね。

宮台　加えて「右も左も他人の褌《ふんどし》を当てにする。吉田茂《よしだしげる》・白洲次郎《しらすじろう》図式を忘れたか。戦後復興を最優先に、国力を経済に集中すべく、基地貸与で米国の軍事力に頼る〝軽武装・対米追従〟で行くが、戦後復興を遂げた、または、冷戦体制が終わった暁《あかつき》には〝重武装・対米中立〟に転ぜよ。日本を守らなくても言い訳できる安保条約第5条がある以上は」。スルーされました。

近田　政治を扱う回だと、そうなっちゃうんだ。

宮台　そこに来て田原さんの司会の仕方に次第に問題が生じて番組が劣化してきた。個人的に決定的だったのが僕が出演した97年11月の回。「キレる少年」がテーマでした。座組みも進行も最悪で「重罰化は是か非か」に固着。応報刑・対・教育刑（応報主義・対・修復主義）の思考伝統に無知。なぜ刑罰が必要かの刑法理論にも無知。これでは議論にならない。

近田　それを最後に、「朝生」には出なくなったんですか。

宮台　はい。必要な前提的教養を欠いた「自称知識人」が、ぐだぐだ議論するのを聞かされるのは誰もがウンザリです。ちなみに今の「朝生」が完全にそうなっています。だから、日下プロデューサーに番組改善要望書を出し、番組のあり方についての条件が満たされない場合、今後は「朝生」には出演しないと宣言しました。実際に宣言通りになりました。

近田　その要望書、どういう内容だったんですか。

宮台　第一に、司会を田原氏から別の人に変えよ。第二に、司会者から見てパネリストが左右に分かれたオーバル型配置をやめ、完全なラウンドテーブル型とせよ。第三に、パネリストを最大5人にせよ。当時16人呼ぶのが常態化していたけど、放送時間が4時間（240分）として単純計算すると1人の持ち時間は15分。バカにするのもいい加減にしろよと。

近田 あくまでも平均だから、人によってはもっと短くなってしまう。

宮台 必要な前提的教養を持っていれば16の立場に分岐するなどあり得ません。どんな重要問題でも論じる視座は五つに収まります。5人ならば1人の持ち時間は48分。高校や大学の授業を考えても、それくらいの持ち時間がなければ十全に立論できません。結局、頭が悪い「自称知識人」が、「やってる感」的に愚論を展開するつまらない場になりました。

近田 それらのリクエストが容《い》れられることはなかったというわけですね。

宮台 その後、友人の宮崎哲弥《みやざきてつや》氏が田原氏の代理司会を務めた際、宮崎氏の懇願で友情出演した以外は出ていません。テレビそのものにも嫌気が差しました。議論内容の理解よりプロレス模様の観戦が優位するからです。だから、その後はラジオに重心を移すようになりました。それが95年から23年間レギュラーコメンテーターとして出演したＴＢＳラジオ「荒川強啓《あらかわきょうけい》 デイ・キャッチ！」です。

近田 宮台さんにとって、ラジオの魅力は？

宮台 テレビは、討論番組であれ何であれ、お茶の間向けショービジネス（見世物商売）としての伝統があり、いろんな視覚・聴覚の刺激がちりばめられた状態がデフォルトなので、議論内容に思考を持続的に集中するのが難しい「とされる」。だから一人が長く喋り続けるのは視聴者にとって退屈で苦痛だ「とされる」。真実は分からないけど、通念です。

近田 まあ、画《え》が持たないと思うわけだね。

宮台 ラジオだと1時間一人で喋り続けても、内容（主題の掘り下げ）と形式（構成と話し方）次第ではリスナーが飽きずに聴く。僕は35年の教員生活で一度の例外を除くとノートやメモを見たことがなく、内容の要素と構成を暗記し、聴衆の学生らの反応を見ながら要素と構成を調整します。それがラジオに役立った。通念を外せばテレビも同じですよ。

近田 ラジオでは、「朝生」みたいなストレスは感じなかった？

宮台 出演オファーを受けた段階で予防線を張りました。僕は素人相手でも議論の水準を下げない。リスナーの一部には分かりにくい点もあろう。それでもワクワク聴けるように、意図してクレームを惹起する発言をする。そんな僕にクレームを伝えれば自重せよとの意味になる。僕は合理的意図があるので自重しない。クレームを僕に伝えた瞬間に降板する。

近田 炎上上等ってことね。先方は、それを呑《の》んでくれたの？

宮台 はい。先方にとって後にも先にも一度しかない前代未聞の約束だったはずです。TBSラジオは太っ腹だなと思いました。オンエア中にふとスタジオから副調整室に目をやると、ディレクターが真っ赤な顔しながら電話に向かって何か喋っていることがありました。「ああ、クレーム対応してるんだね、ごめんなさい」と思いました。

近田 でも、そのことは決して宮台さんには伝えない。

宮台 はい。伝えたら直ちに降板するぞと繰り返していましたから。「アメリカのケツならクソが付いていても舐める安倍首相」「ウヨ豚もクソフェミも、イデオロギーではなく神経症」「ウヨ豚もクソフェミも、自分の不幸を、『町のポストが赤いのも、電信柱が高いのも、全部在日が・男が悪いから』と他責化・他罰化するご都合主義のヘタレだ」と発言し続けました。

近田　公立大学の教員にとって、その活動は相当リスキーだったんじゃないですか。

宮台　大学当局の物差しの問題です。僕が赴任してから90年代を通じて学長をされた著名な教育学者・山住正己《やまずみまさみ》教授が、退官記念パーティで僕に教えてくれたけど、援交女子高生擁護問題では、大学に抗議が殺到していたとのこと。でも僕の所属する社会学教室の森岡清志《もりおかきよし》主任教授と相談して「宮台君にはクレームを伝えないでおこう」と決めたそうです。

近田　TBS以上に粋な計らいだね（笑）。知らせないようにと頼み込んだわけでもないのに、自発的にクレームをシャットアウトしてくれたんだから。

宮台　山住学長曰く「僕は必ずしも宮台君の意見に賛同しないが、言葉遣いへの抗議なんかは口実で、気に入らない見解を語る宮台君の政治的封殺が真の目的だというのが、森岡先生と一致した結論。だから、自由な言論の府の執行部として、政治的なトーン・ポリシングから君を守った」。今のどんな大学にもこんな見識に満ちた執行部はないでしょう。

近田　何でまた、その事実を伝えなかったのかな。

宮台　山住学長曰く「君は面白いやつだから、黙って放置しようと思ったの。僕らの苦労を伝えたら、無意識にセーブしちゃうだろ？　それじゃつまらないよ」（笑）。コンプライアンスに厳しい今なら──というか「言葉の自動機械」があふれる昨今なら──何らかの処分を受けたことは間違いないでしょうね。実は、僕は旧執行部に守られていたんですよ。心から感謝しています。

終章

聖なる存在

――結婚、子ども、家族

「違和感を抱えた苦難の恋愛時代」からの脱却

宮台　90年代末にかけての東大生女子自殺、鬱化による寝床への引きこもり、やや回復してからの底地ビーチ（石垣島）への引きこもり、ヒルギの森での覚醒という一連の出来事の後、ナンパをやめ、恋愛感情を感じる場合にだけ性交するようになりました。でも、心から愛し愛される関係に進むことができずに悪戦苦闘することになりました。

近田　なかなか落ち着かなかったんだね。

宮台　今で言う「メンヘラ」問題に苦しみました。メンヘラの女性に苦しめられたという話ではありません。僕がメンヘラという現象を理解していなかったので、恋愛感情だと思ったものがどういう種類の感情なのかをうまく識別できなかったということです。でも恋愛感情ではなかったという話でもない。雑に言葉を使うと問題からの逃避になりがちです。

近田　現在、メンヘラという言葉は、かなり粗雑に扱われていると思うんですが、宮台さんなりの定義を教えてもらえますか。

宮台　厳密にね。今は差別用語や卑下用語です。当初は違いました。元はメンタルヘルスに問題を抱える者という中立的な自称語。ルーツは「新世紀エヴァンゲリオン」。オンエアは95年10月からですが、96年からアダルトチルドレン（AC）という言葉が人口に膾炙するのに並行して、「私が碇《いかり》シンジです！」と主張する思春期以降の若者たちが増殖します。

近田　厳格な医学的診断とは別の、カジュアルなカテゴライズということですね。

宮台　はい。思い出してください。96年から援交女子高生が第二世代にシフトしました。自傷の意識があり、他人からイタいと思われるのが嫌で援交する事実を誰にも伝えず、同じ理由で口が重くて取材に苦労するようになりました。彼女たちが96年を経て「ＡＣ」「碇シンジ」というカテゴリーを手にした度合に応じて、自分語りができるようになります。

近田　口を開き始めたんだ。

宮台　ＡＣ（子ども大人）とは、家族円満のために「良い子」を演じ続け、「本当の自分」の承認不足に陥った結果、大人になっても任意の相手の期待に過剰適応して「良い子」を演じ続けることを指す。精神医学上の病名・症名ではなく、「気がつくと、自分がしたいことじゃなく、相手がしてほしいことをしていただけ」という自称語。「碇シンジ」の設定と同じです。

近田　あくまで自称なんですか。

宮台　はい。「ＡＣ」「碇シンジ」「イタい」「自傷系」などの言葉が一揃いになった段階で、「私はメンヘラだから」という総称的な自称語が出てきます。まさに「カジュアルなカテゴライズ」です。それがポピュラーになる度合に応じて「あの子メンヘラだし」という他称が女性から男性へと拡がり、他称が拡がるにつれて相手をディスるために使われるようになりました。

近田　「ディスる」という言葉も一般化したよね。もともとはヒップホップ界隈の言葉だったのに。

宮台　２０１０年代からでしたね。これも思い出してください。「あいつイタいな」「あの子メンヘラだし」と言われるのを恐れ、「過剰さの回避」というコミュニケーション・モードが優位になります。それを「その場その場で（ＫＹを恐れて）キャラを演じる」と自称し始めます。ただしＫＹ（空気が読めない）という言葉はゼロ年代半ばから。飲み会での男子の下ネタ回避と並行しました。

近田　その時代風潮が、メンヘラという言葉の流行を用意したわけね。

宮台　はい。言語ゲーム、つまり生活形式（生き方）が変わったことを示します。でも当時の僕は無自覚でしたので、ナンパみたいな能動的な営みを一切やめた後も、「恋愛感情を感じるのに不全感が消えない関係に〝受動的〟に入る営み」を繰り返しました。アイドルやモデルやAV女優との恋愛を繰り返していた時期に重なります。そこでの受動性とは何か。

近田　ずいぶん派手な業種の人たちと付き合ってたのね。

宮台　何かの打ち上げに呼ばれたとか乱交パーティに呼ばれたとか、たまたまの出会いで、たまたま二人で話せるシチュエーションになると、尋ねていないのにデビュー前後のレイプ体験などを打ち明けられました。彼女たちになりきって苦しみを感じると、僕はそれを愛だと思い（思い込み）、話したことのない秘密を話せたことで、相手もそれを愛だと思い（思い込み）ました。

近田　関係性が濃厚になるからね。

宮台　思い込んだという言い方に躊躇があるのは、後知恵的な——後から価値を持ち込んだ——合理化かもしれないからです。でも後知恵によって違和感のある営みを繰り返さなくなるのも事実です。とにかく当時は違和感がありました。違和感の由来を言葉にできるようになるのは、２００４年に妻と出会って、まったく別の言語ゲームにシフトできてからのことです。

近田　結構な長い時間を要したね。

宮台　それ以前にも「それが関係するのかな」と思えるヒントがありました。90年代前半から半ばまでの援交取材でのこと。たまたま話を聞いた三人から続けてレイプ体験を告白された後、3ヵ月間EDになりました。現場で勃《た》たないレベルじゃなく、一切の性欲が消えて自慰すらできなくなりました。漢方の名医のカウンセリングでかろうじて回復できました。

近田　漢方ってその方面にも効くんだ。

〈社会〉の外の〈世界〉を思え

宮台　姿勢や腹圧から体癖や心の型を診断して、その医師はおっしゃいました。「あなたの取材者としての長所は、弱点でもある。あなたは相手と『同じ世界』に入りすぎ、さして親しくもない相手の喜怒哀楽に飲み込まれる。それだと取材によってあなたが壊れ、取材の仕事も持続可能じゃなくなる。取材後は必ず、アイドリングを下げるための森の瞑想をしなさい」。

近田　いったんチルアウトが必要なんだと。

宮台　その時に思い出したのは、何度か話しましたが、犬や猫から異常に好かれること。長くコンビを組むことになるジャーナリストの神保哲生氏の自宅を最初に訪れた時、玄関の外でゴールデンレトリーバーとともに出迎えてくれた。僕がしゃがむと「この子は人慣れしないから無理だよ」と仰ったけど、次の瞬間に仰向《あおむ》けになって腹を撫《な》でさせてくれた。「え？　こんなの初めてだー」。

近田　人たらしだし、犬たらしなんだ（笑）。

宮台　その後、ご家族と一緒にランチをいただいていた時、黒猫が近づいてきたので撫でると、「白猫もいるけど、来客があると出てこないんだよ」と。しばらくすると僕の足指が舐められている。テーブル下を見ると白猫でした。「神保さん、この猫ですか」「え？　こんなのも初めてだよ。宮台さん、何か出してるんじゃないの」。似た話が限りなくあるんですね。

近田　さらに猫たらしでもある（笑）。

宮台　妻は動物が大の苦手でしたが（今はやや改善）、僕と散歩をすると、犬の親子が、子犬に引き摺られてついてきました。新婚旅行で立ち寄った波照間島《はてるまじま》でも、山羊《やぎ》の親子が、子山羊に引きずられてついてきて、そのたびに「オーラを出すのをやめてよ！」と妻が叫びました。すれ違っただけの犬がついてくるのは、幼稚園の頃からです（犬をつなぐ義務がなかった）。

近田　ハーメルンの笛吹き男を思い出すよ（笑）。

宮台　最近の話。仕事を御一緒させていただいている森のようちえん（花の森ようちえんエチカ）には2匹の山羊がいます。最初に訪れた時、山羊に声をかけたら退散しました。葭田《よしだ》園長が「人慣れしてないんです」。ところが葭田さんやスタッフと外で立ち話していると、すごい勢いでお尻《しり》を連続的に押されて転びかけました。2匹の山羊による仕業でした（笑）。

近田　本当にそのあたりからフェロモンか何か分泌しているんじゃないの？

宮台　幼少期から連続するこれらの現象は何なのか。神保さんと妻と検討しました。暫定的な結論は僕の目です。僕は相手を「犬だ」「猫だ」などカテゴリーで見ることができず、人が相手の時と同じく、「やあ、はじめまして」「よう、元気なの？」みたいな気持ちで見てしまうから、動物らもそれに応じて仲間になろうとしてくるんじゃないかと推測しました。

近田　姿形の問題じゃないんだ。

宮台　学問の話。妻が勤める書店で、戦間期のブーバーを講じた時に話しました。彼は父に与えられた馬を大事に育てていた。馬とは以心伝心だった。ところが中学校で、言葉を話すヒトと他の動物とはまったく違うと教わってから馬が懐かなくなった。「彼は馬だ」というカテゴライズが自分から出るオーラを変えてしまったのではないかと、ブーバーは思いました。

近田　目に見えぬものが伝わるんだ。

宮台　それが彼の哲学を作ります。有名な『我と汝』（1923年）。「置換不能な汝」と「置換可能なソレ」を区別します。相手を汝として見るとは、取り替えられない存在と捉えること。でも人は時に相手を取り替え可能な存在と捉えます。相手を道具として見る時です。金槌《かなづち》は他の金槌と置換可能です。人は道具として見られた時、置換可能なソレになったと感じます。

近田　かけがえのない者ではなくなったと。

宮台　ブーバーは考えた。「置換不能な汝」として眼差されれば、人であれ動物であれ、尊厳＝内から湧く力を感じる。「置換可能なソレ」として眼差されれば、人であれ動物であれ、尊厳＝力を失う。相手を「人ではない動物だ」と言葉でラベル貼りするだけで相手を「置換可能なソレ」として眼差してしまう。だから言葉のラベル貼りも大概にしなきゃいけない。

近田　動物を侮《あなど》っちゃいけないね。

宮台　再び漢方医。「同じ世界」に入りすぎるな。一時的にそうなっても事後にアイドリングを下げろ。森を瞑想しろ。何を言っていたのか。〈社会〉の外の〈世界〉を思えと。〈社会〉はコミュニケーション可能なものの全体。〈世界〉はあらゆる全体。僕の〈社会〉には動物も入ってカテゴリーから自由なのはいい。だからこそ〈世界〉を思え。さもないと死ぬぞ。

近田 そういう教えだったんだ。

宮台 再び学問の話。政治犯として追われてユカギール（シベリア先住民）の元に身を潜めたウィラースレフ。後に人類学者としてユカギールの狩りを語った。エルク（シベリアからアラスカまでの地域に生息する巨大鹿）を狩るには毛皮や匂いを纏ってエルクになりきる。だがなりきりから戻れないと死ぬ。だから微《かす》かに残った人の意識を梃子《てこ》に、なりきりを脱して狩れと。

近田 自意識を人間に戻さないと危険なんだ。

宮台 メンヘラに戻ります。妻との出会いを機にこれらの逸話群がつながり、恋愛感情があるのに違和感が消えなかった当時を「メンヘラ問題」として言語化できるようになります。繰り返すと、メンヘラに苦しめられた話ではありません。一口で「愛されているのに自分の唯一性を感じない」「愛しているのに相手の唯一性を感じない」という違和感の話です。

近田 その子ならではの特徴が感じられないってこと？

宮台 いいえ。後知恵でそう言える部分もなくはないけど、当時の違和感は「相手が愛してくれている僕は、僕なのか」というもの。精神分析における患者から分析者へのラポールに似て、全面的に信頼して自分を委ねられる相手として偶像化されているという感覚です。治療現場では合理的でも、恋愛関係では実在の僕を見てもらえないのは違和感でした。

近田 体温を帯びたリアルな部分に触れることを避けているのかな。

宮台 その物言いも難しい。誰にも話したことがないトラウマ体験を打ち明けられ、相手になりきって苦しみや悲しみを感じるという「同じ世界」に入る営みは、体温を帯びたリアルに触れる体験です。相手の苦しみや悲しみが自分のそれだと感じられ、犠牲を払っても何とかしたいという思いに駆られる程度に応じて、自分の恋愛感情を強く感じました。

近田　それが、恋愛感情の典型の一つだよね。

宮台　でも第三者の視座から見れば「AがBに依存し、BがAに依存されることに依存する」共依存《きょういぞん》が含まれます。共依存が直ちに悪くはない。実際、多くの親しい関係が多少なりとも共依存的です。問題は、「依存できるなら誰でもいい」「依存してもらえるなら誰でもいい」という、相手を機能的装置（道具）として見做す「汝のソレ化」の、いわば、含有率です。

近田　パーセンテージがものを言う。

宮台　「この人がいないとやっていけない」という主観的な唯一性感覚と、「この人以外では機能的装置にならない」という客観的な「汝のソレ化」は、相互触媒し得ます。それが「その僕は、僕ではない」という違和感を引き起こします。それに気づいてから、相談する・されるの非対称な関係が抱かせる主観的感情を、恋愛感情かどうか懐疑するようになりました。

近田　均衡が損なわれる恐怖ってことかな。

宮台　はい。この懐疑を実装した後、死ぬほど愛し・愛されていても違和感や不全感を訴える男女の多くに、同じ問題を見出すようになります。何かと騒がれる歌舞伎町《かぶきちょう》界隈ですが、ホス活女子とホストの関係、ぴえん系とホスト崩れの関係、低年齢化したパパ活女子とパパ活おじさんの関係にも、唯一性感覚と道具化感覚の相互触媒による当事者の違和感がありがちです。

近田　関係は相当不安定だろうなあ。

宮台　それを絶対避けろと言うのではない。第一に、先に話した通り程度問題。第二に、溺《おぼ》れる者は藁《わら》をも摑むという機会費用問題（他に何ができるの？　失うものがあるの？）。第三に、違和感とその理由を自覚しても「この不幸こそ幸い。何もないより幸せ」と感じるスーパーフラット問題。両者が話し合って自覚してさえ、それでもいいという構えがあり得ます。

近田　割り切って、開き直っちゃうんだ。

宮台　綺麗事《きれいごと》で済まないのは誰しも孤独が恐いから。寂しさから多少でも逃れられるなら、不全感はあれど夢を見たい。80年代の「テレクラ瞬間恋愛」も「現実にはならなくても、現実だったらという夢を見たい」でした。だから僕は寂しいんだなと思うけど批判しない。資格もない。でも夢を見続けるにも、現実を見ない粉飾決算をやめ、複素数を生きてほしい。

近田　ああ、宮台さんっぽいフレーズだ。

宮台　実数空間と虚数空間からなる複素数空間。人が生きるのは、現実と夢の掛け合わせからなる複素数空間。現実に夢を重ねられるだけでも幸いです。

近田　その認識に至る前の「違和感を抱えた苦難の恋愛時代」を経て、宮台さんは2005年に奥さんと結婚します。どんな出会いでしたか。

二人きりの初デートで……

宮台　前年の2004年春に、姜尚中《かんさんじゅん》氏との共著『挑発する知』の刊行記念トークイベントが神保町《じんぼうちょう》の三省堂書店で開催されました。姜尚中氏は別の店員がアテンドしましたが、僕をアテンドした女性店員が、エレベーターのコントロールパネルの方を向いていたのが不意に僕を振り返り、短時間見つめ合う形になりました。

近田　それが今の奥さんだったというわけ？

宮台　はい。彼女は25歳になる直前でしたが、誰が見ても高校生ぐらいかなと感じる幼げな外見でした。けれど、見つめ合った時、彼女の背後に、男たちの屍《しかばね》が連なっているのが見えました。僕にはしばしばそうしたヴィジョンが見え、たいていはそれが実在に対応しています。その時の僕には、屍の列に僕も連なりたいという気持ちが生まれました。

近田　そこから、どういうふうに距離を縮めたわけ？

宮台　そのイベント企画を三省堂書店に持ち込んだ旧知の編集者に探りを入れました。彼曰く、「彼女には5年越しのカレシがいます。電車で一緒に移動した時に自分もモーションをかけたけど、けんもほろろ。でもカレシを語る時のオーラに翳《かげ》りが見えました。宮台さんならチャンスがあると思います」。一言一句そう言われたのを覚えています。

近田　かなり親切な編集者だね（笑）。

宮台　はい。女性経験がそれなりに豊かな男でしたから、信用できると感じました。それならばと思って、彼女の名刺にあった携帯電話番号にかけ、お食事デートの約束を取り付けました。さて、デートの当日、待ち合わせの場所には何時間待っても彼女が現れませんでした。電話も「電波が通じません」という状態でした。つまり、ドタキャンというやつです。

近田　振られちゃったってこと？

宮台　いいえ。後日、電話がつながったら、彼女曰く「あの日、宮台さんとデートする予定を上司に漏らしたら、反対されちゃったんです。本当にごめんなさい」と。

近田　そんな不可抗力があったのね。でも、何で？

宮台　ゴシップ誌「噂の眞相」を目の前に積まれ、「宮台さんは悪魔だ」と真剣に忠告されたとのこと。ちなみに巻頭グラビアから「一行情報」までそれまで40回記事にされていた。いずれにせよ、そこまで大切にされるのは素晴らしいです。

近田　最高におかしいね（笑）。それにしても、悪魔ってどういう意味？

宮台　ゴシップ記事に由来する、女衒《ぜげん》みたいな感じだと思います。上司や同僚がそう思ってしまった気持ちは分かります。流布されていたゴシップ情報を鵜《う》呑《の》みにすれば、誰がどう考えても宮台というのは「女たらし」で、まともな人間には見えません。

近田　そこは本人も素直に納得してるのね（笑）。

宮台　はい。後の彼女の家族たちと同じように、当然のことを言っただけです。だから、少しもわだかまりが残りませんでした。彼らを結婚式の披露宴に呼び、スピーチをしていただいてもいます。まぁ、その分、実に楽しいスピーチでしたよ。

近田　ちゃんと出席してくれたんだ（笑）。その後、どう関係を発展させたの？

宮台　「君にカレシがいることは知っているけれど、それはそれとして一度会ってほしい」と電話で頼んだら、最初は「ごめんなさい、無理です」という答え。数日後に再び頼んだら、「周りから『誰か立会人がいる場所なら会ってもいい』と言われています」という答えでした（笑）。

近田　さすがに、少し態度を硬化させちゃったのか（笑）。

宮台　いいえ。後に妻に尋ねたところでは、「本当に自分のことを好いてくれているなら、その程度のハードルを越えてくれるはず。だから、再び誘われたら最初は断り、次に誘われたら立会人付きデートならOKと答えるつもりだったんです」という答えでした。立会人付きという条件は実際に上司などから申し渡されていたものだそうです。

近田　誰が立会人になったの？

宮台　そこで、宮台さんならチャンスがあると励ましてくれた例の編集者に、喫茶店デートに立ち会っていただきました。まぁ、当たり障りない話でしたが、感触は悪くなかった。だから、次が問題です。電話したのは二週間後。その数日後、初めて二人きりでデートしました。日曜日の正午を挟んだ時間帯のお台場《だいば》です。誰が見ても人畜無害な場所と時間です。

近田　何だか中学生みたいだな（笑）。その時宮台さんいくつだった？

宮台　45歳（笑）。その時の彼女は25歳になりたて。僕自身は25歳の僕から変わっていないと思っていました。見かけは誰が見ても30代でしたが、そこじゃない。いろんな出来事を経験したけど、「自分は誰よりも何事も諦めていない」という自信がありました。ちなみに、20代で自己啓発セミナーや新興宗教に潜入して、気づいたことがあるんですよ。

近田　どこに行っても何かに気づくねえ（笑）。

宮台　その界隈で出会った人たちは、めちゃ年齢不詳でした。30歳前後かなと思って尋ねると40代だみたいな。麻布の同窓会で四半世紀ぶりに会うと、年齢相応の40代に見える級友と30代にしか見えない級友がいるのも思い出しました。そこでアンチエイジング仮説を立てました。「人は諦めた数ほど加齢する。諦めなければ加齢しない」。

近田　それで、お台場デートはどんな様子だったの？

宮台　夢のよう。今まで見たことがなかったアトラクションのあれこれが面白かったし、限られた時間にだけやるアトラクションも偶然ですが軒並み見られたのもあるけど、何と言ってもメンヘラ気質が皆無であることに心から驚きました。

近田　お互い珍しいタイプかもね。

宮台　前に話した通り、暗い過去を分かってくれた云々のゲームが嫌になっていましたが、彼女は「この人なら分かってくれるモード」に入らないので、僕も「僕なら分かってあげられるモード」に入らない。彼女は「どんな不幸もいいことにつながる」との構え。楽観的という意味じゃない。苦難を体験しても世界観が左右されない。キリスト教信仰に由来するというより、信仰自体が天性の性格に由来するとその時感じました。

近田　そういうパターンもあるんだね。

宮台　社会学の調査では金銭的謝礼がＮＧだから、返礼として調査テーマに関連する相談に乗ってきました。でも何百人の中に彼女みたいな人は一人もいなかった。そう思った途端にユングのシンクロニシティで、「ただのお台場」なのにワンダーでアメイジングな出来事の数々が奇蹟みたいに天から降ってきました。気がつくと別れ際にプロポーズしていました。

近田　彼女には恋人がいたのに？

宮台　はい。僕は誰とも結婚したいと思ったことがなかったのに、こう頼んでいました。「彼か僕か選んで。一ヵ月ほど考えてから返事をして。僕を選んだら、二人で琉球《りゅうきゅう》や東南アジアの長い離島めぐりをしよう。長旅でストレスや疲れを感じず、互いに力が湧くばかりだったら結婚しよう」と。すると翌日に電話がありました。「カレシとは別れました」。

近田　いつもながら、展開が速いね（笑）。

宮台　はい、速すぎます（笑）。「ちょっと待って。ちゃんと考えてからにしてよ」と言うと、「寝ないで考えました」と。

近田　俺もさあ、外野ながら口を挟むけど、ちゃんと考えた方がよかったと思うよ（笑）。

宮台　「何を考えたの？」と尋ねると、「この人は他の女の人とも関係するなと思いました」と。「じゃあ駄目じゃん」と訝ると、「それでも、この楽しい人は、家族を大切に守り続けるだろうって確信しました」ということでした。

近田　慧眼《けいがん》だよ。だいたい当たってるんじゃないですか（笑）。

宮台　その後、プロポーズの時に提案した通り、二週間ほど二人っきりで琉球の島めぐりに出ました。石垣島の石川岬《いしかわ》で、霧雨の中、改めて愛を告白して彼女が応えた瞬間、ぱあっと霧が消え、上空に虹が架かりました。エンジェルズ・ラダー（雲間から光が放射状に降り注ぐ現象）も現れました。福音として祝福されていると感じました。

近田　映画か何かのシーンみたいだよ。

宮台　旅の間、ずっと一緒にいてもお互いに、疲れることがないどころか、日に日にリラックスしてよく眠れるようになり、日に日に元気になっていきました。互いの幼少期からの生活形式が近かったこともあるでしょうが、日常の緩急の中にお互いが自然に組み込まれました。その流れの最後が石川岬の祝福です。二人が婚約した瞬間でした。

近田　確かに、それはいい判断材料だよね。俺、40年ほど前、タモリさんと二人で香港《ホンコン》に旅行したことがあるんだよ。単なる普通のパックツアーに一般客として参加したんだけど、本当に楽だった。お互い無言になっても、無理して話題を探すようなプレッシャーを感じさせることがない。

「カトリックなので、離婚はできません」

宮台　お台場デートの後、親御さんの職業を尋ねました。すると、教育学の先生だと言います。彼女の姓は佐伯《さえき》です。教育学で佐伯というと……そこでハッとしました。「もしかして東大の教育学部長をやっていた佐伯胖《ゆたか》先生？」「はい、それが父です」。

近田　最初の彼女もそうだったし、つくづく東大の学部長の娘に縁がある人生だね。

宮台　瞬間、目の前が暗転しました。正確には認知科学者で、著書『「きめ方」の論理』（80年）は社会学科進学後に最初に読んだ本です。それだけならいい。学習動機に関し、競争動機（勝つ喜び）より理解動機（分かる喜び）が大切だとする先生に対し、僕は、大切なのは感染動機（その人みたいになる喜び）で、それ次第で競争動機も問題ないと幾度も批判してきたからです。

近田　驚くしかない皮肉なめぐり合わせだね（笑）。

宮台　90年代の僕は一貫して、日教組的な言説に対抗してきました。日教組の「万人に無限の力がある」に対し、僕は「人ごとに違う凸と凹が嚙み合って尊敬し合えるコラボがいい」と強調。「勝つ喜びよりも分かる喜びが大切だ」に対し、「感染動機さえあれば、すべて暗記して競争に勝つ喜びも問題ない」と強調。他でもない、僕がそうしてきたからなのです。

近田　確かに、ずっとそうだったよね。

宮台　僕が東大を目指したのは革命家になるため。高2で父と論争した時、父が「革命家になるにも東大だぞ」と宮本顕治《みやもとけんじ》を持ち出してきたこともありました。高2からはグラムシ主義者（構造改革派）松田政男氏の本『薔薇《ばら》と無名者』（70年）を通じて圧倒的に感染したブント（都市革命主義者）廣松渉氏が、東大卒で東大教授だったこともありました。

近田　目標たり得る人物がいたと。

宮台　僕の生活と実存からして「大切なのは感染動機。競争動機と理解動機の優劣など小さな話」は譲れない。だから強い語調でしたが、それが結婚の障害になるのを覚悟しました。でも先方の両親には挨拶《あいさつ》しなきゃいけない。ご両親の住むマンションのお宅にうかがうエレベーター内で、僕の顔は見たこともない蒼白状態で蠟《ろう》人形みたいだったと妻が言いました。

近田　いつも冷静かつ大胆なイメージの強い宮台さんでも、そういうことがあるのね（笑）。

宮台　僕の人生を振り返って、ここまで緊張した経験はないです。なぜいつも僕ばかり変な偶然が襲うのかと呪いました。ところが、いざ顔を合わせたお父さんは、開口一番、「うちはカトリックなので離婚はできません」。僕が「離婚は死んでもしません」と申し上げたら、「ならば問題ありません」ときっぱり。カッコよすぎてしびれました。

近田　ちょっと意外な展開だったね。少しぐらい何か言われそうじゃん。

宮台　帰り道で妻から聞いたところでは、お父さん以外の家族・親族はすべて僕との結婚に大反対していた。その状況で結婚の許可をお父さんにお願いしたら、曰く「もう決めているんだろう？　決めた通りにしなさい」と。何につけ「お前が親なら認めるのか！」という頓馬があふれる昨今、マジで惚れました。

近田　ご親族は三省堂書店の上司や同僚と同じ反応だったのね。

宮台　はい。妻の上司や同僚もそうですが、それが当たり前。僕の行状は確信犯ですが、そんな中でお父さん一人が承諾してくれたから、無事に結婚できました。披露宴はフランス大使館隣のホールで４００人以上が来訪。政治家や芸能人の他、ロス疑惑の三浦和義《みうらかずよし》氏や元ヤクザの宮崎学《みやざきまなぶ》氏もおられました。盛大な模様は週刊新潮にも報じられたほどです。

近田　もっと早く知り合ってたら僕も参加したかったよ（笑）。

宮台　後日、「お父さんは、宮台が自分を批判してることを知っているのに、何でＯＫしてくれたんだろう」と尋ねました。妻は「父は、いろいろと苦労を重ねてきた人です。だから、義がある限り、決して世間の人が気にする要素から人を判断したりはしないんです」と。かくして僕はお父さんにますます強く感染するに至りました。

近田　ああ、それは間違いなくいい人だね。

宮台　妻曰く、お父さんは「私は何事も自分の目で見て判断する」とおっしゃってこられたと。これ、まさに妻の構えそのもの。そんな立派な父親だから立派な娘が育ったのだと深く納得しました。父娘ともに、クソな世間に蔓延するクズな者どもの言葉に操られるが如き「言葉の自動機械」から、遠く離れているので、巷の風聞に微塵も惑わされないんです。

近田　本質にしか関心がないんだね。

宮台　結婚後、義父の佐伯先生は僕に対して大変よくしてくれます。佐伯先生が東大定年後に教授を務めた青山学院大学の退職記念最終講義でも、僕が冒頭のコメントスピーチをしましたが、佐伯先生の同僚の方々は、なぜ認知科学者ではない社会学者の宮台がと不思議がっておられました（笑）。同僚の方々から直接うかがったことです。

近田　娘婿《むこ》とはいえ、唐突な感じは否めなかっただろうね。

宮台　妻との結婚は週刊誌の記事になったので、世間の反響を呼びました。それが「クズの炙り出し」として機能しました。第一が「お前はロリコンか」「若すぎる子を手懐けるのは犯罪的だ」の類。結婚当時の妻は25歳。大の大人を年齢差や見た目で判断してはダメ。いかに恋愛経験値が低いかを表す幼稚な反応です。当時すでに小児病の頓馬があふれかえっていました。

近田　奥さん、そんなに若く見えたんだ？

宮台　はい。今でも若く見えます。僕と同じで、妻も「諦めない人」だから。さて第二は、「宮台は援交を擁護して『性の自己決定論』とか勇ましいことを言ってたのに、自分は箱入り娘と結婚しやがって」みたいな。マーケティング・アナリストの三浦展《みうらあつし》が典型。相手を知らずに箱入り娘とは聞いて呆《あき》れる。恋愛事情は当事者以外は知りようがないという本質が分かってない。

近田　確かに。

宮台　盟友の大澤真幸氏が三浦展に反論してくれた言葉がありがたかった。「男女関係には外から見えないものがいっぱいあるのに、外から見える一面だけ捉えてラベリングするのは正しくないし、そもそも下品で浅ましい」。これまた、恋愛経験値の低さに由来するクソフェミ的な幼児性を指摘していますが、同時に、差別批判でもありました。完全に妥当です。

近田　まったくその通りだよ。いろいろな事情を乗り越えても、この人となら一生添い遂げられるという確信が持てたということですよね。

宮台　はい。「クリスチャンというものは然々だ」「年若い女というものは然々だ」「男というものは然々だ」という具合に、カテゴリーにステレオタイプを結び付けてテンプレ的に反応する。これを僕は「クズ」と呼びます。自分の品性のなさや、今まで付き合ってきた人々の品性のなさを、一般化して投射するもので、経験の貧しさがなければあり得ません。

近田　とにかく、それまでの女性との付き合いにおいてはまったく抱くことのなかった感覚が、突如浮上したということなんですね。

宮台　三浦展的なクソフェミ言説の期待に反して（笑）。なおクソフェミは宮台語。フェミニズムをステレオタイプ化したものではなく、「フェミニストを自称しつつ、カテゴリーにステレオタイプを結びつける差別主義者で、フェミニズムをけがす人々」という三つの属性を組み合わせた厳密な定義を伴います。クソフェミ以外にも類似物が量産されている昨今です。

子どもという「聖なる存在」と内なる変化

近田　その後、宮台夫妻は3人のお子さんを儲けます。不躾な質問に当たるかもしれませんが、これは、積極的に計画していたことだったんですか。

宮台　計画というほどかっちりしたものではなかったけど、3人がいいと思っていました。社会学者ジンメルによると社会は3人関係から始まるからです。「自分以外の皆は互いに……しているのでは」という想像的契機を伴うのは3人関係から。妻にはそんな説明をしたら、「私は4人きょうだいだから、言ってる意味が分かるよ」と同意してくれました。

近田　結果として、予想通りに二女一男に恵まれました。ちなみに年齢構成は？

宮台　2006年に長女、その3年後に次女、さらに4年後に長男が生まれました。

近田　最初のお子さんが誕生した時は、どんな感慨を持ちましたか。

宮台　3人とも立ち会い出産です。夫が妻のそばで手を握りながら出産を見届けます。初めての立ち会い出産は目も眩む衝撃でした。妻の胎内から出た赤子が助産師の手で目の前に掲げられた時、そこにスポットライトが当たったかのように赤子が金色に輝きました。まさに聖なる存在。そこから力が湧き出し、こちらを満たすように感じました。

近田　その体験は、後の自分に影響を与えましたか。

宮台　圧倒的な影響がありました。光と力の体験はまったく想像していなかったものです。それを体験してから、僕の文章には一貫して「光」と「力」がキーワードになりました。宗教学や人類学には

「聖なるものと俗なるもの」という二項図式がありますが、これまで「聖なるもの」を過不足なく定義できた宗教学者や人類学者はいません。

近田　あ、そうなんだ。

宮台　「聖」を非日常や高揚感として定義する論者はいますが、それだとライブやクラブでの踊りまくりもＬＳＤのようなドラッグ体験も「聖」に含まれ、僕らの生活形式で「聖」と呼ばれるものをはみ出します。僕は「聖」を力が湧き出す時空、「俗」を力が使われて減る時空だと定義します。この定義は先ほどの立ち会い出産体験に由来するものです。

近田　まさに人生を変えたね。

宮台　プラグマティズムの出発点になったアメリカ超越哲学の祖エマソンが言う「内なる光の受け渡し」とは「内から湧く力の受け渡し」で、「内なる光」とは「内から湧く力」の謂《い》いだと合点しました。生活で「つまらなさ」として体験されるものが「内から湧く力」の枯渇で、祝祭と（出産を含む）性愛が、枯渇を充溢《じゅういつ》へと回復させる「聖性」だと知りました。

近田　いつも以上に実感にあふれた言葉だよ。

宮台　一万年前からの定住による法生活で、遊動段階の僕らに充溢していた「力」が失われて生きづらくなるので、社会（法生活集団）は「ケ（気＝力の充溢）→ケガレ（気枯れ＝力の減衰）→ハレ（晴れ＝力の補充）→ケ（気＝力の充溢）→……」の循環を回して成員たちの「力」を持続可能にしてきました——という図式も、立ち会い出産体験なくして理解し得ませんでした。

近田　お子さんが生まれてからの宮台さんって、明らかに印象が変わりましたよね。何が正しくて何が間違っているかということに対して、以前よりもストレートな形で言及することが増えた気がする。語り口が平易になったというか。

宮台　そうかもしれません。ご指摘の通り。最初は『14歳からの社会学』（２００８年）でした。長女の誕生を記念して、長女やこれから生まれる子どもたちが、14歳になったら読んでほしいと思って書きました。以降の本は、子どもたちがいずれ読むことを想定して書くようになりました。想定する読者層を変えたということです。

近田　やっぱり。

宮台　自分が家庭を持つという事態を想像することがありませんでした。僕には、すでに話した勘違いがあって、そういうことを想像させてくれる女の人に出会えませんでした。いずれにせよ、僕が想定していた読者層は20代から40代まで、メイン・モチーフは「なぜ日本社会がクソになり、日本人がクズになったか」を記録して伝えることでした。

近田　将来に関しては、結構悲観的だったんだ。

宮台　知己の元ナンパ師の界隈で、持続可能な家庭を持てた割合は低いです。妻と家庭を持ててからはメイン・モチーフが「クズを量産するクソ社会の中でどう幸せに生き延びるか？」に変わり、答えとして「社会という荒野を仲間と生きよ」と力づけるものになりました。その線でワークショップを提供する「風の谷・体験デザイン研究所」も設立しました。

近田　家族を得た宮台さんは、幸運にも軌道修正することができたわけですね。下世話な話になりますがそんなにできた奥さんなら、従来通りに好き勝手やってやろうという気持ちにはならなかったんですか。

宮台　いいえ、気持ちはかなり違います。妻は信じられないほどすごい女です。「他の相手に関わるなら、相手を軽んじる遊び――浮気――はダメだよ。でもあなたにはこの家族しかないのだから、相手の結婚を妨害する結果になるのもダメだよ」と。だから随所で記してきたけれど、僕は妻に言われて「結婚のプロデュース」もしました。婚外性交渉はあれ、好き勝手に遊ぶ選択肢は、そもそもないのです。

近田　この対談いろいろと聞いてきた立場からすると、ものすごく意外だよ（笑）。

宮台　そうかなあ。互いの置換可能性に長く苦しんだ後、やっと妻に出会い、最後の難関――互いの置換可能性を伴う「メンヘラ問題」――を克服、違和感がない恋愛感情を取り戻した。その奇蹟を大事にする義務がある。だから世にあふれるナンパ講座が指南するようなマニュアルは嫌悪の対象でしかないんです。それで独自に恋愛ワークショップを始めたわけです。

性愛とは何か――「恋愛ワークショップ」の目的

近田　既成のマニュアルのどういった点に関して否定的なんですか。

宮台　１９９３年の『サブカルチャー神話解体』のキーフレーズは「関係の唯一性」、つまり「相手の置換不能性」です。その頃は「関係の唯一性」を確信できる相手を探して悪戦苦闘していたので、自然にキーフレーズになりました。だから、バンゲ（連絡先ゲット）から性交までの「前半プロセス」しか扱わない巷のナンパ講座は、ゴミにしか感じないんです。

近田　ゴミか。言うねえ（笑）。

宮台　大切なのは、性交した相手と、互いに置換不能な絆を結ぶにはどうするかという「後半プロセス」。それを欠いた「前半プロセス」の指南は、極端に言えば「孤独死への道」です。「相手を幸せにできないので自分も幸せになれない人々」（『14歳からの社会学』）を量産するだけで終わります。「バカを相手にしたバカによる講座」があふれる現状は、悲惨です。

近田　リンカーンみたいな表現で罵倒するねえ（笑）。

宮台　そもそも、収奪としての性愛・交換としての性愛・贈与としての性愛があるんです。「収奪としての性愛」は性被害。性被害でない非言語的営みを含む同意性交には二つ。一つは「交換としての性愛」。ギブ・アンド・テイクで、ギブした分をテイクできないと不満が生じ、「収奪としての性愛」に近づく。だから「収奪としての性愛」と「交換としての性愛」は連続体です。

近田　グラデーションを帯びるんだね。

宮台　「交換としての性愛」が〈普通のセックス〉だとして、もう一つが「贈与としての性愛」。古来祝祭に伴う〈祭りのセックス〉と恋愛に伴う〈愛のセックス〉を含みます。恋愛とは、お話しした通り12世紀南欧ルーツの〈唯一性規範〉と〈贈与規範〉を伴うロマン主義的性愛。続柄婚や身分婚に代わる、近代的家族の形成原理たる恋愛婚と結合し、19世紀に世界中に拡がります。

近田　近代的な営みなのね。

宮台　つがい mating ならぬ婚姻 marriage なので、続柄婚や身分婚と同様、恋愛婚はモノガミー（1対1）の相互所有観念――使ってなくても自分のもの――を含みます。元来、続柄婚や身分婚の相互所有の外側で生じる、既婚者間の情熱愛だけが恋愛 love です。ところが19世紀後半から恋愛婚が拡がると、婚姻のモノガミー的所有観念が恋愛にも移転されました。

近田 そうなんだ。

宮台 収穫物に由来する財産の「所有・配分・継承をめぐる法」に由来する婚姻は、ゆえに永続規範と相互所有規範を伴います。それに対する反措定が情熱愛で、情熱とは婚姻夫婦の相互所有からはみ出す制御不能な感情です。12世紀ルネサンスの経緯から、「あなたは世界のすべて」という〈唯一性規範〉と、「あなたのためなら法も破る」という〈贈与規範〉が充当されました。

近田 エモーションが暴れ出すんだ。

宮台 情熱愛は、「あなたは世界のすべて」という〈部分の全体化〉を伴うので、19世紀に「ロマン主義的恋愛」と呼ばれます。ロマン主義とは〈部分の全体化〉を意味する文芸用語。ロマン主義的恋愛が一挙に世界中に拡がったのは、婚姻夫婦間の〈普通のセックス〉の「快楽の相対性」に、〈愛のセックス〉の「享楽の絶対性」が小説を通じて対置されたからです。

近田 フィクションが大事な役割を果たしたと。

宮台 資本主義が、宗教改革以降のプロテスタント一派のローカルな作法だったのが、市場での圧倒的な競争力&市場拡大力ゆえに普遍化した（ウェーバー）のに似ます。ロマン主義的恋愛も、南欧貴族のローカルな作法だったのが、産業化による匿名圏拡大を背景とした、親密圏概念の文芸市場での圧倒的な競争力&市場拡大力ゆえに、普遍化しました（ルーマン）。

近田 恋愛の歴史を跡づけると興味深いね。

宮台　話した通り、匿名圏≒置換可能圏であるバトルフィールドとしての「システム世界」——市場と組織——に対し、親密圏≒置換不能圏であるホームベースとしての「生活世界」の中核に、人々が感情的回復機能を果たす装置として「恋愛家族」を位置づけた一方、資本の自己増殖で地域共同体が空洞化し、生活世界には恋愛家族だけがかろうじて残った状態です。

近田　それが現在ってことね。

宮台　「風の谷」ワークショップは、テックを上手に用いて地域共同体をリストアするミュニシパリズム（共同体自治主義）の実践ですが、マクロな波及が望めない間はエヴァキュエーション（避難所）として、「社会（法）が許さなくても私ないし私たち（掟）は許す」という「恋愛」や「恋愛家族」の界隈が機能的に要請されざるを得ません。これは論理的な問題です。

近田　論理的に承知しました。

宮台　以上の学知に基づき、部分性ならぬ全体性、相対性ならぬ絶対性、置換可能性ならぬ置換不能性を回復するのが、巷の「クソナンパ講座」ならぬ僕の「恋愛ワークショップ」です。性交の動因である性欲が、ゲノム由来の「相手は誰でもいい」置換可能面を持つので（ルーマン）、ワークショップでは性交体験が、むしろ置換不能面を刻む実践として位置づけ直されます。

近田　高尚な行いになるんですね。

宮台　「クソナンパ講座」に参加して分かるのは、意識が自分に向いていること。尊厳（内から湧く力）を欠いたダメ意識に苦しむ「碇シンジ」の「僕だってできる」という達成感獲得や、「僕だって選んでもらえる」という承認欲求満足のための、自己中心的手段として性交が位置づけられ、「交換としての性愛＝〈普通のセックス〉」を1ミリも越えられないのです。

近田 女の子は、一定のプロセスを踏むために用いられる対象でしかないんだね。

宮台 はい。残念ながら、今やナンパ講座に限らず、ほぼすべての若い人々が、適切な性愛を、適切な手順として思考します。「テンプレ化」と呼びます。テンプレ化は、失敗しないためやMeTooを避けるための、消極的志向が優位で、「マッチングアプリで最初に会う時の場所・服装・会話」から「何回目でエッチすれば大丈夫か」までが手順化されています。

近田 ネットで検索すれば、そういう情報は網羅されているしさ。

宮台 ネガティブ・サンクション（罰）を避ける消極的志向は所詮、言語で語られた法に損得勘定で従う「自発的」営みです。内から湧く力に従う「内発的」営みが欠けているので、すべてが孤独回避と性欲満足の道具に頽落し、道具として機能すれば何でもいいという置換可能性――汝のソレ化――に帰結します。「その相手にしか力が湧かない状態」が不可欠なのに。

近田 それでこそ恋愛だよね。

宮台 戦間期の社会学者ミードは、自発性ならぬ内発性を擁護するプラグマティストで、相手に生じる反応が直ちに自らに生じる「なりきり role taking」の構え――後にストローソンが反応的態度reactive attitudeと呼ぶ――だけが内から湧く力を与えるとします。相手が法（テンプレ）を破る営みを欲した瞬間に自らもそれを欲する時、相手が「汝」として現れます。

近田 三人称から二人称に変わる。

宮台 産業革命後期の重工業化・都市化による関係の置換可能化から、人格的／没人格的（ウェーバー）、生活世界／物理世界（フッサール）、汝／ソレ（ブーバー）、表出的／道具的（パーソンズ）、コミュニケーション的／道具的（ハーバーマス）、コンサマトリ／道具的（村上泰亮《むらかみやすすけ》）、親密圏／匿名圏（ルーマン）という同一概念系列が、19世紀末から20世紀半ばに生まれます。

近田　初耳の人名ばかりだけど付いていきます（笑）。

宮台　それらは19世紀末の人類学者モースの「贈与／交換」と共鳴します。遡れば18世紀半ばの産業革命初期、スミスが「資本主義的市場の市場以前的前提」として同胞感情と同感能力（人の苦を自らの苦とする力）に注目し、ルソーが「民主政の民主政以前的前提」としてピティエ（自分は良くてもあの人・この人はどうかを想像し懸念する力）に注目しました。

近田　おお、ルソーは聞いたことあるよ。

宮台　スミスは直前のケネーのフィジオクラシーを踏まえます。「万物による支配の学」という意味。重農主義は誤訳で、万物からの贈与が社会を与えるとの思考です。起点に原生自然からの贈与があり、それを労働で加工、加工品を更に労働で加工……という労働の流れと、反対向きに貨幣を流す返礼的営みこそが経済だとし、起点の贈与への返礼がないことによる危機に注目しました。

近田　お返しがないと不安なわけね（笑）。

宮台　長く続く文明には例外なく原生自然からの贈与への反対贈与を企図する「まともさ」decencyがあります（対称性哲学）。狩りすぎない・採りすぎない・余れば自然に帰す、という「儀礼的営み」が反対贈与。それがケネーの「市場の市場以前的前提」です。他方、スミスは、重商主義から資本主義の市民社会を擁護する必要から、問題を人間化し、同感能力を持ち出しました。

近田　同感能力、大事だよね。

宮台　かくて19世紀半ばからの百年間に性愛と家族をめぐる問題が考え抜かれました。原生自然の分業的間接化、贈与者たる原生自然の人格化を忘れると、極端気候で文明が滅びてきたように、資本主義的市場による人間の労働力化で、人間の人格化を忘れると、性愛と家族が持続せずに社会が滅びます。没人格化（道具化）・対・人格化（目的化）、という二項図式が鍵になっています。

近田　学問っていうのは、意外と人間くさいもんだね。

宮台　近代に限らず、原生自然を遠く間接化した分業体系である文明は、原生自然へのdecencyを失わせます。加えて近代は、人間関係をテックで置換するので――生活世界をシステム世界で置換するので――原生自然だけでなく人間関係へのdecencyも失われます。それを記す学知の伝統を無視して極端気候や生きづらさに苦しむのは、集合的な自業自得案件です。

近田　テックの進化も良し悪しだね。

宮台　こうした思考のすべてが、妻との出会いによる家族形成を端緒とします。先ほど子どもたちが大人になりかかったら読んでほしくて書くようになったと言いましたが、それは僕の変化の一部で、中学生以上向けの恋愛ワークショップや、就学前向けの森のようちえんや、就学児向けの森のキャンプ実践などを導く全思考に、「起点の贈与」としての妻との出会いがあります。

子育て――失われたリソースをどう実装するか

近田　子育てを実践するに当たって、何か意識したことはありますか。

宮台　自分が3人の子どもたちと同じ年齢だった頃、どんなふうに遊んでいたんだろう、どんなふうに勉強していたんだろう、どんなふうに過ごしていたんだろうと記憶を辿《たど》ったり、過去と現在の統計データを比較したり、個人史年表・文化史年表・犯罪史年表・政治史年表・外交史年表・写真で見る○○史などを突き合わせたりするようになりました。世界史の受験勉強と同じです。

近田　その回顧を通して、何か発見はあった？

宮台　その前に押さえたいのは、第一に、僕の子ども時代と今の子どもたちでは生活形式が異なること。第二に、失われた生活形式による自己形成への悪影響があり得ること。第三に、かつての生活形式を取り戻すのは社会的リソースの変化ゆえに難しいこと。第四に、今ある社会的リソースを用いて、そうした失われた生活形式の機能的等価物を模索すべきこと。

近田　いつも整理の行き届いたご説明、ありがとうございます。

宮台　要はノスタルジーを排して機能主義を貫徹すべきこと。それを踏まえて言えば、僕が子どもの頃は、子どもから見た人や場所の多様性が今より豊かで、言語外の身体能力や感情能力がないとできない営みが無数にあり、言葉のラベル（カテゴリー）にステレオタイプ（テンプレ）を結び付ける劣化した大人——僕が言うクズ——に育つ可能性が今より低かったのです。

近田　確かに、住民も風景もバラエティに富んでいた。

宮台　小学校の教室には、団地の子・農家の子・商店の子・医者の子・地主の子・ヤクザの子がいて、年齢・性別・家業などのカテゴリーを越えてフュージョンする外遊びに耽っていたと話しました。取っ組み合いをしても目潰しや嚙みつきや骨折や武器使用がない限り大人が介入しない。言わば

「子どもの領分」がありました。近田さんも同じだったはず。

近田 いろいろと鍛えられたもんね。

宮台 「子どもの領分」という大人たちの共通感覚が法の適用除外（アジール）を許容したので、条例が焚き火を禁じても焚き火を通報する大人はいなかったし、「横撃ちはいけません」と筒に注意書きがあっても打ち上げ花火の横撃ちを咎める大人はいなかったし、川で時々溺れる人がいても遊泳禁止や鉄柵《てっさく》設置を要求する大人はいませんでした。子どもたちは自由でした。

近田 今は、とにかく事前に危機を回避するから。

宮台 よその家でご飯食べたりお風呂に入ったりするのも当たり前。家族文化の違いに驚きつつも一緒に遊んで「同じ世界」に入れました。だから生業が違う友達親・隣近所・親戚などの大人たちとの「斜めの関係」（伊丹十三《いたみじゅうぞう》）もあった。親との関係が「縦の関係」。年齢が近い子ども同士の関係が「横の関係」。それとは違う「斜めの関係」が子どもたちを自由にしました。

近田 巧《うま》い表現だね。

宮台 例えば生活形式がまったく違う「斜めの大人」――友達の親やご近所――と仲良くなる機会があれば、進路選択などで親が価値観を押し付けてきても、「斜めの大人」がロールモデル（感染源）になって、自由に反抗したりスルーしたりできました。「〇〇中学に入れないと勝ち組に一生なれないぞ」「勝ち組ってあんたみたいに無様になることか？ 願い下げだ」。

近田 宮台少年のロールモデルは？

宮台 僕の感染源は、アジア各地のレーダーサイトの設計が評価されてＧＥの極東支配人をしつつ、空中撮影と水中撮影のテクニックが評価されてパンアメリカン航空の広告写真家をしていた母の兄と、花札を教えてくれ、京都市内のいろんなお祭りに連れていってくれた倶利迦羅《くりから》紋紋の友達の親。それぞれの家でご飯を食べて風呂に浸《つ》かり、入り浸りました。

近田　いい思い出だね。

宮台　また、幼少期の僕は体が小さく、虚弱で小児喘息を抱え、引っ込み思案でぼっちになりがちでしたので、数歳離れた近所のお兄ちゃん（鉄也《てつや》さん）お姉ちゃん（みゆきさん）の家で遊んでもらう機会が多く、「お兄ちゃんやお姉ちゃんみたいに面倒見がいい優しい人になりたいな」と、身分や地位にではなく、人となりに憧れもしました。

近田　最近では、そういう交流が減っているかもね。

宮台　友達と遊ぶ時、転校先ごとに味噌っかすとかお豆とかチビとか呼称が違ったけど、弟や妹を遊びに混ぜてくれるかどうかが問題になりましたが、とりわけヤクザの子たちはいつも必ず「弟はどうしたん、連れてこんかい」と声をかけてくれました。小さな子どもたちも一緒に遊べるようにとゲームのルールを緩和してくれる計らいも普通に行われました。

近田　はいはい。そいういう気遣い、あったねえ。

宮台　年齢・性別・家業のカテゴリーを越えてフュージョンする外遊びの経験、ヨソんちで飯や風呂をいただいて友達親や親戚の大人と交流した経験、近所のお兄ちゃんお姉ちゃんに無償で世話してもらった経験が僕を作りました。その頃を思い出すと、感情的体験の豊かさが今とは違いすぎ、映画を観ている気分。子どもたちにそんな体験を与えたい。それだけが本当の「育ちの良さ」です。

近田　現在の環境だと、なかなか難しいよね。意識して場を作らないと。

宮台　こうした体験を支えていた昭和的リソースは、お百姓さんやお店屋さんなど自営業が多かったこと、子ども会や青年団や老人会など年齢階梯《かいてい》制の地域集団が機能していたので町内会に実質があったこと、法外の共通感覚や掟に馴染まずに法化を要求する頓馬な新住民が、少数だったこと、それゆえ地域が不信ベースではなく信頼ベースで回ったことなどです。

近田　そこが大きいよ。

宮台　ちなみにルーマンの影響を受けた山岸俊男は、何があっても大丈夫という構えを「信頼」、何も起こらないとする構えを「安心」と呼びました。昭和から平成・令和への展開で、大舟に乗る信頼社会≒地域社会が、些細《ささい》なことに神経質な安心社会≒会社社会（地域空洞社会）に変じたのです。地域社会から地域空洞社会への変化が「郊外化 suburbanization」です。

近田　なるほど。

宮台　60年代団地化で育った子どもが親になった80年代新住民化で育った「育ちが悪い」子どもが成人を迎えた96年頃から、在日を敵認定するウヨ豚や、男を敵認定するクソフェミなどカテゴリーにステレオタイプを結合する差別主義者が湧き始めます。「新しい歴史教科書をつくる会」設立も97年。20年弱を経て彼らも今は50歳前後で中高生の親。ウヨ豚やクソフェミが目立つ世代です。

近田　何かとセンシティブな世の中になったよ。

宮台　これらリソース変化については90年代半ばまでに何度も書きましたが、子どもたちが生まれると、「失われてはいけないリソース」が失われた事実を嘆くより、失われたリソースの機能的等価物を自分たち家族集団や仲間集団にどう実装するかを考える営みが重要になって「虫採り実践」と「コンテンツ実践」に乗り出し、今のワークショップにつながりました。

近田　家族ができたことは、本当に宮台さんを変えたんだね。

宮台　はい。繰り返すと、失われたものを嘆く「ノスタルジー」は簡単ですが、失われたものの機能的等価物を考える「等価機能主義」は、実証を超えた洞察を必要とするので経験値が低い者には難しい。機能的等価物を社会に実装する営みはなおさら難しい。そこに、祭り好きやナンパ師やフィールドワーカーとしての全国めぐりの経験が役立つはずだと思いました。

言外・法外・損得外の力を強めるための「コンテンツ実践」と「虫採り実践」

近田　父親としては、具体的にどういう暮らしを送ってきたわけ？

宮台　長女の出産後、妻は書店員の仕事に復帰する予定でしたが、長女が時々アナフィラキシーを発症するアレルギー体質でしたので当面は叶わず、妻は専業主婦になり、長女は完全自由保育の幼稚園に通わせました。送迎のうち、送る方は僕の担当だったので、同じ園に通った次女と長男を含めて都合11年間、毎朝子どもたちを幼稚園に送り届けました。

近田　それは大変だったろうね。

宮台　いいえ。少しも大変じゃなくて楽しかったです。それだけじゃなく、そこから学べたことがてんこ盛りでした。そのあたりは『子育て指南書　ウンコのおじさん』（２０１７年）に縷々書いてあります。

近田　物心がついたあたりからは、どんなふうな育て方をしたの？

宮台　てんこ盛りの学びから編み出したのが、先ほど話した「虫採り実践」と「コンテンツ実践」です。読者の親御さんにとってハードルが低い「コンテンツ実践」から話しましょうか。具体的には、僕が子どもの頃に見ていた60年代アニメや特撮——子ども向けの60年代コンテンツ——を、一つ残らず見せることを決めました。3人の子どもたち全員に実践しました。

近田　今、簡単にネットでたいがいは見られるもんね。いい時代だよ。具体的にはどんな作品なの？

宮台　まず、言葉を理解するようになったら、60年代後半の円谷《つぶらや》プロ作品から始めます。

近田　「ウルトラQ」「ウルトラマン」「ウルトラセブン」「怪奇大作戦」のあたりまでだね。

宮台　はい。最初に驚いたのは、番組を見てしばらく経って、モノクロだったかカラーだったか尋ねると、答えられないこと。思えば僕自身そうでした。円谷プロの「ウルトラQ」カラーデジタル化の企画で、円谷プロから付録動画への出演を頼まれた時、「え？　もともとカラーだったでしょ？」と尋ねました。子どもの没入体験の何たるかをよく示しています。

近田　自分の脳内でカラー化しちゃったわけね。

宮台　次に同時期の『ゲゲゲの鬼太郎《きたろう》』『ジャングル大帝』を見せます。すべての共通点は単純勧善懲悪じゃないこと。怪獣や妖怪《ようかい》や猛獣が悪、犠牲になる人間が善に見える。でもよく考えると、悪は人間社会。怪獣は人類の横暴への自然からの復讐《ふくしゅう》か、人間社会の悪の結晶。妖怪は人間たちが森に追い遣《や》った先住民。猛獣は欲深い人間たちによる狩りの対象です。

近田　現実が仮託されるんだね。

宮台　記憶を辿ると、当時は落盤絡みの三池争議、水俣病《みなまた》やイタイイタイ病など公害問題、ゲリラの疑いで民間人を虐殺するベトナム戦争などの政治的ネタが、テレビでも小学校の授業でも話題でした。だから人間社会が善という設定がむしろ不自然でした。人間の善良さが描かれた後にどんな人間社会の悪が描かれるのかと、ドンデン返しの驚きを期待するようにもなりました。

近田　その感覚、僕の中にもありましたよ。

宮台　だから、年少や年中からこれらを見せると、年長になって単純勧善懲悪を「つまらない」と言うようになります。年長になった長女が「プリキュア」を見ていたので「プリキュアが好きなんだね」と言うと、「そんなわけないじゃん。皆が見てるから話を合わせるために見てるの。悪い人は悪い、善い人は善いっていうアニメはつまんない」。さすがだと思いました。

近田　社交のためだったのね（笑）。

宮台　ちなみに2006年に電凸騒動がありました。会社の「悪行」を2ちゃんねるでさらし上げ、クレーム電話で突撃して広告掲載を新聞にやめさせたり、新聞社が攻撃対象の場合は、新聞への広告出稿を各会社にやめさせたりしました。この時、電凸の仕掛人が僕のゼミにいて、仕掛けを教えてくれました。「実はこれ、バカ相手の釣り堀ゲームなんですよ」。

近田　え？　どういう意味？

宮台　曰く、5人程度の人間がすべての電凸を仕掛けている。仕掛人は、誰もが飛び付きそうな道徳ネタを撒《ま》く。ポイントは自分が憤激するかじゃなく、誰もが憤激するだろうと誰もが思うようなネタを撒く。「着火」したら、当該の会社について、誰もが憤激するだろうと誰もが思うような道徳ネタを「燃料投下」。1シーズンに一度集まって成果を競うのだと。

近田 自身の義憤に基づいているんじゃないんだ。

宮台 彼が言います。「不倫炎上する界隈には、SNSの履歴を辿れば、自分が不倫している輩が多数含まれています。ってことは、道徳的正義が動機じゃなく、正義スクラムで粉砕する快楽が動機だってこと。宮台さんがナチス研究で教えてくれた理論通りです。『こんなはずじゃなかった』と不全感を抱く生きづらい人々を、徒党を組みやすい道徳ネタで釣ってるだけです」。

近田 まったくの愉快犯だね。

宮台 続けて曰く、「反公共的ですかね。宮台さんに話したのは、釣り堀ゲームの実態を書いてくれたら、ネット炎上がバカの祭りであることが広まり、ナチスに狂熱した没落中産階級のバカが、またぞろ再生産される事態に、抗えるんじゃないかと思うからです。とすれば、めちゃめちゃ公共的だと思いますよ」。彼はめちゃめちゃ頭がいいスタジオミュージシャンでした。

近田 一応、公益に資するつもりがあるのね。

宮台 ちなみに、ゼミ生に語ってきた理論を紹介します。豊かな社会では快楽は多様。だから快楽では連帯できない。他方で不快は多様性が低い。だから不快なやつを吊《つる》せとの号令で簡単に連帯できる。でもよく見ると不快回避は焦点じゃなく、不快なやつを集合的に粉砕する快楽が焦点になっている。だから不快（不道徳や不正義）は集合的粉砕のネタに過ぎない。

近田 対象はどうでもいいってことかな？

宮台 はい。以上はローティの「最大多数の最小不幸」理論に、ルーマンの「どんな価値感（規範的予期）を持つかより、皆がどんな価値感を持つかの予想（認知的予期）が動機に結び付きやすい」という理論を結合した、宮台流「ポピュリズムの本質」理論です。驚くべきことに、そのミュージシャンの「バカ相手の釣り堀ゲーム」の実践が、理論を実証してくれたわけですね。

近田　そう言われると、高貴な思想を伴った運動に思えなくもないから不思議だよ。

宮台　豊かな社会では不快回避の正義が幸福追求の正義より多様性が低い。しかるに集合的粉砕の快楽は、タルド（摸倣）、デュルケーム（集合的沸騰）、ジラール（第三項排除供犠）の系列が示す通り普遍的で、豊かな社会でも共有しやすい。だから本人にはどうでもいい「皆もそう思うだろう」的な不快回避の正義をネタに、集合的粉砕の普遍的快楽を追求する訳です。

近田　ちょっと「悪いやつごっこ」に通ずるセンスも感じるね。

宮台　僕が「単純勧善懲悪もの」が有害だと思うのは、これらの学術的理由によります。他方、60年代コンテンツの「逆転勧善懲悪もの」を子どもたちに与えてみて、「単純勧善懲悪もの」を僕同様に「つまらない」と感じるのだという蓋然《がいぜん》的な事実が分かったのは、大収穫でした。さて、60年代コンテンツの後に見せるのが、宮崎駿監督『風の谷のナウシカ』（1984年）です。

近田　何歳ぐらいの時に見せるの？

宮台　5歳の年長さん、つまり就学前です。長女の場合は4歳の年中さんでした。

近田　さすがにハードルが高すぎない？

宮台　確かに、台詞《せりふ》に使われている言葉は難しい。「皆は息災か」など、今は大人さえ使わないものもあります。トルメキア国とペジテ市と風の谷（村）との関係なども、幼児には分からない。だから、見ている子どもたちの横で僕がブツブツと分かりやすく解説を呟《つぶや》き、並行して聞いてもらいます。この「音声多重放送」で就学前でも問題なく理解できるんです。

近田 その様子を想像すると、なかなか面白いね（笑）。

宮台 そんな経験から言うと、多くの大人が子どもを舐めすぎています。例えば、子どもが喋り出す前は言語能力が未発達だと長く思われていたけど、最近の研究で、声帯形成が遅いだけで、生後10ヵ月でフィルモアの格文法case grammarに当たる言語能力が備わり、手話を学べることが分かりました。理解できないことと理解を表現できないことは違います。

近田 なるほど。表現の手段が身についていないだけってことか。

宮台 似た話。子どもと一緒に映画を見て物語が複雑かなと思う場合でも、時間軸上に出来事を配列する〈物語的理解〉が不十分であれ、仲間／他人、子ども／大人、夢／現実などの二項図式で世界を構造化する〈神話的理解〉は大人よりも秀でていると感じます。最近の若い人は物語が複雑だと難解だと投げ出しがちですが、子どもにはむしろそれがないのですね。

近田 そうなんだ！ 幼いと思って侮っちゃいけないね。

宮台 次に、就学したら、『涼宮《すずみや》ハルヒの憂鬱』（２００６、09年）、『魔法少女まどか☆マギカ』（２０１１年）、『鬼滅の刃・無限列車編』（２０２０年）、『ヴァイオレット・エヴァーガーデン』（２０１８年）など、同時代にエポックメイキングなアニメを見せます。物語よりも世界観や世界設定をどこまで理解できるのかを確かめるためです。それでいいよいよ、最終段階に移ります。

近田 よく知らないけど、今挙がった作品群って、本来は小学校中学年ぐらいからが対象だよね。

宮台　はい。低学年には難しめだけど、僕が横から分かりにくい部分をぼそぼそ説明します。すると、ものすごく喜んでくれます。ということは、少しアシストするだけで内容を充分に理解できるということです。僕に暇があれば、コンテンツ内容を操作化して反応を計量する実験心理学的な研究をしたいところです。誰かやってほしいと真剣に願います。

近田　その解説、むしろ俺が金を払っても聞きたいぐらいだよ（笑）。

宮台　いつでもどうぞ。映画批評家ですから。最後は、深夜アニメの名作をサブスクのアーカイブから見せます。具体的には、フジテレビの「ノイタミナ」という２００５年から深夜枠で放送された連ドラ的アニメから厳選します。10周年記念の『残響のテロル』（２０１４年）と、『僕だけがいない街』（２０１６年）は大傑作。本当に苦しいアンビバレントの悲劇が描かれます。

近田　俺、アニメには詳しくないんですが、機会があったら見ますよ。

宮台　その正義を立てれば、この正義が立たない。その人を救えば、この人を救えない。それが「苦しいアンビバレントの悲劇」。その頂点が最後に見せる深夜アニメ、浦沢直樹《うらさわなおき》原作『ＭＯＮＳＴＥＲ』（２００４〜05年）。原作を最高にリスペクトする人たちが、原作のコマ割りを活かした画面構成とモンタージュをした、原作の読後感と違わない印象を与える稀有なアニメです。

近田　原作の魅力を損なっちゃうアニメも多いよね。

宮台　ですよね。大学などでキリスト教講義をする際には「原罪論」で必ず触れます。作品は『鉄腕アトム』の外典です。正典では、瀕死《ひんし》の子を天馬《てんま》博士が救うと、科学（お茶《ちゃ》の水《みず》博士）の手を通して世界を救う英雄に育つ。外典では、瀕死の子をドクターテンマが救うと、科学（戦争機関）の手を通して世界を滅ぼす悪魔に育つ。名はヨハン。冒頭にヨハネ黙示録が示されます。

近田　ヨハンとヨハネ、関係があるんだ。

宮台　ヨハンはヨハネ黙示録から取られた名で「これは原罪論だ」と告知します。テンマは院長命令に反して救急搬送順に子どもを手術、後から搬送された政治家を死なせたことで、外科部長だった病院を放逐され、冤罪《えんざい》をかけられて幾度も九死に一生を得つつ、自分が世に送り込んだヨハンを殺害しようと欧州全域を転々とし、最後に小さな町でヨハンと対面する。

近田　スケールが大きい話だね。

宮台　原罪論とは何か。神は自らの似姿として人を作った（創世記）。神が善悪判断するように、人も善悪判断する。それが似姿の意味。でも神は完全。人は不完全。神は全体を知って力が尽きぬ。人は全体を知らず力が尽きる（死ぬ）。なのに善悪判断して行為する。テンマは瀕死の子を地位を顧みず助けた。だが人の世では紛うことなき善行が、世を滅ぼす悪魔を生む。

近田　矛盾が生じるわけだ。

宮台　これが原罪の時間次元。つまり因果理解の有限性です。空間次元もある。カトリックの祈りの核は「私が皆を裏切らぬよう見ていてください」。皆のために尽くしたくても力が尽きる。でもあなたが見ていてくれたら力は強められる（奇蹟）。だが「皆」とはどの範囲か。神は分け隔てしない。私も分け隔てしたくない。でもどの範囲？　犯罪者は？　異教徒は？　他の動物は？

近田　どこに境界線を引くか難しい。

宮台　主要二つの問題。一つ。それでも善行と信じる行為を為すべきか。一つ。善行と信じた行為の恐ろしき帰結を知った時、それを中和すべく世に善行とは呼ばれない行為を為すのは許されるか。イエス信仰が答えを与えます。前者には十字架上の贖罪《しょくざい》が。後者にはもう一つの祈りが。その祈りは「私はあなたのもの」。すなわち「私が間違っていたら躊躇なく裁け」。

近田　それが答えなんだ。

宮台　テンマの為した行為は前者に関わり、彼が為そうとする行為は後者に関わる。つまり『MONSTER』は過不足なき原罪論。原罪論の問いは信仰ではなく論理です。その点、法華経《ほけきょう》の七つの喩《たと》えに似て、我々から論理にもとる全能感を奪います。つまり、論理に従えば全能感が必ず消えます。それでも前に進む「力」はどこから得られるか。そういう問題設定です。

近田　興味深い作品だね。

宮台　それは、言葉と法と損得で規定可能な有限の〈社会〉への閉ざされから、言外と法外と損得外の規定不能な無限の〈世界〉への開かれに、我々を連れ出します。拙著『〈世界〉はそもそもデタラメである』（2008年）の題名はそこに由来します。繰り返すとそれは抗えない論理です。全能感の刈り取り（去勢）に苦しむ思春期の反抗期前に、その論理に触れさせるんです。

近田　「コンテンツ実践」は分かりました。驚くほど考え抜かれたものだね。それで、もう一つの「虫採り実践」はどんなものなの？

宮台　紙幅が許さないので、詳しくは『ウンコのおじさん』に譲るとして、短く言います。自分の力が言外・法外・損得外から湧き出す事実を知り、自分の内から湧く言外・法外・損得外の力を強める実践です。その力は、気がつくと体が動いているアフォーダンスの身体能力と、気がつくとその人に感染して感情が動いているミメーシスの感情能力から成ります。

近田　それらは年齢には関係があるの？

宮台　シュタイナー曰く、内から力が湧く喜びを養う過程の臨界期は7歳。それを前提に〈世界〉の色や音のダイナミズムにコール&レスポンスする喜びを養う過程の臨界期は14歳。それらを前提に〈世界〉の記述にロゴス（論理）を駆使する喜びを養う過程の臨界期は21歳。すべての出発点に、内から湧く力を身体次元と感情次元で涵養《かんよう》する「虫採り実践」があります。

近田　そこまで考えずに虫を採ってたよ（笑）。

宮台　ですよね。でも、「コンテンツ実践」も「虫採り実践」も、子どもが〈世界〉や〈社会〉にまともdecentに関わるための「育ちの良さ」を支えたリソースがいったん失われた後、機能的に等価なリソースをテックやシステム世界――市場と組織――を敵に回すことなく実装することで、「育ちの良さ」を回復するためのプログラムです。その開発は、子育て経験なくしてはあり得ませんでした。

近田　真の意味での「育ちの良さ」ってことか。

宮台　はい。これはゲノム的問題ですが、言葉と法と損得で規定された〈社会〉への閉ざされから、身体次元&感情次元であれ（虫採り実践）、意味次元であれ（コンテンツ実践）、言外と法外と損得外の規定不能な〈世界〉へと開かれた人に、僕らは惹かれます。友愛でも恋愛でもそうです。ゲノムの乗物である個体にそうした存在が多かったからヒトが生き残ってきた。

近田　その結果として、宮台さんも僕もここに存在すると。

宮台　その事実を真木悠介《まきゆうすけ》（見田宗介の筆名）が『自我の起原』（1993年）でフェロモン・アロモン・カイロモン問題として記述します。「種の外に開かれることなくして種が生き残ることはなかった」という意味です。でも、ゲノムの乗物たる個体の、生存確率を上げた生体防御装置＝自我egoが、孔雀《くじゃく》の飾り羽の如くランナウェイ（暴走）して種の外への開かれを失うと、ヒトは破滅します。

近田　何でまたそうなっちゃうの？

宮台　僕の考えを話します。直接的反応reflexへの閉ざされから反省的反応reflectionへと個体を導くことで個体生存確率を上げる（ことでゲノム生存確率を上げた）自我が、なぜ暴走するか。理由は簡単。自我が、①個体の乗物である集団に適応して（＝社会化されて）生き残ろうとし、②その集団（今日では社会）が、自我のもたらす意識では制御困難な経路依存的自己運動を示すからです。

近田　自らの意志とは裏腹なんだ。

宮台　その経路依存的自己運動を記述するのが、社会システム理論です。今日の社会システムは生活世界（人間関係）とシステム世界（市場と組織）から成ります。マルクスが市場について、ウェーバーが組織について語った通り、システム世界は自己増殖して生活世界を壊し、剝き出しになった個体はシステム世界に適応する他なくなる。滅びの理由はかくも簡単です。

近田　正直、そんな簡単じゃなかったけれど、何とかかんとか理解できたつもりです（笑）。

宮台　ゆえに滅びの回避は、論理的に、生体防御装置である意識システム（自我）がマクロな因果性に抗って拡張・変異できるかに掛かります。その自我の拡張・変異の可能性は、論理的に、マクロに同調しないミクロな環世界に掛かります。僕らが関われるミクロな環世界は、現実的に、個体を育む家族と、それを前提づける性愛だけ。それも妻と家族が教えてくれました。

あとがき

本書は、1960年代の幼少期から2006年頃（40代半ば）に結婚するまでの自伝だ。自伝を出すなど考えたこともなかった。近田春夫さんと壇上で大喧嘩をした後、僕を気に入ってくれた近田さんが楽屋で僕の自伝をプロデュースしたいとおっしゃり、偶然そこに編集者が居合わせたことで文字通り気づいたら本書を出すことになっていた。近田さんが聞き手になった対話は延べ十数時間。それを何とか一冊に収まるようにしたのが本書である。

相手がいるプライベートなネタが数多く含まれているが、それを省いてしまえば僕の自伝とは言えまい。編集者など周囲の人たちと相談し、相手がいるプライベートなネタは25年以上前までに限定する「25年ルール」を設けた。25年経つと、25歳だった人は50歳になる。民法の一般法理「事情変更の原則」を参照して――刑法の公訴時効も似た法理――長めの事情変更期間（もう過去の話だよと言えるようになる期間）を設けさせていただいた。

原稿を読んだ妻が、自分が読んだ限りでも記憶違いがあるんじゃないかなと言ったが、あくまで僕だけの記憶に基づくので細部の記憶違いもあり得る。プライベートな出来事については妻を除いて実名を控えた。近田さんという稀有な聞き手なくしては一生語らなかったどころか思い出せなかったことをも含む。編集後の原稿を読み返して、喋っていた時には気づかなかった一貫したモチーフがあると感じた。フロイトの無意識論に倣って「快／不快」の二項図式に代入する形で記す。

第一は「つまらない／ワクワクする」。いつも「つまらなさ」に苦しみ、足掻いてきた。つまらない授業を我慢する同級生が理解できず、立ち歩いては指されずに答えを板書した。中学以降は同級生に会うたび、僕の挨拶は、「なんか面白いことないの?」。大学生になっても同じで、「お前に面白いことがないなら他の奴にもないんだよ」と、怒られた。「つまらない授業だね」と声をかけた女と恋人になっていつも一緒にいたから、腹が立ったのかも知れない。

ＡＤＨＤ云々は最近の社会的要請で与えられた診断名に過ぎず、意味がない。意味があるのは、これは障害というより神経学的トライブなのだとする昨今の理解。そうした傾きがある個体を含むことが集団生存確率を上げるのに役立つから存在し続けてきたと。学級委員なのに自習時間に教室の生徒全員を連れ出して「悪さ」をしたのも、数理社会学者なのにフィールド調査で援助交際の存在を世に告知したのも、集団生存確率を上げたのか（笑）。

第二は「留まる／外に出る」。「立入禁止」の札があるとそこに立ち入る癖があった。僕が琉球の各離島に関心を深める契機が、鍾乳洞《しょうにゅうどう》の立入禁止区域への侵入だった。30年前に久米島の鍾乳洞に入った時、立入禁止の札があった「ので」立ち入ることにした。歩くたびにしゃりしゃりと音がする。足元を照らすと一面に炭の白い燃えかすが拡がっていた。訝《いぶか》しく思って手に取ったら人骨だった。周囲を照らすと無数のしゃれこうべが並んでいた。

風葬墓地だった。頭蓋骨に触れながら奥に進むと、上方の穴から光が降り注ぐ場所に出た。大きな壺《つぼ》が並んでいた。屍《しかばね》を数年放置して風化した後に洗骨して大きな壺に入れたものだ。子宮の隠喩である亀甲墓《きっこうぼ》に納骨される前の人目に触れない過程を一望し、トランスした。百体を超える人骨を見るのが初めてだったからというより、そこが一つの宇宙だったからだ。事後この異界を幾度も夢に見た。そのうち僕の死生観が徐々に変化するのを感じた。

トランスが数日続いた。深夜に歩いていたら人里の外れに篝火《かがりび》が見えてきた。村祭りのエイサーだった。鬼の周りを太鼓踊りの男衆と手踊りの女衆が回る、見たことのない形。すぐ老婆に「内地からですか」と尋ねられた。「ご迷惑ですか」「いや、楽しんでいきなさい」。僕が知っていたのは観光化されたエイサーだった。もともとのエイサーの形を初めて見た。男衆や女衆の肌に浮かぶ玉の汗が篝火に輝き、美しいエロスを醸《かも》し出していた。酩酊《めいてい》した。

第三は「里／異界」。つまらないから、里から外に出て、異界に入っては、里に戻った。異界には三つある。第一は悪所の界隈。第二は被差別の界隈。第三は人ならぬ者の界隈。三番目から。柳田國男《やなぎたくにお》が自らを「神隠しに遭いやすい子」と称した。僕も死んだ祖父の声を聴いたり、ＵＦＯを見たり、何かに見られていると感じたりした。デ・カストロのアニミズム研究を読み、僕の感受性が古来普遍的だと知り、人類学研究に没入する契機になった。

次に二番目。小学生時代の大半を京都で過ごした。ヤクザの子たちがいた。いつも僕と弟を守ってくれ、僕が知らないところで生徒らを脅して僕を満票で学級委員にした。被差別部落の子がいた。まだ同和教育がなくて差別の尻馬に乗ってしまった。ヤクザの子たちに感じた恩義や、中高時代に勉強して被差別の子たちに負った罪障感《ざいしょう》は、社会学者になってから研究やフィールド調査を方向づけた。ヤクザにも在日や部落など被差別界隈の人が多い。

最後に一番目。悪所とは芝居街と色街。眩暈《めまい》を惹起《じゃっき》する場所が悪所。芝居街と色街を言う。最も深掘りしたフィールドは援交と風俗。映画批評を四半世紀してきたが、もともと映画は映画館で見た。風俗も映画館も悪所だ。思えば母方の曾祖父が戦間期（大正期）の浅草六区で芝居小屋と映画館を5つ所有、映画雑誌『歌舞』を創刊した。川端康成や江戸川乱歩も通っただろう。僕の一生は、里から外に出て、異界に入っては、里に戻る営みだったと言える。

映画批評のキーフレーズは25年間変わらず、「ここではないどこか」「どこかに行けそうで、どこへも行けない」「社会から世界へ」「世界からの訪れ」「一緒に屋上に上がって同じ世界で一つになる」。本文を読んでお分かりのように、旅も、恋も、ハイデガーを起点とする理論研究も、援助交際や色街のフィールド研究も、これらキーフレーズが指し示す通奏低音が鳴っていた。今も鳴っている。それに気づけたことが最大の収穫だったように思う。

当初の編集に携わられた久保奈々子さん、体調を崩した久保さんから編集を引き継がれたKKベストセラーズの鈴木康成さん、膨大な音声記録から一冊の書物を構成された下井草秀さん、本書を発案したうえ対談相手を務めて話を引き出してくださった近田春夫さんに、厚く御礼申し上げたい。そして、でたらめな僕を拾ってくれた妻、これを読んで呆れかえるだろう子どもたちにも、心から感謝を申し上げたい。

宮台真司

宮台真司（みやだい しんじ）

1959年宮城県生まれ。社会学者。大学院大学至善館特任教授。元東京都立大学教授。東京大学文学部卒（社会学専攻）。同大学院社会学研究科博士課程満期退学。1987年東京大学教養学部助手。1990年数理社会学の著作『権力の予期理論』で社会学博士学位取得。権力論・国家論・宗教論・性愛論・犯罪論・教育論・外交論・文化論で論壇を牽引する。2001年に開始した「マル激トーク・オン・ディマンド」、2018年開始の「深掘TV」にレギュラー出演するほか、ネット番組やラジオなどに多数出演。主な著書に『サブカルチャー神話解体　少女・音楽・マンガ・性の変容と現在』『終わりなき日常を生きろ』『14歳からの社会学』（ちくま文庫）、『社会という荒野を生きる。』『どうすれば愛しあえるの』（KKベストセラーズ）、『子育て指南書　ウンコのおじさん』『大人のための「性教育」』（ジャパンマシニスト社）、映画批評『崩壊を加速させよ』（blueprint）がある。

近田春夫（ちかだ はるお）

1951年東京都生まれ。音楽家。慶應義塾大学文学部中退。1975年に近田春夫&ハルヲフォンとしてデビュー。その後、近田春夫&ビブラトーンズ、ビブラストーン、President BPM名義でも活動する一方、タレント、ラジオDJ、CM音楽作家、作詞家、作曲家、プロデューサーとして活躍。文筆家としては、「週刊文春」にJポップ時評「考えるヒット」を24年にわたり連載。著書に『調子悪くてあたりまえ　近田春夫自伝』（リトルモア）、『筒美京平　大ヒットメーカーの秘密』『グループサウンズ』（ともに文春新書）などがある。現在は、バンド「活躍中」、ユニット「LUNASUN」のメンバーとしても活動する。

下井草 秀（しもいぐさ しゅう）

1971年宮城県生まれ。エディター／ライター。音楽、映画、書籍といったカルチャーに関する記事を「TV Bros.」「POPEYE」などに寄稿。また、照山紅葉（秦野邦彦）との「ダミー&オスカー」、川勝正幸との「文化デリック」としてユニット単位でも活動する。これまでに構成・執筆を手がけた単行本に、細野晴臣・星野源『地平線の相談』（文藝春秋）、横山剣『僕の好きな車』（立東舎）、ジェームス藤木『ジェームス藤木 自伝』（シンコーミュージック・エンタテイメント）、近田春夫『調子悪くてあたりまえ　近田春夫自伝』（リトルモア）、同『筒美京平　大ヒットメーカーの秘密』『グループサウンズ』（文春新書）などがある。

聖《せい》と俗《ぞく》　対話《たいわ》による宮台真司《みやだいしんじ》クロニクル

2024年10月20日　初版第１刷発行

著者／宮台真司《みやだいしんじ》　近田春夫《ちかだはるお》　構成／下井草 秀《しもいぐさしゅう》
発行者／鈴木康成
発行所／KKベストセラーズ
〒112-0013 東京都文京区音羽1-15-15 シティ音羽２階
電話 03-6304-1832（編集）
　　 03-6304-1603（営業）
https://www.bestsellers.co.jp

編集協力／久保奈々子
装丁／戸塚泰雄
校正／鴎来堂、皆川秀
印刷製本／近代美術
DTP／三協美術

JASRAC 出2407135-401

ISBN978-4-584-13999-8 C0095